大学生就业指导

主　编　宁　翔　马亚琴　赵慧敏

副主编　高嘉庆　付兴华　王建平　陈思颖

参　编　张　华　徐　洁　杜德筠　余灿兰

黄　玫　刘元元　肖惠静　叶嘉琪

上海交通大学出版社
SHANGHAI JIAO TONG UNIVERSITY PRESS

内容提要

本书紧密围绕大学生职业生涯规划和求职就业展开，既包括大学生就业形势与政策、企业文化与职业素质等政策、理论分析，又涵盖职业生涯规划、求职材料准备、面试准备、就业程序与权益保护等实战指导，对大学生树立正确的生涯规划意识和就业观，从容面对就业中的实际问题具有较好的参考价值。本书适合高校作为大学生就业指导相关公共基础课程的教材使用。

图书在版编目（CIP）数据

大学生就业指导/宁翔，马亚琴，赵慧敏主编．—上海：上海交通大学出版社，2021.8（2022.7重印）
ISBN 978-7-313-25213-5

Ⅰ.①大… Ⅱ.①宁…②马…③赵… Ⅲ.①大学生-就业 Ⅳ.①G647.38

中国版本图书馆CIP数据核字（2021）第150877号

大学生就业指导
DAXUESHENG JIUYE ZHIDAO

主　　编：宁　翔　马亚琴　赵慧敏
出版发行：上海交通大学出版社　　地　　址：上海市番禺路951号
邮政编码：200030　　电　　话：021-64071208
印　　制：常熟市文化印刷有限公司　　经　　销：全国新华书店
开　　本：787mm×1092mm　1/16　　印　　张：15
字　　数：324千字
版　　次：2021年8月第1版　　印　　次：2022年7月第2次印刷
书　　号：ISBN 978-7-313-25213-5
定　　价：39.80元

前 言

“十四五”期间，高校毕业生规模将持续增加，疫情对就业的影响在一段时间内依然存在，新的就业形态层出不穷……大学生如何就业，如何从“就得了业”到“高质量就业”，实现自己的人生价值，机遇与挑战并存。

《大学生就业指导》结合新时代人才培养需求，从就业形势与就业政策分析，到树立正确的就业观，到知名企业文化介绍、面试指导等，对大学生就业进行科学细致的指导，帮助学生转变择业、就业观念，明确自己的职业规划和职业发展目标。

本书以大学生就业必备基本素质为基础，以培养就业核心能力为主线，注重就业每个环节的指导。共分为六个章节，即大学生就业形势与政策、企业文化与职业素质、职业生涯规划、求职材料的准备、面试准备、就业程序与权益保护等，内容覆盖从就业前准备到就业后保障的全过程。每章包括本章导读、学习目标、实践项目、课外拓展等板块。

【本章导读】每章开篇，通过导读，引导学生进入具体的学习内容。

【学习目标】概括每小节要掌握的知识和能力目标。

【实践项目】体现“学中做，做中学”的教学理念，通过实践主题，将所学知识应用到实际。

【课外拓展】补充章节内容之外的拓展知识，可以开阔学生视野，对课程学习起到促进作用。

希望本书能成为毕业生职业规划和就业实战的得力助手，助你赢得精彩未来。

编者

2021年7月

目 录

第一章

大学生就业形势与政策

本章导读

初入大学的同学们，当你们手握大学录取通知书，背上行囊“走出乡关”之际，你们是否也在心中种下了“学不成名誓不还”的理想种子呢？

从生命的第一声啼哭开始，父母就对你们有了殷切期许，他们希望你们健康成长。进入小学后，他们希望你们“好好学习，天天向上”；进入中学，他们希望你们学习拔尖，能够顺利地进入大学。当你们经历十几载寒窗苦读，在炎炎夏日的苦盼中终于等来红彤彤的大学录取通知书的时候，似乎一切的期望终于实现。于是，在亲朋的祝贺之中、在同学的欢歌声中扔掉所有的备考书籍，从此卸下沉重的枷锁，开始自由的、无拘无束的生活，可以毫无顾忌地寻找“同桌的你”……

大学生活真的如你们想象这般吗？红彤彤的录取通知书真的是通往“自由王国”的钥匙吗？

第一节　大学生就业形势与环境

学习目标

（1）了解我国大学毕业生当前的就业形势和就业环境。

（2）认识民办高校毕业生的就业形势。

一、大学生就业现状

教育部数据显示，2020年，我国高校毕业生规模达874万人，比2019年多了40万人。高校就业工作，原本就压力大、任务重，而在疫情防控期间，大学生无法返校、开学推迟，线下招聘会不能开展，无疑又加重了高校就业工作的难度。2021年，高校毕业生规模达909

万人，又创历史新高，大学生就业形势严峻。

二、大学生就业总体分析

大学毕业生就业状况，关系着教育部门的决策，也是学生和家长在做教育选择时的重要参考。那么，当前各类高校毕业生就业状况究竟如何？就业后收入如何？毕业生在各地区分布状况如何？影响毕业生就业的因素有哪些？《2020年中国大学生就业报告》(以下简称“报告”)对这些问题进行了解读，报告的研究对象为毕业半年后(2019届)、三年后(2016届)和五年后(2014届)的普通高校大学毕业生。该报告自2009年首度发布以来，至今已是第12次发布。

(一) 五年来本科和高职毕业生平均起薪均有一定幅度增长

报告显示，2019届本科毕业生平均月收入为5 440元，剔除通货膨胀因素的影响，与2015届相比，五年来本科生起薪涨幅为23.6%；高职毕业生平均月收入为4 295元，剔除通货膨胀因素的影响，与2015届相比，五年来高职毕业生起薪涨幅为15.7%。

(二)“新一线”城市对大学生就业的吸引力不断增强

2020年，15个进入“新一线”的城市依次是：成都、重庆、杭州、武汉、西安、天津、苏州、南京、郑州、长沙、东莞、沈阳、青岛、合肥、佛山。报告显示，本科毕业生选择在“新一线”城市就业的比例从2015届的22%上升到2019届的26%，而在一线城市就业的比例从2015届的26%下降至2019届的20%。高职毕业生选择在“新一线”城市就业的比例从2015届的17%上升到2019届的23%，而在一线城市就业的比例从2015届的19%下降至2019届的15%。

另外，在“新一线”城市就业的2019届本科毕业生中，外省籍占比从2015届的28%上升到2019届的38%，与一线城市(平均68%)的差距在逐渐缩小。2019届本科毕业生在一线城市的就业满意度(72%)略高于“新一线”城市(68%)。上海是本科生就业最满意的城市，其次是北京。

(三) 基础教育及教辅培训机构为就业增长点

报告显示，2019届本科毕业生就业比例最大的行业类是教育业(就业比例为15.9%)，同时与2017届相比增幅也较高，为8.2%。具体来看，在教育业的就业增长主要是民办中小学及教辅机构(2019届就业比例为7.6%)、公办中小学教育机构(2019届就业比例为6.1%)的需求，较2017届分别增长20.6%和7%。2019届高职毕业生就业比例较大的行业类是建筑业(就业比例为11.1%)、教育业(就业比例为7.8%)。与2017届相比，到教育业就业的高职生比例增幅也较高，为20%。具体来看，在教育业的就业增长主要是教辅及培训机构(2019届就业比例为2.9%)、幼儿与学前教育机构(2019届就业比例为2.5%)的需求，较2017届分别增长26.1%和19%。

2019届本科毕业生从事最多的职业类是中小学教育（就业比例为10.1%），与2017届相比增幅为6.3%。2019届高职毕业生从事最多的职业类是销售（就业比例为9.8%），与2017届相比增幅为10.1%。

三、民办高校毕业生的就业形势

随着现代科技和社会经济的不断进步和发展，我国高等教育的体制改革也在不断地推进，民办高等教育更是得到充分、迅速、全方位的发展。在面临的众多难题和挑战中，民办高校学生的就业问题显得日益突出。因此，民办高校必须解决好大学生的就业问题，才能有更长远的发展。

第一，民办高校均为应用型大学，办学目标及课程设置都以社会需求为导向，即为满足市场需求为己任。民办高校以培养应用型人才为方向，重视实训课程，与公办学校的学生相比，民办高校的学生虽然不擅长理论知识的学习，但学生的综合应用能力较强。因此，民办院校培养出的毕业生大多更符合社会的实际需求，更受企业欢迎。

第二，民办高校的学生对职业的期待较为理性。一般情况下，民办高校的学生对于企业的规模、薪资福利、工作地点等的期望值要低于公办高校的学生，因此比公办学校的学生更容易就业。

参观考察人才服务中心

目的与方式

（1）熟知当前政府出台的大学生就业创业政策。

（2）六人为一小组，考察本地区的人才服务中心，完成调研报告一份。

讨论与分享

（1）展示本组的调研报告。

（2）讨论、分享调研感受。

课外拓展

大学生就业现状研究与分析

新冠肺炎疫情下湖南省某高职院校毕业生就业状况研究

2020年，新冠肺炎疫情暴发，短短的几个月内，企业停工停产，甚至出现破产倒闭的局面，短期内经济发展停滞。全国上下立即开启紧急防控模式，在新冠肺炎疫情防控工作逐渐取得成效后，高校毕业生的就业问题成为社会关注的焦点。

2020年，我国高校毕业生规模达874万人，创历史新高。与往年相比，由于疫情防控需要，学校推迟开学，学生在家隔离无法返校，导致招聘会只能线上举办。此外，由于疫情期间部分公司破产倒闭，高校毕业生“供大于求”，很多尚未落实就业单位的毕业生，一时间无法落实就业单位，无疑又加重了就业压力。

从湖南省用人单位春季校园招聘启动情况看，计划正常启动招聘的单位占27.35%，受疫情影响延后招聘的单位占58.42%。从以上数据可知，尽管各高校毕业生在学校开学之后陆续返校求职，仍有相当比例的应届毕业生面临延期就业，甚至待业的局面。受新冠肺炎疫情和经济下行压力的叠加影响，2020年的毕业季将面临人才供给增加与就业市场需求低迷的双重压力。

为了深入了解高职院校应届毕业生的就业状态，认识疫情对毕业生造成的就业影响，把握后疫情时代毕业生的就业心态，课题组通过编制调查问卷，对湖南省某职业技术学院2020届应届毕业生进行调查，并运用数据分析软件SPSS进行数据分析。

（一）研究对象

本次调研以湖南省某职业技术学院2020届应届毕业生为研究对象，包含7个学院、41个专业，总人数达4 667人。参与本次问卷调查的总人数为2 176人，样本比例为46.63%。此外，根据每个学院的毕业生总人数设置样本配额（见表1.1），并进行了性别平均分配，男生1 025人（47.1%），女生1 151人（52.9%）。

表1.1 各学院调查对象样本统计

学 院	机械工程学院	汽车工程学院	电气工程学院	信息工程学院	经济管理学院	商务贸易学院	工业与艺术学院
人数（人）	208	289	348	273	414	578	66
比例（%）	9.56	13.28	15.99	12.55	19.03	26.56	3.03

（二）调查方式

受新冠肺炎疫情影响，课题组采用线上问卷调查形式——问卷星平台发放问卷，对该学院2020届应届毕业生进行调查。

（三）问卷设计

在本次调研中，问卷包括毕业生的基本信息（3题）、就业现状（5题）、就业需求（3题）以及就业心理（5题）4个方面的内容，共16项题目。题型为单选题10项、多选题5项、填空题1项。

（四）方案实施

通过问卷星平台发放问卷，调查对象采用不记名方式填写。本次调研共发放问卷2 176份，回收有效问卷2 176份，回收有效率达100%。为保证数据的时效性，问卷填写时间段为2020年2月20日21:00至2020年2月24日11:00,共86小时。

（五）研究结果

1. 各学院就业情况参差不齐

数据显示,全校40%的应届毕业生在疫情发生前已落实就业单位,其中只有2.16%的毕业生受疫情影响接到临时解约通知。相比往年,就业的整体状况较为平稳。

通过对各学院的就业情况进行分类统计发现,各学院间的就业状况参差不齐。其中,学校重点建设专业的应届毕业生,就业形势明显优于其他专业,呈现出就业早、就业稳的态势。

2. 男生就业情况优于女生

通过对性别进行分类统计发现,全校59.71%的男生已在疫情暴发前落实好就业单位,没有找到工作的男生仅占22.73%;而在疫情暴发前找到工作的女生仅占30%,没有找到工作的女生数量是男生的2倍。同时,男生对就业的预期优于女生,68.2%的男生不会因为疫情降低薪资要求,认为疫情后就业形势依然乐观,其中就业心态积极的超过半数,而女生中就业心态积极的只占28.5%。

3. 高职毕业生就业压力增大

历年来,中小微企业是高职毕业生就业的主要阵地。受疫情的影响,诸多中小微型企业因在稳岗、防裁员等方面面临巨大压力,无法新增就业岗位。因此,针对高职毕业生的新增就业岗位数量急剧下降,就业竞争将变得空前激烈,高职毕业生承受的就业压力明显高于普通高校的应届毕业生。

4. 挑战与机遇并存

调查显示,2020年应届毕业生就业所面临的主要困难,包括就业时间(64.61%)、就业信息(52.99%)、就业技巧(42.33%)和就业政策(55.33%)等四个方面。其中,就业时间——“无法及早返回学校找工作”是大学生选择比例最高的一项,许多毕业生只与用人单位达成初步口头意向,暂未签订就业协议等材料,最终能否顺利入职变数较大。另一方面,2020届高职毕业生也迎来了许多新政策,其中影响最深远的政策是扩大2020年普通高等学校专升本规模,该政策促进了特殊时期就业率的稳定。

（资料来源:武玲婷,李阳,彭戈,中国大学生就业,2020年第12期）

山东省某大学市场营销专业毕业生就业状况分析

近年来,高校毕业生人数不断增长,就业压力持续增加。数据显示,2021年,我国高校毕业生人数达909万人,再创历史新高,大学生就业问题日益凸显。调查小组通过跟踪调查近几年来市场营销专业的毕业生就业现状,总结出当前大学生的就业现状及存在的问题,为大学生择业提供参考。

（一）研究对象

调查小组以山东省某大学市场营销专业2015级毕业生为主要研究对象,基于马斯洛的需求层次理论,结合2013级、2014级和2015级市场营销专业的就业现状、实际就业率、社会和企业单位的用人标准，分析大学生的就业现状和存在的问题，为大学生树立正确的就业观提供借鉴。

（二）调查方式

采用线上发放就业意向调查问卷和线上访谈两种研究方式，获取相关数据。

（三）问卷设计

为保证调查问卷和访谈内容的时效性，调查小组根据该大学市场营销专业的专业特色设计了两部分调查内容：一是大学生个人基本情况，包括性别、对自身专业的认知、就业意向及对就业形势的看法等；二是基于马斯洛的需求层次理论，从多方面对大学生的就业现状进行调查。

（四）方案实施

在线问卷调查：在此次调查中，共发放调查问卷108份，其中有效问卷103份，无效问卷5份。

访谈方式：在此次调查中，实际访谈100人，数据均真实有效，符合本次调查要求。

（五）研究结果

1. 择业观念与现实脱节

调查数据显示，42.86%的受访大学生选择在生源地就业，他们认为离家近，可以依靠家人为工作提供便利；41.07%的受访大学生选择去一线城市、东部沿海经济发达地区就业，他们认为大城市的薪资高、待遇好、有较大的发展机会，有更好的工作前景。可见，前者更倾向于安逸、轻松、稳定的生活、不愿遭受失业、破产等挫折，希望长期受父母庇佑。若这种择业观不及时改变，不仅容易造成“啃老现象”，而且会使自己的能力越来越差，降低自己在人才市场中的竞争力；后者倾向于富有挑战、充实、积极向上的生活，通过前往经济发展水平更高的城市，获得丰厚的薪酬、优越的生活条件、舒适的工作环境和潜在的发展空间。虽然这两类大学生的就业需求均符合马斯洛的生理需要和安全需要，但他们并没有正确地认识自身的实际能力，忽略了就业市场的动态，择业观过于理想，与现实不符，很容易造成“就业难”。

2. 职业生涯规划能力弱

调查数据显示，75%的受访大学生做过职业生涯规划，但大部分学生的职业生涯规划较粗略，对就业帮助不大，只有极少数学生的职业生涯规划很详细，可为就业提供指导。可见，大部分学生的自我认识不够、忽略了对就业形势的分析、就业方向和就业地点不明确、职业规划的意识薄弱，容易造成大学生在就业过程中“理想”与“现实”不符。

3. 专业技能不扎实

数据显示，69.39%的学生认为专业技能是影响就业的主要因素；同时，在访谈中可知，80%以上的学生认为，在就业准备的过程中，应不断提高自身的专业技能。大学生初入职场时，希望通过自己的技能得到上级领导的认可、同事的肯定，符合马斯洛的尊重需要，当这种需要得到满足时，才会追求更高的自我实现需要；否则，大学生在工作岗位上很容易产生自卑、厌倦、逆反的心理状态，甚至产生辞职的想法。

4. 从众心理明显

数据显示，46.43%的受访大学生选择毕业后直接参加工作，而44.64%的受访大学生选择考研。前者希望自己在工作中得到历练，提高自身能力；后者希望通过自身的能力和较高的学历实现个人的理想抱负，最大程度地发挥自身的潜力并获得成就。部分同学盲目跟从他人而选择考研，具有较明显的从众心理，容易忽略自身特长、真正的发展需要、专业发展方向，错过求职就业、职业规划的最佳时期，这也是近三年考研人数飞速增长的原因之一。从自我实现需要的角度来看，当基本的生理需求和安全需求得到满足时，自我实现需求会上升到首要地位，学生们希望通过自我实现需要提高日后就业概率，但从众心理会直接影响大学生对未来职业规划的误判，图1.1是学生的实际就业情况。

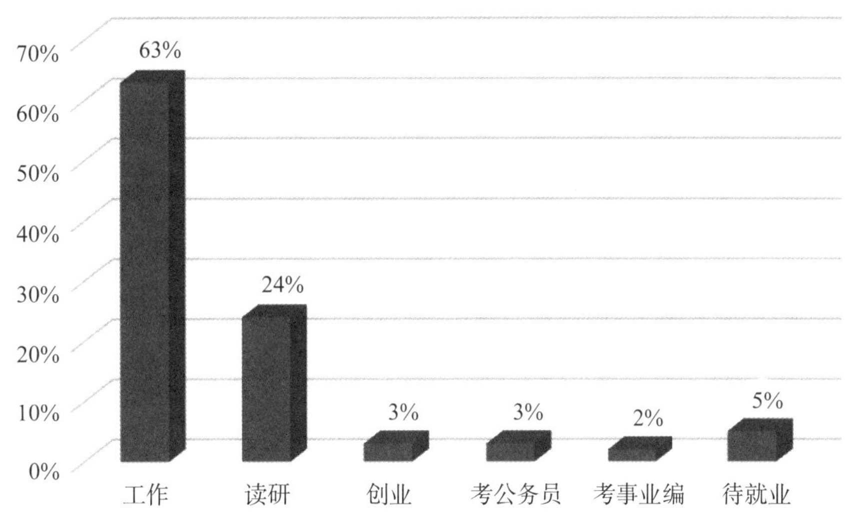

图1.1 大学生实际就业情况分布

（资料来源：杜红云，赤峰学院学报（自然科学版），2015年）

大学生实际就业情况分析

图1.1显示了山东省某大学毕业生实际就业的情况分布，包括毕业后直接工作、读研、创业、考公务员或事业编、待就业6种主要情形。从以上两个案例可知，为了缓解就业压力，当今社会，应届毕业生（包括本科毕业生和高职毕业生）采取多元化的就业方式，下文对高校毕业生的就业现状进行分析。

（一）高职院校专升本热现状分析

近年来，中国的高等教育步入快速发展阶段，各类别、各层次的高校都有不同程度的扩招，高职院校专升本的报考人数也逐年增加，越来越多的高职学生通过专升本考试，进入本科院校深造学习。

1. 满足高职学生学历提升的需求

由于高等院校不断扩招，在就业的压力和导向下，用人单位对学历的要求也越来越高，学历的作用比以前更突出、更明显。对于本科生而言，考研是提升自身学历的重要方式，而对于高职学生而言，专升本是提高学历的出路，他们可以通过自身的努力，进入本科院校继续深造学习，实现就读本科的梦想，满足他们提升学历的需求。

2. 减轻高职院校毕业生的就业压力

随着高校毕业生人数的增加，就业压力也逐渐增加。高职毕业生通过专升本考试进入本科院校继续深造学习，延长了他们在校的学习时间，推迟了初次就业时间，减少了毕业季的就业人数，在一定程度上减轻了就业负担，缓解了就业压力。

3. 有利于学风建设，形成良好的学习氛围

通常来说，高职院校的学生是高考中成绩较差的一批学生，这些学生多数在文化知识方面相对薄弱，若想通过专升本考试，就要有较强的自律能力，要有恒心、有毅力，坚持不懈地学习，客观上有利于促进良好的学习氛围形成，有利于学校的学风建设。

（二）考研热现状分析

自20世纪90年代末本科扩招后，研究生教育也开始实行扩招计划。研究生教育是继本科教育后的又一学历教育，是培养高素质人才的高层次教育体系，考研已成为继高考之后改变人生命运的“第二次高考”。据《2021年全国研究生招生调查报告》显示，近5年来，全国考研人数迅速增长，2020年达341万人；2021年，受新冠肺炎疫情全方面影响，考验报名人数进一步增长，达377万人，较2020年增加36万人，增幅达10.6%，再创历史新高。5年间，考研报名人数翻了近一倍。近年来全国硕士研究生报考人数如图1.2所示。

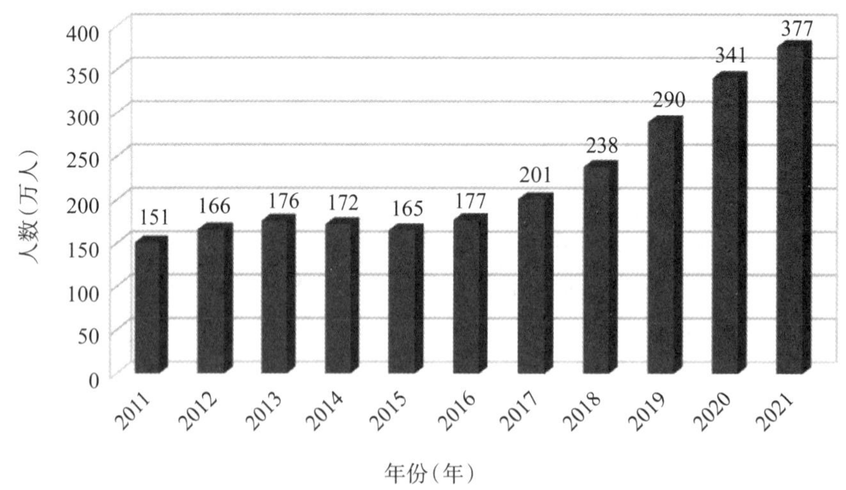

图1.2 近年来全国硕士研究生报考人数统计

1. 缓解就业压力，放缓就业步伐

就业压力大是导致研究生报名人数暴涨的主要原因之一。近年来，我国高校毕业生数量持续增长，近十年全国高校毕业生数量如图1.3所示。从图1.3可知，2021届高校毕业生规模达909万人，同比增加35万人，就业规模大，加上往届待就业的毕业生和新冠肺炎疫情的影响，就业形势更为严峻。

客观事实是考研可以延缓部分应届毕业生进入工作岗位的时间，一定程度上缓解社会就业压力。2020年7月，全国研究生教育会议上提出，要稳定硕士研究生规模，扩张博士研究生规模，未来高层次研究人才将主要以博士教育为主，硕士生培养将主要以应用型人才，即专业硕士为主。一段时间内，“考研热”将继续持续下去，这意味着受教育者的升学诉求增加，慢就业、暂不就业的本科毕业生相应增多，针对本科生的生涯规划指导需要优化调整。

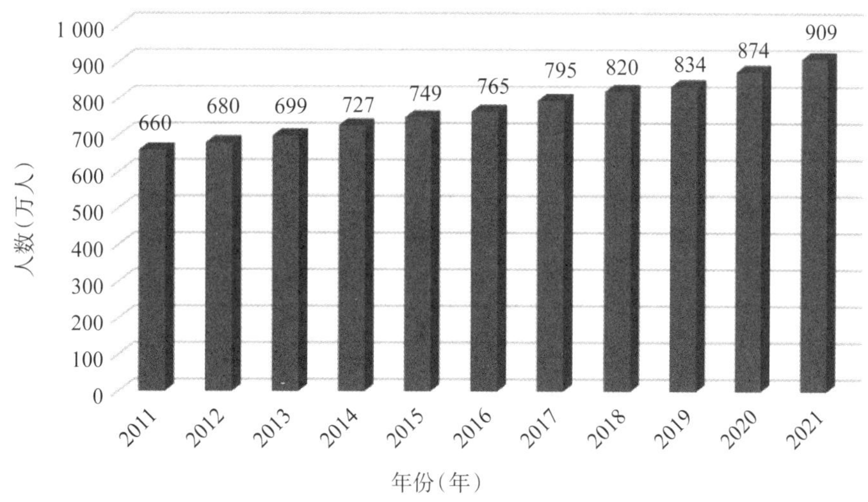

图1.3　2011—2021年高校毕业生人数统计

2. 提升自身能力，提高核心竞争力

提升自身的知识能力水平是考研的另一重要因素之一。中国教育在线对2021年考研学子的考研动机进行调查，结果显示超过半数的考生读研的目的是提升自身的知识水平和能力、提高文化层次，从而提高就业竞争力，更好地应对就业压力。考研热既是大学生为缓解就业做出的理性选择，又是实现自身向更高层次发展的重要路径。

3. 其他原因

此外，获取研究生学历、提高学校层次、想做科研、选择自己感兴趣的专业、从众心理以及受疫情影响取消留学计划等，也是促使考研人数激增的重要原因。

考研具有不确定性，但可以确定的是，竞争逐渐激烈。随着我国高等教育的普及化发展，越来越多的本科高校发展为升学导向，本科教学则更加趋于通识教育，毕业生将会有更大比例选择继续升学深造。高等教育作为整个教育体系的最终出口，要关注学生的职业发展,帮助学生完成向社会身份的转变。

（三）大学生出国留学现状分析

近年来,随着经济全球化的加深,中国经济飞速发展,居民的收入水平提升,消费结构也发生了变化,大多数家庭越来越重视子女的教育,在教育层面支出增加。出国留学可以提高自己的语言水平,感受不同国家的文化氛围,增强社交能力、协调能力和适应能力。此外,留学经历可以为简历镀金,为归国找到心仪的工作奠定基础。因此,越来越多的学生想通过出国留学促进自我成长与完善,留学热潮出现。

根据全球化智库(CCG)在社会科学文献出版社出版的《中国留学发展报告(2020—2021)》蓝皮书可知:

1. 出国留学人数继续保持正增长,新冠肺炎疫情并未明显影响出国留学的实际需求

研究指出,新冠肺炎疫情在全球的持续蔓延,虽然给我国学生选择出国留学带来了一定的消极影响,但我国学生对于国际化优质高等教育的需求并未发生根本性改变,出国留学仍是重要的发展方向,只是在全球疫情蔓延期间会有所延迟。

2. 中国赴美留学人数或遇拐点,留学目的地多元化时代即将到来

英国与美国先后遭遇留学人数持续增长的拐点,留学人数出现不同程度的下降;在美博士留学生比例大幅下降,其他国家和地区将可能迎来高层次人才竞争的新机遇。虽然近15年来赴美留学人员总数持续增加,但其增长率自2009—2010学年以来持续下降的态势并没有明显改变,从2009—2010年的29.9%下跌至2019—2020学年的0.8%。

3. 自费留学仍然是我国出国留学的最主要群体,留学大众化发展的趋势更加明显

报告显示,父母与亲友的资助依然是中国大学本科毕业生最主要的留学费用来源,且该来源的占比从2013届到2018届一直呈现出稳步上升的趋势,由2013届的89%上升至2018届的94.2%;另一方面,依靠国外大学或国外机构资助留学的学生占比则在逐年下降。

4. 中外合作办学在新冠肺炎疫情期间发挥了重要作用,"在地留学"可能迎来新的发展机遇

报告显示,得益于我国中外合作办学的快速发展,在新冠肺炎疫情期间,出国留学有了新的应对方案,在中外合作办学高校中的"在地留学"正在成为新的替代选择。

5. 留学人员回国人数持续增加,拥有国际视野成为海归群体新的核心竞争力

随着海归群体不断扩大,海归就业的紧张形势也进一步凸显。海归群体由2000年的13万人增长到2019年的423.17万人,增幅超过31倍。在海归发展优势方面,2019年的数据显示,"具有国际视野"取代"语言沟通能力强"成为其在国内发展的主要优势。

6. 归返乡发展的热情持续升高,新一线城市吸引力较大

根据《2019中国海归就业创业调查报告》的调查结果,2019年,受访海归在选择回国发展城市时考虑的三个最重要的因素为"经济发展快""国际化程度高"和"具有多元文化,包容性强"。

7. 海归认可中企全球化发展成果,创业热情高

中国本土企业国际化飞速发展,国际竞争力日益增强。海归调查报告的统计显示,受

访海归对中国本土领军企业的全球化发展成果较为认可。其中,"市场覆盖度"受到普遍认可,但"技术影响力""全球影响力"和"求职影响力"稍逊,这表明中国本土化领军企业在海归群体中有较好的认可度,但在提升综合人才吸引力方面仍有提升空间。

从以上数据可知,出国留学在一定程度上可以为留学生带来积极影响,但出国留学对留学生自身、国家存在一定的消极影响。具体如下:

1. 留学中介乱象

随着出国留学的人数迅速增加,国内的留学中介也越来越多,中介乱象频现。例如,很多没有资质的中介机构,通过假冒其他中介的名义开展业务;一些不法分子通过伪装成中介机构,骗取留学生费用;有些中介机构为了提高自己的竞争力,在开展业务时夸大宣传,隐瞒实际情况,使得留学生出国留学没有安全保障等。

2. 严重的心理问题

很多留学生在国内是尖子生,在成绩上有优越感;但到了国外,由于语言、文化、教育方式等的不同,成绩不理想,产生焦虑、自卑等心理问题;留学生在国外,由于缺乏家人与朋友的陪伴,一个人承受学习和生活的压力,容易染上酗酒、吸毒等恶习;同时,国外时常发生抢劫、杀人事件,给女留学生造成了一定的恐慌心理。因此,留学生的心理问题不容小觑。

3. 易形成文化冲突

文化冲突是指一个人从熟悉的环境到陌生的环境时,产生的行为习惯和价值观念等的文化碰撞现象,其影响之一是使人们的价值观发生改变,从而影响人们的行为方式。

随着出国留学人数的增加,中国传统文化受到了巨大的冲击。留学生应该时刻记住自己是一名中国人,每个人代表着一张"中国名片",肩负着向世界传播优秀中华文化的重任。但不难发现,很少有人能够做到把优秀的中华文化传播到世界各地。很多留学生因为崇洋媚外选择出国留学,认为国外的事物比国内好,或是因为在国内发展不下去了,去国外追求一张所谓的"学位证书",真正为提升自己的能力选择出国留学,从而回国报效祖国的人少之又少。

4. 青年人才人口流失

以前,中国学生出国留学的一般都是精英,人们关注的是人才的流失,因为这些留学生会移民到国外。随着留学的平民化、普遍化,出国留学不仅导致人才流失,更是人口的流失,尤其是青少年人口的流失。在中国人口老龄化的新形势下,众多青少年仍然选择出国留学,甚至出国留学后不归祖国,这无疑是对中国发展的巨大冲击,社会各界应引起关注。

(四)考公务员热的现状分析

高校扩招,应届毕业生人数逐年增加,毕业生就业难,已成为社会关注的焦点。除了通过升本、考研、出国留学深造学习,短时期内缓解就业压力、为日后就业做准备的大学生外,还有很大比例的大学生想一步到位,力求通过公务员考试改变自己的命运。

随着大学生就业制度的改革和公务员制度的建立,扩招后的大学生成为当前报考公务员的主力军，出现了大学生报考公务员的热潮。我国公务员制度自1993年开始实施，通过不断调整与完善，尤其是《公务员法》的出台，使得我国公务员制度渐趋合理。公务员考录制度的公开、公平、公正，吸引了大量有志青年报考。1994年，第一届公务员正式报考的人数为4 400人；2014年，仅审核通过的报考人数就有152万，20年间涨了344倍。从2020年国家公务员考试报名结果来看，截至2019年10月23日，浙江省台州各岗位有4 573人报考，4 043人通过资格审核，其中，最热岗位的竞争比达到551∶1，全国范围内最热岗位竞争比为2 315∶1，而1994年的竞争比仅为9∶1，这些数据直观地反映了当下“考公”的热度非常高。面对如此激烈的竞争，面对如此严峻的就业形势，很多人并没有中途放弃，而是选择迎难而上，努力在这严峻的就业环境中站稳脚跟。

为什么大家“热衷”于考公务员？在择业方面，社会上确实对公务员形成了畸形的价值导向。曾有一度，公务员被认为是实现阶层流动、改变人生的“龙门”。人们对公务员的认识仅停留在公务员具有收入稳定、工作清闲、福利待遇优厚、社会保障健全等表象方面，看中的是公务员职业附加的身份价值、社会地位、经济利益和福利待遇等。“稳定性”是公务员与其他职业相比一个非常鲜明的特点，但不能忽略公务员职业的另一个特点：奉献性。选择公务员就意味着要全心全意为人民服务，如果只看到了公务员职业的益处，而忽略了其奉献性，公务员的价值会降低，容易滋生腐败。当然，值得肯定的是，公务员的报考队伍中不乏报效祖国、为人民服务的有志青年，但若是本着全心全意为人民服务的初心，并不一定要通过公务员来体现自身的价值，因为其他人才缺乏的领域，更需要青年人才去发光发热。

通过研究发现，大学生报考公务员，并不是基于自身的能力或兴趣爱好，而是为了找到一份好工作。调查数据显示，仅8.3%的大学生对自己的未来有明确的目标，66.7%的大学生对自己的职业规划较模糊，5.6%的大学生对自己的未来完全没有规划。这意味着大部分学生是在对自己、对公务员没有正确认识，没有进行合理的职业生涯规划的前提下，盲目报考公务员，这是导致公务员报考热的重要原因和直接原因，对国家、对大学生自身都是非常不利的。这不仅使政府管理费用膨胀，增加了政府的财政负担，而且不利于人才的优化配置，出现人才和教育资源的浪费。由于缺乏对自身和公务员的正确认识，盲目报考公务员，即使大学生最终进入公务员体系，也不能发挥自身能力、专业特长，会对其职业生涯产生不利影响。

（五）毕业生创新创业现状分析

党的十八大以来，我国实行就业优先战略和更积极的就业政策，鼓励多渠道、多形式就业，促进创业带动就业。党的十九大明确指出，将解决大学生的就业问题作为当前的首要任务。

在经济新常态下，新增岗位减少、结构性失业增加、劳动市场竞争力加剧等，为大学生的就业提出了新的挑战，大学毕业生就业难、就业慢现象突出，选择自主创业是解决就业问题的另一条途径。在科技迅速发展的时代，新媒体层出不穷，创业平台总体成本较低、信息高效传播、消费市场以及购物群体庞大等特点，为学生创业带来了机遇。

新时代大学生应对就业压力的有效对策

（一）完善自身能力，提高核心竞争力

在当前就业形势严峻的形势下，大学生的个人素质、专业技能等成为决定其能否成功择业的关键因素。优胜劣汰是市场竞争体系的基本生存法则，大学生只有坚持不断学习，掌握过硬的专业知识与本领，才能在大学生就业市场中占据主动地位。

（二）正确认识自己，做好职业规划

据当今大学生实际就业现状可知，绝大部分学生对自己、对职业没有清晰的认识，从而产生从众心理，盲目跟风，导致专升本热、考研热、考公热等现象，易对自身产生不利影响。职业规划是每个大学生必须思考的问题，大学生应通过学习学校开设的就业指导课程，了解当前的就业环境，了解国家出台的相关政策等，培养和加强自身的职业规划能力，正确定位自己在职场中的位置，明确自己适合的工作类型，形成较清晰的就业意向，从而提前为求职做好充分准备，在职场中脱颖而出。

（三）鼓励自主创业，提高创新能力

高校是优质资源最密集、创新活力最旺盛、创新创意最活跃的地方之一。自主创业能够最大限度地激发每位大学生的潜能潜质，勉励学生们在创新创业中坚定理想信念、锤炼意志品质、转变就业观念。高校应深入学习贯彻习近平总书记关于教育的重要论述，把创新创业教育融入人才培养行动计划中，鼓励在校大学生自主创业，让大学生在创新创业中巩固专业知识，不断提高创新能力和职场应变能力。大学生通过创新创业，既可以解决自己的就业问题，也能为社会提供新的就业渠道，在一定程度上缓解部分就业压力。

（资料来源：黄慧，创新教育学术会议，2013年）

第二节　大学生就业总体分析

 学习目标

（1）了解大学生就业难的原因。

（2）剖析毕业生自身在就业前的准备情况。

一、大学生就业难的宏观原因

近年来，大学毕业生逐年增加。据有关资料显示，“就业难”不是供给大于需求，而是就业结构性矛盾突出造成的一种阶段性社会现象，具体表现为以下几点：

（1）知识生产率逐步代替劳动生产率。如今，生产知识的经济与用知识生产的经济正悄然改变着人们的就业方式。据估计，20世纪50年代的大学生所掌握的知识能用30年，

而20世纪90年代大学生所学知识能用10年，现在大学生所学知识能用1年，知识的时效性在快速地缩短，随着新信息技术的发展，这种趋势愈加明显。

（2）求职者的自身定位过高。“小公司不愿去，大公司不好进”，这是大部分毕业生的求职感悟。大学生理论能力强而实践能力差的现象非常普遍，如果能戒骄戒躁、脚踏实地地从零做起，慢慢积累工作经验充实自己，凭着自身理论知识的优势，很快便能跻身于部门骨干。国企、央企的门槛高，若想从面试中脱颖而出，求职者需要在面试之前做好充足的准备，了解企业往年的招聘方式和流程，对常规的面试问题也要心中有数，同时对自己的优劣势做好理性分析，力争做到一招制胜。

（3）企业的要求提高。随着社会对高端人才需求越来越旺盛，双一流、“985”“211”高校的本科、硕士及以上学历的学生越来越多，跨专业的复合型人才也逐渐多了起来，企业对毕业生的要求也越来越高。毕业生只有提高自身综合素质，才能获得企业的青睐。

二、大学生就业难的微观原因

大学毕业生就业难的原因是多方面的，从个人就业意愿分析，可以分为自愿失业和非自愿失业。自愿失业是指毕业生在临近毕业时自愿选择不就业，他们对去向另有选择，如准备出国留学、考研、自主创业等。而非自愿失业则是指愿意就业的毕业生由于种种原因不能顺利就业。很明显，后者是大学毕业生就业难的主要原因，也是需要深入研究的。

目前大学毕业生非自愿失业主要有以下几种情况：

（1）结构性失业。由于学习期间社会经济结构（包括产业结构、产品结构、地区结构等）发生了变化，毕业生的专业知识、技能、区域分布等不适合经济结构变化的要求，不能适应就业市场需要而造成的不能顺利就业。

（2）摩擦性失业。毕业生对用人单位的发展空间、工资待遇、地理位置、工作环境等有自己的期望，用人单位对毕业生的学习成绩、专业技能、个人素质等也有一定要求，由于双方要求不一致导致毕业生没有用人单位接收。

（3）周期性失业。周期性失业原意是指由于经济衰退、总需求不足而造成的失业。我国目前经济持续增长，并没有出现经济衰退的情况，但是随着高校毕业生人数逐年增多，社会对毕业生需求量的增长速度滞后于毕业生的人数增长，导致有效需求不足，因此目前大学毕业生失业包含部分周期性失业的因素。

总体而言，大学生就业难，既有大学生自身的原因，也有家庭及社会环境、市场缺陷等方面的原因。

（一）大学生自身的原因

大学生直接参与人才市场的竞争，他们的心理与综合能力素质等能否适应当前的就业环境和就业需求，将直接影响其能否正常就业。然而，现实中无论是个人期待与就业环境之间，还是个人能力与就业市场之间均出现了不同程度的断层，而且这种断层已是构成大学生就业难的一个主要原因。

大学生自身的原因主要表现为以下五点。

（1）个人期待与就业环境之间的差距。例如，对就业岗位的性质、公司所处地区、薪酬待遇及发展潜力等要求和现实环境差距较大。

（2）个人能力与就业市场之间的差距。大学生的能力素质特别是专业技能，是大学生成功进入职业市场的重要保证。个人能力的差距主要表现在个人基本素质、专业技能、社会实践能力、外语和计算机的应用能力、表达和人际交往能力、求职技巧等。

（3）社会经验普遍不足。据统计，高达52.14%的大学生将“缺乏社会经验”视为最困扰大学生就业的因素。这也是目前大学生缺乏竞争力的普遍性原因。缺乏工作经验是大学生与其他就业群体相比一个明显的劣势。大学生对自身劣势的认识与用人单位对大学生的评价之间的契合，从另一个角度反映了大学生自我认识的理性与客观。

（4）对企业了解不充分。大多数大学生并不了解自己想要进入的公司的发展前景、用人制度、企业文化、人际关系等，有一部分毕业生对以后自己即将在一个什么样的平台上迈出人生第一步只有模糊的概念，甚至根本没有目标。

（5）职业生涯规划意识不强。“先就业再择业”成了大多数毕业生的首选。当前，大学生就业比较困难的情况下，很多在校生对于以后的就业只有模糊的打算，还有一些没有做任何的打算，而真正有明确规划的人只占很少的一部分。

（二）家庭社会环境方面的原因

家庭与社会环境是大学生就业重要的外部环境，从整体和局部两个层面影响着大学生就业。以前，大学生找工作更注重的是自身发展，关注的是企业的发展平台、薪资待遇等，愿意去北上广等一线城市拼搏；如今，求职者更注重的是自身感受，在择业过程中家庭因素的比重增加，不想工作就不工作，待就业阶段就在家“啃老”。

（三）市场缺陷的原因

市场缺陷也是大学毕业生就业难的成因之一。市场发育不充分、不完善，市场化程度低，围绕高校、地区、行业存在不少就业市场，但是未形成较统一的大市场，导致毕业生和用人单位相互搜寻成本较高、市场规则不统一、部分市场甚至秩序混乱等。以上因素导致就业市场的不完全竞争、不完全信息和较高成本，影响毕业生就业。

当前买方市场中的不完全竞争会导致两种现象：一是部分用人单位的人才高消费，二是一些毕业生被迫退出市场，形成周期性失业。市场信息不完全会导致摩擦性失业或结构性失业，市场进入和运行成本较高则可能会导致一定程度上的周期性失业。用人单位招不到满意的毕业生，毕业生找不到满意的单位，导致“好多人没事做，好多事没人做”，这是市场不完善、信息道不畅通的直接体现。

此外，就业难还有一些其他方面的原因。例如，人事户籍制度改革的滞后，制约了人力资源的充分流动。虽然这种现象随着人事代理等中介服务措施的出现得到了一定改善，但是距离由毕业生就业障碍转变为就业动力还有不小差距。

实践项目

案例分析

小李是一名2021届大学毕业生，学校的秋季校园招聘会于2020年9月启动。当身边的同学奔波于各大、中、小型招聘会时，小李同学一点不着急，丝毫不关心找工作的事情。直到2021年3月，小李得知身边的同学陆续收到工作录取通知，这才开始焦虑，整日睡不着、吃不下，后悔自己没有早点找工作，错过了很多企业。

讨论与分享

【想一想】造成小李焦虑的原因是什么？他该怎么做？

课外拓展

人生鸡汤

我们可用的时间有多少？

人生七十古来稀，我们一生的时间，大约要被睡去1/3，又有大约1/3被束缚在缺乏自由的工作中，剩下的1/3，其中又有大约1/3被消耗在上学之中，另外还有一些被烦恼的琐事消耗掉，剩下的那一丁点儿时间，绝大部分又被分配在懵懂的婴幼儿和少不更事的少年儿童时期，以及老态龙钟、步履蹒跚的老年时期，有的甚至要在病床中消磨掉一部分。那么，真正属于我们自己可以自由支配的时间有多少呢？

有一位父亲发现他的孩子整天游手好闲，他并没有马上制止他。有一天，他拿了一根棍子，差不多80厘米长，对他孩子讲："儿子，人的一生数十寒暑，这一根棍子长80厘米，就好比你能够活80岁。但我们前20年没有能力贡献家庭，贡献社会，还要父母来养你、教导你，所以这20年是尽不到心力的。"他拿起斧头把这20年砍掉了，孩子心里震了一下。接着他又说："60岁以后，我们身体衰弱下来，也要靠别人来奉养，所以这后面的20年也没用，砍掉。"孩子又震了一下。接着父亲又说："一个人每天都要睡觉，所以这剩下来的1/3也要砍掉。"孩子开始有点慌张起来了。接着父亲说："你每天还要吃三餐，还要洗澡，还有一大堆杂事，又要砍掉一段。"孩子说："父亲，你别砍了，我知道了。"父亲看着他说："你不会知道，你看你一生还要生多少场病，还要把这些时间都扣掉。"这一根80厘米长的棍子还能剩下多少？剩下的这么一小段要干多少事？你得提升学问，还得奉养父母，养育孩子，奉献社会，这么短的时间要做这么多事，还能够随意去耗费、去挥霍吗？

（资料来源：蔡礼旭，幸福锦囊集，2013年）

第三节　树立正确的就业观

学习目标

(1)了解什么是正确的就业观。

(2)懂得如何树立正确的就业观。

"生命本是倒计时",看到这句话,肯定会有人感觉不可思议。生命的存在长短是一个未知数,怎么可能倒计时呢?除非自己患了不治之症,感觉自己时日不多的时候,那样生命才会进入倒计时状态啊。

其实,生命本是倒计时,一分一秒,永不返回,这是宇宙万物皆遵循的定律。只是很多时候,要么我们思维定式,要么我们自己欺骗自己,不愿承认生命一直都在倒计时。

那么,在有限的生命中,我们应该如何规划自己的人生呢?如何树立正确的就业观呢?

一、什么是正确的就业观

改革开放以来,随着市场经济体制的建立与完善,我国大学毕业生的就业方式也发生了根本性的转变。国家统招统分、"指令性分配""一次就业定终生"等传统落后的就业方式正被由市场调节、公平竞争、供需见面、双向选择的科学、先进的就业方式所替代。实行这种新的就业方式是历史发展的必然,是不以人们的意志为转移的客观规律。这种就业制度和求职方式,对毕业生来说,既是机遇,更是挑战。

(一)正确的就业观

当代就业观认为,一个人在既能发挥自己的能力与才干,同时又能服务于社会的岗位上工作,就是就业。这是一种弹性而广泛的就业。较传统的刚性而狭义的就业(传统的就业观认为,就业的标志是劳动者在某一固定的岗位上工作)具有更大的可变性、可容性和流动性。产业结构的调整、职业的变迁要求毕业生顺应潮流,重新审视各项职业对经济和社会发展的作用。高校毕业生都希望寻求自己生存和发展的空间,找到自己比较理想的位置。要达到这一目的,就要树立正确的就业观点,也就是首先要衡量自己的综合素质有多高,专业知识有多少,实际操作能力有多强,再根据这些自身基本条件去对照自己干什么工作比较适合,有针对性地去应聘,这样应聘的成功率会比较高。这才是正确的就业观。反之,没有正确地估价自己,盲目上阵,就是错误的就业观。

（二）正确就业观的表现

1. 勇于面对竞争

社会主义市场经济最显著的特点之一是竞争。没有竞争，整个市场就失去了活力，经济就不能很好地发展，社会也难以前进。竞争可以发挥人们自立、自强、自主的精神，调动人的内在潜能，增强工作和社会活动的能力，因此，竞争意识是现代大学毕业生必备的素质之。大学生就业市场同样存在着激烈的竞争。首先，竞争体现公平，有利于选择人才；其次，进行实力较量，有利于人尽其才、优胜劣汰。同时克服了旧体制的弊端，使得毕业生在就业中由被动变为主动，调动起个人的积极性，通过竞争，寻求理想的职业。面对就业竞争的现实，大学生应当摆脱被动依赖、消极等待的状态，敢于竞争，树立“爱拼才会赢”的观念，做好多方面的竞争准备。

2. 正确认识待业

随着毕业生就业制度的改革，部分大学毕业生不能及时落实就业单位，短期内待业的现象已成为不可避免的事实。

双向选择的就业模式，增加了毕业生和用人单位的选择自主权，同时也难免出现毕业生想去的单位进不去，用人单位想要的学生要不来的现象。因此，每年全国普通高等院校几百万毕业生中，有少数人一时落实不到工作岗位是很正常的现象。不管是何种原因造成的暂时性待业，我们都应该正确对待。

3. 树立先就业后择业的观念

中国人习惯将稳定视为生活的重要条件。在计划经济条件下，一次就业定终身的观念，经过历史的积淀形成了具有普遍性的就业心理。现代社会为人们提供了独立的发展空间，市场优化资源配置的方式是合理流动。社会不再有从一而终的职业。毕业生不必在短时间内找一个固定的“铁饭碗”，要学会在流动中求生存、求发展，特别是人事制度的不断完善，为毕业生的流动就业创造了条件，毕业生将户口迁回生源地，把档案托管在工作地的人才交流中心，哪里找到岗位就在哪里就业。因此，大学生要打破一步到位，从一而终的就业观，树立不断进取的职业流动观念，并学会在流动中发现机会、抓住机会和把握机会。

4. 树立自主创业和终身学习的观念

自主创业是指毕业生不参加传统意义上的就业，通过采取个体经营、合伙等方式创办公司或其他企业单位，从事技术开发、科技服务以及其他经营，创造就业岗位，并依法获得报酬的就业方式。自主就业给最具创造力和活力的大学生提供了就业的机会，自主创业将是一个必然趋势。国家提倡发展私营经济，鼓励自主创业，而作为先进生产力代表之一的大学毕业生更是应该成为自主创业、努力创业的领头羊。

大学毕业生在求职择业以及以后的职业生涯中，必须牢固确立终身学习的观念。因为当今社会飞速发展，现代职业的变化也是日新月异。随着知识经济和信息化社会的到来，大学毕业生必须不断学习新知识才能适应社会发展的需要，否则将会被社会无情地淘汰。大学教育固然重要，但毕竟只是终身教育中的一个阶段。大学毕业之后的延伸学习和重新学习,对于选择及重新选择职业岗位和取得职业成就,无疑具有同样重要甚至更为重要的意义。

5. 树立到基层、农村去的观念

国家统计局2021年5月11日发布的全国第七次人口普查结果显示,2020年全国农村人口数量有50 979万人,占比36.11%。中国的现代化建设离不开农村的现代化,“科教兴国”战略当然也包括“科教兴农”。

改革开放以来,我国农村的社会、经济、文化发生了翻天覆地的变化,创造了大量的就业机会,迫切需要大量的优秀人才投身于广阔的农村天地,传播星火科技,带领农民致富,发展农村经济。同时,农村的广阔天地也为大学毕业生施展才华、实现理想创造了条件。如果毕业生只是留在城市就业,那么,就业的路子会越走越窄。从现实和发展上看,中国高等教育大众化,既不能只靠城市生源,更不能仅在城市就业。农村的经济与社会发展了,也需要并能容纳更多的高校毕业生就业。具有创业精神和创业技能的高校毕业生,到农村求职,更有可能成为新的工作岗位的创造者。

6. 树立发挥专业所长,但也注重综合素质的观念

专业对口,当然更容易发挥专业所长。在大学毕业生就业市场中,有不少毕业生因为各种各样的原因盲目放弃专业。例如,为了能留在大城市里,干什么都行。盲目追求“时尚”职业而忽视专业特点、在北京一家公司做文秘工作的小何感慨地说:“想当初为了留京,放弃了自己喜欢的专业,现在真是后悔莫及。现在想要转回原来的专业,谈何容易啊!”他告诫师弟师妹们,在选择职业时,一定要慎重考虑。

现代科技发展使知识更新周期大大缩短,某些专业在改行一两年后想再重新捡起是相当困难的。专业知识是一个人知识结构的主干,是知识体系的主体;专长则是知识结构的枝干,是知识体系的外延。知识结构主干决定了就业的适合范围。虽然我们不提倡绝对的专业对口,但应考虑所掌握的主体知识的适应性及所具专长的扩展面。因此,毕业生首先要考虑自己的专业,根据专业特点谋求职业,做到专业与职业要求相匹配,发挥专业优势。想放弃专业的毕业生应该权衡利弊,如果只顾眼前而不考虑自己的专业特长和自己对专业的喜好,是不可取的。

许多毕业生专业口径狭窄,不能适应工作的需要和社会的发展。所以,越来越多的人认识到,一味强调专业对口这一信条,可能使自己在激烈的市场竞争中失去许多良机。事实上,有些用人单位主张聘用高校毕业生时并不考虑毕业生的专业对口与否,而是更加注重毕业生的综合素质和能力。人们坚持这样的理念,只要给每位毕业生同等的机会,他们都会尽力做得更好。事实证明,这是明智、科学的用人之举。现在越来越多的用人单位不是一味注重毕业生的专业是否对口,毕业生应该善于把握这种机会。

总之,我国高等教育已进入新的发展阶段,高校毕业生就业工作也相应进入新阶段、面临新的形势。切实转变大学生的就业观念,是做好高校毕业生就业工作的一个关键性环节。高校毕业生不能站在今天,以昨天的就业观念,面对明天的就业,这肯定是无法适应现实环境的。因此,要增强大学生的思想道德修养和择业教育,引导高校毕业生认清严

峻的就业形势，更新就业观念。要转变过去那种一味地想到大城市、大企业就业的观念，树立到基层、到农村就业，自主创业、科技创业、艰苦创业的就业观念。

二、树立正确就业观的必要性

（一）树立正确的就业观是适应市场经济的需要

近几年来，大学生在就业方面的思想观念发生了很大变化，但还有一部分学生就业观念滞后、理想与现实错位、创业意识较差，择业观与现实存在着矛盾，直接影响到自身就业。具体表现是：缺乏正确的自我认知，对社会生活的估计往往失之于简单或片面；存在择业期望值过高的现象，把知名企业、大公司、外资企业作为理想的择业目标，不屑于到基层、民营、私营施展才干的机会；强调自身价值而忽视社会需要，一味追求个人利益，重地位、重名誉，轻事业、轻奉献，缺少艰苦奋斗的精神和强烈的责任感；"这山望着那山高"，不能及时调整就业期望值，以至于出现"高不成、低不就"的尴尬局面。

显然，大学生所表现出来的不良就业心态和择业观念与经济发展的现实不相吻合。如果就业观念不转变，势必造成择业、就业不能正确定位，自己看中的单位因不符合条件而应聘不上，或者应聘上了又不适应或不能胜任工作而被淘汰下来，导致大学生就业难的问题很难有根本性的改善。因此，如何解决大学生择业观与现实的矛盾，使大学生毕业后能正确地在市场中定位，把市场需求和自己的实际紧密结合起来，顺利就业，已经成为目前亟待解决的重要问题。因此，每位大学生都应该正视就业问题，正确认识就业问题，树立正确的就业观。

（二）树立正确的就业观是切实解决高校毕业生就业困难的需要

高等教育不仅让人获得知识，更重要的是获得对社会的适应性。受了教育却就不了业，就算不上人才；如果是人才，不就业更是浪费。作为大学生，所想的应该是如何适应社会和企业的需求，只有在这个前提下，才可能实现自己追求的价值。应当树立起"哪里有用武之地，就到哪里去；哪里需要，就到哪里去"的择业观念。

大学生们要认清新形势下所面临的日趋严峻的就业形势，树立与经济和社会发展相适应的崭新的就业观，从思想观念上真正实现转变。调整就业心态，转变就业观念，关键在于能否正确认识自我，这是最根本的。刚刚毕业的大学生应该从自身的实际情况出发，把眼界打开一点，把眼光放长一些，牢固树立"先就业，后择业，再创业"的意识。这是最为务实的做法。生存是一个人立足社会的首要问题，离开了生存，一切将无从谈起。要认识到随着我国高等教育从"精英化教育"向"大众化教育"的转变，相比以前，大学生已不再是"天之骄子"，比较客观的态度是勇敢面对当前的就业形势，找一份工作，一边积累社会经验和工作经验，一边根据现实状况和兴趣特长调整工作，一步一个脚印，走好自己的路。

毋庸讳言，高校毕业生的就业形势越来越严峻已成为全社会普遍关注的问题，过去

"皇帝的女儿不愁嫁"的局面已成历史。高校毕业生就业难，固然有经济体制、经济结构和经济发展水平等的影响，但从多年毕业生就业指导工作的实践来看，毕业生自身错误的择业观念也是不可忽视的因素。因此，对大学毕业生的择业观作以简要分析，并有针对性地提出矫正建议，具有极其重要的现实意义。

三、怎样树立正确的就业观

面对国家赋予毕业生的职业选择权利，多数毕业生能面对现实，主动转变就业观念，强化竞争意识，迎接市场的挑战，积极投入到自主择业的行列中去；但也有相当一部分毕业生，思想还停留在传统就业阶段，面对纷繁的就业市场和错综的社会现实，不同程度地存在着困惑、消极或抵触情绪，这种不良心态，使他们久久徘徊在择业的"误区"中，影响到自己的就业。主要表现在以下几个方面：

一是缺乏市场意识，不能将所学专业与市场人才需求对接。

二是期望值过高，好高骛远，眼睛总是盯着铁饭碗、无风险、高收入的岗位。

三是瞧不起非公有制企业，不愿到农村就业。

四是过分强调"专业对口"，坐失良机。

五是不能正确评价自我，缺乏信心，依赖性强等，以致成了"嫁不出去的姑娘"。

那么，应怎样树立正确的就业观？

（一）认清严峻的就业形势，珍惜就业机会

前瞻产业研究院发布的《中国人力资源服务行业市场前瞻与投资战略规划分析报告》显示，2020年我国高校毕业生达874万人，再创新高。新冠肺炎疫情暴发导致宏观经济形势严峻，对我国高校毕业生的就业也造成了严重的冲击。

智联招聘数据显示，2020年第一季度，大学生招聘需求人数为1 237万，占全国需求的10.19%，求职申请人数为896万，占全国共计的10.56%。与2019年第四季度相比，2020年第一季度全国大学生招聘需求人数有所下降，而求职申请人数则有所增加。与2019年第一季度相比，在新冠肺炎疫情和经济下行的影响下，大学生招聘需求人数同比下降16.77%，而求职人数则增加了69.82%。

（二）扎扎实实学好专业，熟练掌握一至两项技能

当前，尽管就业形势很严峻，但专业学得好、动手能力强的毕业生仍然受到用人单位的青睐。大学生在校一定要扎扎实实学好专业课，在取得专业毕业证书的同时，根据自己的特长参加一至两项技能培训，并获得相应的职业资格证书，为自己就业拓宽渠道。

（三）结合自身家庭条件，综合考虑是否先就业

来自农村家庭的大学生经济条件一般都不是特别理想，所以我们要站在父母的角度

考虑问题。首先，考虑先就业在经济上给家人减轻负担；其次，先就业可以早点熟悉业务，早点接受锻炼，学历不够以后还可以再修；再次，有一部分贫困大学生学费都是靠助学贷款，毕业了先就业才能自己还贷；最后，先就业比后就业的人工作机会也更多。当然，家庭经济条件相对好一些的大学生，可以选择继续深造或创业等其他途径来实现就业。

（四）正确的自我定位

有的毕业生在应聘时，不能正确评估自己的知识、能力、基本素质等因素，不清楚用人单位所聘的职位自己能不能干好，只是片面地认为自己是大学毕业生，要多少工资，住宿条件要如何等，没有认识到能力比文凭更重要，因而对这个单位不满意，对那个公司不称心，挑三拣四，最后一个单位都选不上。自己“眼高手低”，最后还埋怨学校没有把自己培养好。毕业生初涉职场，不要太过分看重自己的学历文凭，重在正确评估自己，给自己一个正确的定位。

（五）避开择业“五忌”

择业是我们大多数毕业生踏入社会要走的第一步。走好这第一步，选择一份既切合自身实际又称心如意的职业十分重要。因此我们在择业时，一定要避开择业“五忌”。

一忌仓促上阵。一定要有精神和物质方面的充分准备。思想上要有自信心；物质上，必需的证件和资料要准备好，应聘被录取后的路费、生活费要提前准备。

二忌眼高手低。要客观估价自己的能力，把握好机会，不要这山望着那山高；不要过分强调专业对口，要先就业后择业，即先求生存，后求发展。

三忌互相攀比。如果因为你的同学找的单位或待遇比你好一些，你有了攀比思想，放弃了现在的机会，结果可能会一事无成。

四忌轻信受骗。有的同学由于自身原因，对学校推荐就业的单位不满意，就到不正规的人才市场或职介所去求职，“病急乱投医”，往往会受骗上当。

五忌要价过高。如果你选中了中意的单位，工资待遇上不要提出过高的要求，要有长远的发展规划。

（六）珍惜就业机会，切忌草率放弃或轻易跳槽

经过自己的努力得到的就业机会，一定要珍惜，要努力奋斗，敢于拼搏，这是获取事业成功的关键。如果没有这种意识，在工作中稍不顺心就轻易跳槽，长久下去就会像“白头翁”一样，一辈子一事无成。

（七）坚持终身学习

当今知识经济时代，知识更新周期变短，生存发展的竞争更加激烈，所以我们要“活到老、学到老”，不断获取新知识，这样才能不被社会所淘汰。正如宋朝大思想家朱熹所

说:“无一人不学,无一事不学,无一时不学,无一处不学。”现代上班族生活节奏、工作节奏都很快,整天都很忙碌,我们就更要精打细算,安排好时间去汲取新知识,利用各种渠道去学习。例如:

(1)不断从自身的职业生涯中去总结学习。

(2)当自己遇到逆境或挫折时,学会如何去迎接挑战。

(3)访问长辈,请教生涯经验。

(4)在人际关系中学习,在复杂的社会人际关系中磨炼意志。

(5)参加相关训练,做到一专多能。

(6)参加专业系统学习。

(7)自省总结,做到“吾日三省吾身”。

案例分析

小何是一所名牌高校的大学毕业生,在一次大型招聘会上,他向一家汽车公司申请了一个机械工程师的岗位。他学的是机械专业,在大学期间各门功课都优秀,毕业后的五六年时间里,从事过医药、空调、摩托车等产品的销售、品质主管,换了六七个工作,但是没有机械方面的工作经历。招聘者看了他的情况后认为,如果他毕业后稳定从事机械方面的工作,则正是公司需要的人才,起薪也很高,但是因为没有这方面的工作经验,公司无法录用他。小何很后悔失去了这次就业的极好机会。

讨论与分享

【想一想】小何没有被汽车公司录用的原因是什么?他该怎么做?

课外拓展

人 生 鸡 汤

职场失误多久可以“洗白”?

失误之后的“洗白”不仅意味着在行为层面纠正一个错误、改掉一个习惯,更重要的是,你还需要从上司和同事们心里的“黑名单”中彻底挣脱出来。人的品性各异,脑力水平也参差不齐,即便是同一个人,也有可能因为各种突发状况导致“程序不稳定”甚至“死机”。因此,在事务性工作中,只有通过完善的制度、流程和正确的工作方法,才能确保一件事平稳、有序地推进。对于职场失误或者负面事件,一方面要敢于担当,不推脱责任;另一方面也要注意,尽力把坏消息控制在一定的范围里,越小越好。但就算再怎么恪尽职守、如履薄冰，工作时间长了，失误总是难免的。

生活中，小孩子随手打翻一杯果汁，弄脏了地毯，大抵只需一句“我不是故意的”便可以得到谅解，但要换作是成年人，则很可能需要为自己这个不经意的行为付出代价。职场的规则也是一样，不问初衷，只看结果。就算一件事的愿景再美妙，一旦失误了，代价除了降职、罚款这些实实在在的惩戒之外，还有一种更隐形的、杀伤力更大的后果——给合作者的心理留下阴影，为将来的共事埋下障碍。因此，失误之后的洗白变得尤为关键。在一个人漫长的职业生涯中，磕磕碰碰总是难免的，但好的性格、过硬的心理素质以及周围人的友善，加上恰当的机遇以及对经验教训的及时总结，这些都会帮助你把坏事变成好事，把“洗白”变成好牌。

“洗不白”的无心之过?

李佳现在才觉得自己从两年前那次失误的阴影中走了出来。

李佳每天的工作都要和数字打交道，搜集各种市场数据并进行统计分析，再把研究结论写成报告交给公司高层，为其决策提供依据。

就是这么一个说重要也重要，说不重要也不重要的工作，李佳做了三四年。在她还是新手的时候，每月底出报告那几天都过得战战兢兢，从头到尾反复核对每一个数字，生怕出什么纰漏。

当一切走上正轨之后，紧张的神经终于可以放松些了。李佳越发体会到那个著名的“二八法则”是多么高瞻远瞩：把80%的精力花在20%最重要的部分，用另外20%的精力完成不那么重要的80%的工作。渐渐地，李佳觉得自己找到了工作的节奏，应付起那些数字来，倒也从容了许多。

可是，百密一疏。

正是在不那么重要的80%里，她翻船了。一个小数点的失误，让整份报告出现了结论性的偏差，好在这个错误结论在进一步的数据对比中被及时纠正过来，才没有让公司高层在决策时走上错误的方向。

鉴于没有造成实质性损失，公司对李佳网开一面，只是简单地罚了点款。但这并不意味着没有付出代价，此后每个月交报告的时候，李佳那份总是被单独拎出来。别人的报告，领导都是大致扫一眼便落笔签字，唯独她的，每次都要被从头到尾详细审核后才得以过关。

两年时间，李佳都活在这种不被信任的屈辱中。

对于职场人来说，上司和同事的信任是一种稀缺且宝贵的东西。这种信任通过一件件小事日积月累建立起来，却很容易被一次不靠谱的行为轻易瓦解。若想重建，则需要比之前付出更多的努力和时间。

李佳利用一切可以利用的机会，向领导传递“上次只是无心之过”的信息，同时在每次出报告之前，像强迫症一样反复核对小数点是不是出现在恰当的位置。这是她的翻身之道：同样的错误不再犯，用实际行动证明自己“吃一堑长一智”了。

“洗白”的基础，一定信任的修复，而这靠的绝不是豪言壮语和赌咒发誓。与其把胸脯拍得咚咚响，还不如持之以恒地把手里每一项工作做得让人放心更有效。

当然，要想缩短这个信任修复的过程，需要方法。

从失误开始以经验结束

老陈的助理犯了个低级错误，把给山西的货发到了河北。这么一来，山西的销售合同眼看着要逾期，河北的零售商则莫名其妙地接到两批货物，不知如何是好。那些天，老陈动用一切可以想到的资源，来弥补这个可笑的失误，并且在总公司那里替助理把责任扛了下来。

老陈是当笑话给我讲这件事的。我安慰他说："估计以后你的助理再也不会犯类似的错误了吧。"没想到老陈一直在摇头："她始终觉得自己只是一时马虎，并没有从中吸取教训。"

老陈所谓的教训，其实是工作方法。按照他的说法，华北地区有五个省份，每个省份的订单都有十几个，哪个发了货，哪个已经结清账款，哪个需要补货，这么多东西，光靠脑子记，难免出差错。

老陈当年做助理的时候，会把这种需要追踪的订单整合在一起，列个表。横轴是发货地区，纵轴是产品明细，每完成一项，就在相应的格子里画个勾；有需要特殊说明的事项，就备注在上面。按照这样的工作方法，很难想象会出现眼下发错货的情况。

对于绝大多数的常规工作来说，过分依赖人的习惯和大脑，总不是一件特别有保障的事。最近，在微博上流传着这样一张照片：某公司公开发布的招聘启事上，把"本公司"写成了"笨公司"。我们当然可以批评经办此事的公司员工粗心大意、责任心不够，但从这个失误中得到的教训如果仅仅是"此人不堪重用"的话，那么这学费未免有些过于昂贵了。

对公司来说，最直接的经验是对工作程序作出调整，在文件公开发布之前要经过严格的程序核查。对这个不小心犯错误的倒霉员工来说，最简单有效的经验就是下载一个语音朗读软件，让电脑用播音腔把自己完成的文稿朗读一遍，以绝后患。

如果每一次失误都能获得流程上的优化和方法上的改进，让领导和同事们切切实实地意识到"按照新的工作方式，想犯错误都难"，这无疑会大大提升他们作为合作者的信心，把自己的"洗白"过程大大缩短。

舆论的杀伤力

职场失误的修复过程，也有可能因为某些原因变得异常艰难，例如舆论。

小艺在一家服务机构"坐窗口"，每天和数以百计的客户面对面打交道。半年前，一个来办事的客户手续不全，按照规定无法办理。于是小艺请他下次再来，并告知需要补充提交的资料。谁知客户大发雷霆，一怒之下跑去投诉。

事后，单位领导几经调查，还调取了监控录像，认定小艺的一切言行都符合规定，完全没有责任。

本以为这件事已经过去了，谁知前几天小艺上班时晚到了20分钟，正支支吾吾准备找借口呢，领导却先发话了："你要注意一下，你可是被客户投诉过的。"

小艺一下子头都大了:“不是说没责任吗?干吗还拿出来说事?”

后来她发现,自己被投诉这件事,单位里人尽皆知。更可怕的是,很多人只看到了领导大张旗鼓地调查取证,并不知道结论是小艺无责。在大多数不明就里的同事眼里,“被投诉”已然成为贴在小艺身上的一个标签,挣脱不掉了。

冤枉、委屈、无奈,还没地方说理……

“好事不出门,坏事传千里”,负面事件本身就具有非同寻常的八卦潜质,极易成为办公室里茶余饭后的谈资。要知道,这些坏消息一旦插上翅膀,就会被放大数倍,可能会引来更多的同情,但更可能让越来越多的同事在日后的合作中对失误者失去最起码的信任。

(资料来源:方奕晗,中国青年报,2012年)

第二章

企业文化与职业素质

本章导读

每名学生在社会生活中要同时扮演很多角色：在家是受父母宠爱的儿女；在学校的主要角色是学生；在班级是同班同学；在学校的各种集体中，可能还担任组织者、联络员、通信员等角色；在不同的场合还有一些临时角色，如到商店是顾客，到赛场可能是运动员等。无论你扮演什么角色，你肯定希望自己是个受欢迎的人。那么，企业欢迎什么样的人？不同企业的企业文化是怎样的呢？

第一节　企业文化概述

学习目标

（1）了解什么是企业文化。

（2）认识企业文化的兴起与形成。

（3）熟悉企业文化的内容结构和作用。

一、企业文化的概念

企业文化，或称组织文化（Corporate Culture或Organizational Culture），是一个组织由其价值观、信念、仪式、符号、处事方式等组成的特有的文化形象，简单而言，就是企业在日常运行中所表现出的各方各面。

企业文化是在一定的条件下，企业生产经营和管理活动中所创造的具有该企业特色的精神财富和物质形态，它包括企业愿景、文化观念、价值观念、企业精神、道德规范、行为准则、历史传统、企业制度、文化环境、企业产品等。其中，价值观是企业文化的核心。

企业文化属经济文化，更确切地说它是在企业管理理论发展中产生的一种管理文化。就目前来说，企业文化无论是内涵的描述、结构的分析，还是对企业文化功能的概括，理论界众说不一，尚未形成一致的意见，但总体上还是达成了共识。企业文化以人为管理主体，以共同的价值观为核心，以职工群体行为为基础，强调“人”的管理同“物”的管理的结合。由表及里，由显及隐，形成物质文化、制度行为和精神文化三个层次。通过教育、激励、诱导等方式，调节企业职工的行为，从而发挥企业文化在经营管理中的各种功能，促进企业不断发展。

二、企业文化的兴起与影响因素

（一）企业文化的兴起

对于企业文化的兴起，有“源于美国，根在日本”的说法，即企业文化这一管理的新理论产生于美国，而作为在实践中的管理方式，则主要体现在日本的企业管理中。企业文化是20世纪70年代美国管理学家比较研究日本企业管理经验的产物。

美国是世界上最早拥有完善的企业管理理论和丰富的管理经验的国家。20世纪60年代，美国企业在世界市场上的竞争力明显超过其他国家。但自从进入70年代后，美国经济衰退，货币贬值、失业剧增，在全球性石油危机的冲击下，美国企业丧失了竞争优势；80年代，美国企业的产品质量大大下降。而与此同时，“二战”期间大伤元气的日本，在基础工业和尖端工业方面都取得了令人瞩目的成就，有取代“工业王国”美国的趋势。日本对美国构成了严峻威胁和挑战。80年代后期，日本企业大举进军美国，当日本人买下美国洛克菲勒中心大楼后，美国人惊呼：“日本人要买下整个美国。”例如，美国通用和克莱斯勒都生产豪华型大马力汽车，60年代在美国汽车业处于领先者的位置，而日本的丰田倾向于小型汽车，且油耗少，尤其70年代的石油危机，给日本小汽车带来了广阔的市场。到80年代，美国汽车市场中进口汽车上升到30%，其中有24%是来自日本的进口汽车，丰田、本田公司与通用、克莱斯勒已实力相当。

这使得美国管理学者开始研究日本企业成功的奥秘。日本之所以取得成功，在于能够在自己传统的基础上努力对其他国家的优良传统加以融会贯通，在于他们的企业建立了强有力的企业文化，而这恰恰是不注意群体意识、企业精神，单纯依靠个人信念、个人创造力的美国企业所缺少的东西。

日本企业凭着突出群体意识和团队精神的企业文化，实现了20世纪60年代的经济起飞，70年代安然度过了震动世界的石油危机，于80年代登上世界经济大国的舞台。

企业文化理论的兴起，标志着以美国为代表的西方管理理论开始由现代管理学派所强调的战略规划与科学预测以及应用现代定量技术和方法的管理又重新回到对人的管理阶段。

80年代初，美国加州大学美籍日裔学者威廉·大内（William Ouchi）在《Z理论》一书中，首先提出了企业非技术因素——文化因素的巨大意义，其核心就是“Z型文化”（公司文化)，主导思想就是把企业中的每一个人，都视为能自我激励，且具有主观积极性、能动性的“全面而自由发展的人”。随后，美国管理界出版了《美国企业精神》《追求卓越》《日本的管理艺术》等一系列专著，80年代初在美国兴起了企业文化管理理论研究的热潮。

(二) 企业文化的影响因素

很多人认为，有了企业才会形成企业文化，企业文化是企业在成功之后总结形成的自己企业文化的模式。其实，企业文化的萌芽不自觉地植根于创办企业及企业运作过程的动机和观念之中。从企业文化的发展和经验总结分析，影响企业文化的因素众多，下面对部分重要因素进行介绍。

1. 企业环境

企业是一个开放系统，它不能脱离社会环境而存在；企业文化也不能脱离社会环境而生成。因此，要塑造良好的企业文化，就必须认真分析影响企业文化生成的环境因素。企业文化环境由宏观环境和微观环境构成。影响企业文化的宏观环境主要包括政治制度、经济发展状况、科技发展水平、民族文化传统、自然地理条件等；影响企业文化的微观环境则主要包括企业所在地区的经济发展战略、地方法规、地方文化、乡土人情等。一个企业只有很好地把握了企业内部和外部环境的特性，才能提出有效的企业文化建设实施方案，从而推动企业文化健康可持续发展。

2. 企业愿景

企业愿景是指企业在经营过程中推崇的基本信念和奉行的目标，是为企业绝大多数成员共有的关于企业意义的终极判断，是企业文化的核心或基石。对于一个企业而言，只有当企业内大部分员工的个人愿景趋近时，整个企业的愿景才可能形成。与个人愿景主导人的行为一样，企业所信奉与推崇的愿景，是企业的日常经营与管理行为的内在依据。无数例子证明，企业愿景建设的成败，决定着企业的生死存亡。因而，成功的企业都很注重企业愿景的建设，并要求员工自觉推崇与传播本企业的愿景。为了让企业员工了解企业的愿景，企业愿景应该用具体的语言表示出来，而不是用抽象难懂、过于一般化的语言来表示。

3. 企业最高管理者

企业最高管理者是企业文化建设的核心力量和领导者，他们既是本企业文化的倡导者和设计者，也是其他文化实践的组织者和推动者。例如，企业最高管理者的精神素质会影响到企业文化的状态与特征，表现出是开拓进取还是求稳怕事；企业最高管理者的能力素质会影响到他们的思维能力、组织能力和决策能力；企业最高管理者的知识素质会影响到企业文化的知识含量，进而影响到企业文化建设的质量和实际效果。观念本身就是企业文化的重要内容，如市场观念、时间观念、效率观念、竞争观念等。因此，企业最高管理者的素质对企业文化的建设影响非常大，管理者注重不断提高自身素质尤为重要。

4. 企业效益

对于企业来说，企业的经济效益是企业经济活动的根本出发点，提高经济效益有利于增强企业的市场竞争力。企业要发展，必须降低劳动消耗，以较小的投入获得较大的效益，只有这样才能在市场中不被淘汰，从而获得发展。所以企业追求经济效益是企业存在的根本目的。一个公司刚成立，也许只有一个或两个老板，没有太多的领导者，这时，老板为人处事的风格，对待员工的方式方法和态度，从宽泛的意义来说，就是这个刚成立的公司的企业文化。这种企业文化会直接作用于员工，从而决定公司的经济效益。这种企业文化表现在公司老板的一言一行之中，只要老板的言行举止能得到员工的认同、信任，公司的经济效益就能得到足够的保证，并能够得到不断的发展。对于生存发展了一段时间，已不再是在老板的直接指导下生产，而是通过管理团队或组织指导生产的公司，企业文化与经济效益的关系就变得更加的敏感和紧密。这时企业已经发展到了一定的规模，已经有了比较严格的公司规定和各种生产管理流程，一般来说只要按正常的生产程序进行生产，就能保证公司正常的运转，经济效益也能够得到保证。但是，富士康的“十几连跳”，以及其他企业劳工之间的“生死纠纷”，各种各样的“轩然大波”在不同的企业内部掀起，引起了社会的深刻思考，显然这些行为严重危害了企业的经济效益。当企业处在高速发展期、在市场上面临强大的竞争对手时，其发展已到了一定高度，通过改变生产和调整内部结构等一系列活动已难以战胜竞争对手时，一个企业的企业文化就被放到了应有的地位，受到企业足够的重视，这时企业文化对经济效益几乎具有决定性的作用。

5. 企业典型人物

一个企业的典型人物是企业为了宣传和贯彻自己的价值系统而为企业员工树立的可以直接仿效和学习的榜样。英雄人物是企业价值观的人格化体现，更是企业形象的象征。许多优秀的企业都十分重视树立能体现企业价值观的英雄模范人物，通过这些英雄人物向其他职工宣传企业提倡和鼓励的东西。现代社会心理学的研究证明，任何人都有一种在群体中出人头地的愿望。企业能够利用员工的这一心理，促进他们将强烈愿望转化为具体的行为，这也是企业创造文化的一个根本条件。在这一过程中，要借助榜样的力量，使员工认识到英雄人物同自己一样，也是平凡的人，他们能成功，自己也一样能。例如，某集团公司开展的寻找“最美员工”活动，便是塑造平凡英雄，发挥榜样力量的优秀途径。

6. 企业特征

企业主要属于哪个行业门类，那么该行业特征就应反映在企业文化中。由于各个行业在生产特点、管理模式和服务要求上存在很大的差异，所以企业文化也必然存在差异。企业文化的形成过程也就是对同类企业去粗取精、扬善抑恶的过程。因此，行业特征是企业文化的重要因素，例如，制造业强调“个人向上的资质”，即以人为本，自我实现，输出并实现技术，可信度，安全性，规模；一般服务业强调“对顾客的服务”；传媒业、金融业强调“对社会的服务”。

7. 国内国际企业文化新潮

中国实行改革开放以来，从西方发达国家引进了大量的技术和设备，在引进、消化、吸收外国先进技术和管理的同时，也引进了国外的文化，它们都会对我国企业文化产生不同程度的影响。通过引进国外的先进管理思想，促进了我国企业的创新精神、竞争意识、效率观念、质量观念、效益观念、民主观念、环保意识等的培育，成为我国企业文化中的新鲜血液。企业文化最忌流于形式，趋于雷同，应在大同小异的大背景下，刻意追求自身特有的、特点鲜明的企业文化。

8. 地域差异

同一国家的不同地区之间，地域性差异是客观存在的，正是由于不同的地域在不同的地理、历史、政治、经济和人文环境下，在一定程度上会产生企业间的文化差异。长期形成的企业文化，需要长时间潜移默化地渗透到员工心灵深处，通过不断培育才能成为企业员工的共同行为规范和共同意志，绝非一朝一夕之功。

企业文化及企业文化建设是艰巨的系统工程。企业文化在企业的不断倡导下，以企业全体员工集体意识为基础，达到全企业的共识和认同，最终融合为全体企业人的默契、习惯和氛围才是最高境界。有时为了企业文化的深入人心，还必须进行“洗脑”，强化企业文化的灌输教育，加强与企业政治思想、群工工作的紧密结合，甚至于注重调动和发挥有益的非正式组织的积极性。

【案例1】　日本理光集团的企业文化

日本理光集团公司的口号是“三爱精神”，即爱友邻、爱祖国、爱工作。在此基础上，延伸了愿景宣言：创建诚信可靠和富有魅力的世界企业。使命宣言：创造出造福社会的全新价值，为提升生活质量以及建设可持续发展的社会起到应尽的责任。价值宣言：CUSTOMER-CERTRIC（站在客户的立场上思考和行动），PASSION（带着积极的心态和热情去面对一切事物），GEMBA（从现场、现物、现实去学习和改善），INNOVATION（抛开限制，灵活想象，创造新价值），TEAMWORK（互相认可，与所有人携手共创），WINNING SPIRIT（不畏失败，勇于挑战，赢取成功），ETHICS AND INTEGRITY（诚实地、正直地带着责任感去行动）。

【案例2】　日本松下公司的企业文化

日本松下公司十分重视用家庭般的亲情关怀去温暖职工的心。公司不仅给员工优厚的工资和福利待遇，且率先在1965年实行5天工作制。1976年，公司还颁布实行抚恤遗族子女制度和延长退休年限，增加退职金和养老金。1979年世界经济萧条时，产品大量积压，公司管理层建议大幅减产，裁员50%。松下幸之助否决了这些建议，决定生产实行半日制，工资按全天付。他号召全体员工全力推销产品，共渡难关。松下公司对员工的真诚关怀和爱心，极大地激发了员工对企业的感激和热情。经过几个月的努力，终于推销掉全部的库存产品，恢复了正常生产。松下幸之助说：“利用武力、金钱、智慧来命令别人做事，当然不会完全没有成效，但能用道德感化别人的话，应该可以收到更好的效果。”

松下公司率先启动在家工作制度，允许员工平均每周在家工作1～2天。日本松下电器从2007年4月1日起开始实行员工在家上班制度。该制度适用范围包括系统技术人员、营业、企业策划、人事等绝大多数白领员工。该制度主要目的是为育子员工、老龄员工等无法正常上班的人，提供继续工作的环境，可有效保留企业的人才。据悉，松下电器总部及其手机制造等23家全资子公司的7万多名员工中，除工厂一线工人、保安、秘书等工作人员外，其他绝大多数白领员工都可享受新制度。员工申请在家上班，公司通过确认就予以批准。公司以租借方式提供电脑和电视会议用摄像头，员工可以通过网络与办公室内的员工保持联系，同时进行工作。该制度允许员工平均每周在家工作1～2天。这样的工作方式，在全球范围内也是一个大胆的创新，即使是Google和微软这样的“大腕”级企业也没有敢做出类似的尝试。这种模式也可以节约企业办公成本，但需要员工有很高的素质和责任感。

三、企业文化的内容结构

美国哈佛大学教授迪尔和肯尼迪把企业文化整个理论系统概述为五个要素，即企业环境、价值观、英雄人物、文化仪式和文化网络。企业环境是指企业的性质、经营方向、外部环境、社会形象、与外界的联系等方面，它往往决定企业的行为。价值观是指企业内成员对某个事件或某种行为好与坏、善与恶、对与错、是否值得仿效的一致认识。价值观是企业文化的核心，统一的价值观使企业内成员在判断自己行为时具有统一的标准，并以此来选择自己的行为。英雄人物是指企业文化的核心人物或企业文化的人格化，其作用在于作为一种活的样板，给企业中其他员工提供可供仿效的榜样，对企业文化的形成和强化起着极为重要的作用。文化仪式是指企业内的各种表彰、奖励活动、聚会以及文娱活动等，它可以把企业中发生的某些事情戏剧化和形象化，来生动地宣传和体现本企业的价值观，使人们通过这些生动活泼的活动来领会企业文化的内涵，使企业文化“寓教于乐”。文化网络是指非正式的信息传递渠道，主要是传播文化信息。

我国比较认可的企业文化的结构与内容是由以精神文化为核心的三个层次构成的。

（一）物质文化

物质文化包括组织开展活动所需的基本物质基础，如企业生产经营的物质技术条件，即厂容、厂貌、机器设备，产品的外观、质量、服务，以及厂徽、厂服等。

（二）制度文化

制度文化是企业处理人与人之间关系的准则和行为规范的总和，包括具有本组织文化特色、保证组织活动正常进行的组织领导体制、各种规章制度、道德规范和员工行为准则等，如企业中的厂规、厂纪，各种工作制度和责任制度，以及人际交往的方式等。

（三）精神文化

精神文化是指组织在长期活动中逐步形成的，并为全体员工所认同的共有意识和观念，包括组织的价值观念、组织精神、组织道德。

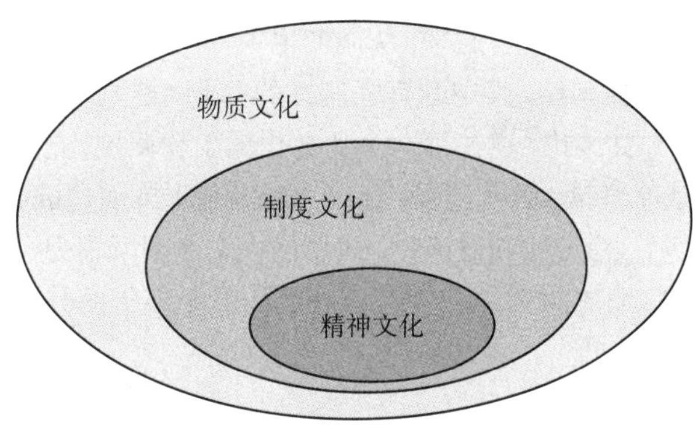

图2.1　企业文化的结构与内容

以上三个部分在企业文化体系结构中处于不同的地位。其中,物质文化处于企业文化体系结构的表层,制度文化处于企业文化体系结构的中层,精神文化处于企业文化体系结构的核心层。精神文化决定了整个企业文化的方向、本质、形式;制度文化则把深层文化转换成一种成文或不成文的规则,对组织成员的言行起引导和制约作用;物质文化体现着企业文化的风格和形式,以一种特有的氛围对组织成员起影响、感染、教化和引导作用。三者密不可分,相互影响,相互作用,共同构成组织文化的完整体系。

四、企业文化的作用

企业面对的市场竞争愈加激烈,需要不断地应对来自国内外的各种挑战。企业想要实现管理工作的有效进行,保持企业可持续发展,就必须实现企业管理制度和企业文化之间的有效融合,达到共生与双向互动。优秀企业文化的建设,可以激发员工的"自律意识",从而降低企业的管理成本,更有助于企业长期稳定地发展。

1. 导向功能

企业文化能对企业整体和企业成员的价值及行为取向起引导作用。具体表现在两个方面:一是对企业成员个体的思想和行为起导向作用;二是对企业整体的价值取向和经营管理起导向作用。这是因为一个企业的企业文化一旦形成,它就建立起了自身系统的价值和规范标准,如果企业成员在价值和行为的取向上与企业文化的系统标准产生悖逆现象,企业文化会进行纠正并将其引导到企业的价值观和规范标准上来。

2. 约束功能

企业文化对企业员工的思想、心理和行为具有约束和规范作用。企业文化的约束不是制度式的硬约束,而是一种软约束,这种约束产生于企业的企业文化氛围、群体行为准则和道德规范中。群体意识、社会舆论、共同的习俗和风尚等精神文化内容,会造成强大的使个体行为从众化的群体心理压力和动力,使企业成员产生心理共鸣,继而达到行为的自我控制。

3. 凝聚功能

企业文化的凝聚功能是指当一种价值观被企业员工共同认可后,它就会成为一种黏合剂，从各个方面把公司成员聚合起来，从而产生一种巨大的向心力和凝聚力。企业中的人际关系受到多方面的调控，其中既有强制性的“硬调控”，如制度、命令等；也有说服教育式的“软调控”，如舆论、道德等。企业文化属于软调控，它能使全体员工在企业的使命、战略目标、战略举措、运营流程、合作沟通等基本方面达成共识，从根本上保证企业人际关系的和谐性、稳定性和健康性，从而增强企业的凝聚力。正是由于有着坚定的“集体主义”价值观，日本大财团三井公司在经历二十多年的分崩离析后又重新聚合在了一起。

4. 激励功能

企业文化具有使企业成员从内心产生一种高昂情绪和奋发进取精神的效应。企业文化把尊重人作为中心内容，以人的管理为中心。企业文化给员工多重需要的满足，并能用它的“软约束”来调节各种不合理的需要。所以，积极向上的理念及行为准则将会形成强烈的使命感、持久的驱动力，成为员工自我激励的一把标尺。一旦员工真正接受了企业的核心理念，他们就会被这种理念所驱使，自觉自愿地发挥潜能，为公司更加努力、高效地工作。

5. 辐射功能

企业文化一旦形成较为固定的模式，它不仅会在企业内部发挥作用，对本企业员工产生影响，而且也会通过各种渠道（宣传、交往等）对社会产生影响。企业文化的传播将帮助企业树立良好的公众形象，提升企业的社会知名度和美誉度。优秀的企业文化也将对社会文化的发展产生重要的影响。

6. 品牌功能

企业在公众心目中的品牌形象，是一个由以产品服务为主的“硬件”和以企业文化为主的“软件”所组成的复合体。优秀的企业文化，对于提升企业的品牌形象将发挥巨大的作用。独具特色的优秀企业文化能产生巨大的品牌效应。无论是世界著名的跨国公司，如“微软”“福特”“通用电气”“可口可乐”等，还是国内知名的企业集团，如“海尔”“联想”等，他们独特的企业文化都在其品牌形象建设过程中发挥了巨大作用。

【案例】 安全是企业文化的核心

加拿大萨斯喀彻温省一家钾盐矿的72名矿工因火灾被困井下，当天全部获救。这个圆满的结局让人深感欣慰。而从事故发生后的营救过程看，这起事故能有这样一个值得庆幸的结局绝非偶然。正如该矿井发言人汉密尔顿在宣布营救成功时不无骄傲地说：“安全是我们企业文化的核心。”

这次被困的矿工之所以毫发未损，很大程度上与加拿大政府部门和矿主拥有高度责任感、完备的安全生产法规密不可分，也是加拿大矿业长期坚持“安全至上”的理念和把安全视为企业文化核心的结果。为着力将安全打造为企业文化的核心，多年来加拿大人力资源部门和职业安全与健康中心等机构一直大力推动各级政府立法，不断完善矿业安全管理制度，加大安全投入，不断改善采矿环境和安全生产措施。同时，这些部门为强化全民安全生产意识，每年都举办“职业安全与健康周”活动，还在典型事故发生地设立纪念碑或展览馆，怀念遇难工人，并告诫雇主和雇员要重视安全生产。

企业文化是植根于企业全体员工中的价值观、道德规范、行为规范、企业作风及企业宗旨等。如果说各种规章制度、服务守则等是规范员工行为的“有形准则”，企业文化则作为一种“无形准则”存在于员工的意识中，如同社会道德约束着每一位公民一样约束着员工的行为。

企业文化建立

六人一组组建模拟公司，尝试给自己的公司建立独特的企业文化。

讨论与分享

(1)各组代表上台分享自己的企业文化。

(2)投票选出企业文化设置最合理的小组。

课外拓展

海底捞的企业文化

(一) 海底捞企业文化的形成

1. 企业领导者的影响

四川海底捞餐饮股份有限公司(以下简称“海底捞”)董事长张勇从只有4张桌子的麻辣烫起家，凭着想要成功的信念和坚韧、踏实、努力、朴实的品性，最终成功创立了海底捞品牌，在全国15个城市拥有71家直营店，4个大型现代化物流配送基地和一个原料生产基地，现拥有员工14 000多人，年营业额超过10亿元。

张勇始终认为，人生不害怕艰难，不害怕没背景，只要有梦想，凭着自己的双手也可以改变自己、家庭甚至更多人的命运。“用双手改变命运”是海底捞最有号召力的一句话，也是海底捞企业文化的精髓所在。海底捞的员工绝大多数都没受过高等教育，但他们同样对自己的生活充满美好希望。海底捞一直致力于把“用双手改变命运”这一价值观转化为现实，并将之当作海底捞的目标之一，鼓舞感动了海底捞员工，大大激励了员工的积极性与责任感，推动了海底捞的井喷式发展。

2. 独特的文化传播方式的影响

海底捞在成立之初并没有采取在广告上投入大笔资金做宣传的方式，而是主要通过顾客的口口相传，通过形成口碑效应达到宣传目的。随着公司规模的不断扩大，它才开始逐渐改变宣传方式，利用其他大众传媒如网络、书籍、电视等继续扩大海底捞的知名度和影响力。

（二）海底捞企业文化的核心价值分析

1. 用心创造差异化

公司在张勇董事长确立的服务差异化战略指导下，始终秉承“服务至上、顾客至上”的理念，以创新为核心，改变传统的标准化、单一化的服务，提倡个性化的特色服务，将用心服务作为基本经营理念，致力于为顾客提供“贴心、温心、舒心”的服务。

客人的要求五花八门，标准化服务最多能让客人挑不出毛病，但不会超出顾客的期望，而海底捞却给人带来超值享受。凡去过海底捞的人，恐怕都很难不对其细致入微的服务留下强烈的印象。顾客等餐时，服务员会送上免费饮料、水果、点心，顾客还可享受免费美甲、擦皮鞋、上网等服务；顾客入座后，立马会送上围裙、手机套和绑头发用的皮筋；就餐期间还会有服务员不时递上热毛巾。更深的感触是服务员个个精神饱满，用快乐感染着每一位顾客。在大众点评网上，很多顾客对这种贴心服务感到“受宠若惊”，感叹“终于找到了做上帝的感觉”。

海底捞细致入微的服务让顾客感到新鲜、温馨，全方位提升了顾客满意度，并以此培育了大批忠实客户。海底捞没在广告宣传上花费大笔金钱，却获得了巨大的广告投入也无法带来的收益。

2. 把员工当家人

餐饮业的竞争归根到底是服务的竞争，而服务取决于员工。鉴于此，张勇提出“把员工当成家人”“员工比顾客重要”的理念。在大多数餐饮业打工者还居住在简陋的地下室时，海底捞为员工提供的公寓是标准住宅小区的两居室或三居室，距离店面走路不超过20分钟。公寓内电话、电视和网络一应俱全，有专人打扫卫生，换洗床单。员工生病了公司会送上药品和病号饭，上夜班的员工还能享受到夜宵服务。大堂经理和店经理以上的干部，其父母每个月还能领到几百元生活津贴。此外，海底捞还在一些地方建立了私立寄宿制学校，让员工的孩子在那里免费上学。

“员工比顾客重要”，张勇从不考查分店的营业额，他只关心员工的满意度。他把两眼只盯着利润的企业家称为“糊涂虫”，但他不重视利润并不代表不能获得利润。海底捞的利润有目共睹。为了回馈顾客付出的金钱与时间，海底捞不仅依靠优质服务为其营造轻松悠闲的就餐体验，更重要的是通过菜品创新为其提供味觉享受。这才是餐饮业为顾客提供的根本价值，而所有这些价值，取决于它们的直接传递者——员工。

3. 优先培养人才

海底捞把培养合格员工的工作称为“造人”，张勇将“造人”视为海底捞发展战略的基石。海底捞对每个店长的考核只有两个指标：一是客人的满意度；二是员工的工作积极性。海底捞要求每个店按照实际需要的110%配备员工，为进一步扩张提供人员保障。

在海底捞，每一个新员工都有清晰的升迁路线，可以选择管理、技术和后勤三个方向，只要他们正直、诚实和勤劳，就可以实现自我价值。这种淡化学历与工龄的选拔方式，既保证了员工升迁的公平与公正，又使服务员出身但经验丰富的管理层具备对顾客满意度的直觉判断能力。隐含在海底捞员工升迁制度中的还有独创的家访制度。每提升一个员工到重要岗位，张勇都会亲自访问他的老家。这么做一是为了获取家里的鼓励和支持，这对大多数承担养家责任的海底捞员工是非常重要的；二是每一个来到海底捞的员工都很年轻，又都缺乏特殊技能，家访有助于了解他们的差异性和真实性情。

（资料来源：徐亚名，海底捞捞什么（全新升级版），2014年）

课外拓展 2

企业的文化标语

1. IBM的企业文化

IBM就是服务。

2. 惠普的企业文化（惠普之道）

HP Way有五个核心价值观，它们像是五个连体的孪生兄弟，谁也离不开谁：

（1）相信、尊重个人，尊重员工。

（2）追求最高的成就，追求最好。

（3）做事情一定要非常正直，不可以欺骗用户，也不可以欺骗员工，不能做不道德的事。

（4）公司的成功是靠大家的力量来完成的，并不是靠某个个人的力量来完成的。

（5）鼓励不断地创新，做事情要有一定的灵活性。

3. 易佰网络的企业文化

企业愿景：打造中国跨境电商科技型企业。

企业使命：让物美价廉的中国商品走向全世界。

核心价值观：诚信、创新、分享、共赢。

经营理念：诚信、担当、开放、共享、激情、高效。

管理理念：以客户为中心，以奋斗者为本，以高效与持续创新为导向，以人才战略为基石。

4. 华为的企业文化

华为的愿景与使命是把数字世界带给每个人、每个家庭、每个组织，构建万物互联的智能世界。

5. 肯德基的企业文化

（1）餐厅经理第一。

（2）群策群力，共赴卓越。

（3）注意细节。

6. 通用电气的企业文化

通用电气永远推崇三个传统，即坚持诚信，注重业绩，渴望变革。

7. 微软的企业文化

微软的企业文化：今天和未来，对技术的激情，从不放弃。

微软企业文化的八大核心思维：

（1）顶尖人才是微软真正的、最大的财产。

（2）建设性的争锋：直截了当地说出想法，不鼓励玩弄权术和外交辞令。

（3）时刻处于“战争”状态，牢记对手是谁。

（4）机动而有效率的企业组织，架构小型项目组。

（5）合格的主管和明智的管理模式，没有只管人的主管。

（6）比尔·盖茨是公司的灵魂，比尔·盖茨作为首席设计师，仍然每天艰苦工作。

（7）自我批判和学习系统：尽早识别失败之处，短时间的失败是可原谅的，但延宕失败是不允许的。

（8）以提高生产力为目标的开销方式：给员工大量投入，提供最佳工作环境。

8. 沃尔玛的企业文化

（1）顾客是上帝。

（2）尊重每一个员工。

（3）每天追求卓越。

9. 谷歌的企业文化

（1）以用户为中心，其他一切水到渠成。

（2）专心将一件事做到极致。

（3）快比慢好。

（4）网络也讲民主。

（5）您不必坐在台式机前也能获得所需的答案。

（6）您可以通过正当途径赚钱。

（7）信息始终在不断地累加。

（8）信息需求无国界。

（9）没有西装革履也一样严肃认真。

（10）只是优秀还不够。

10. 富有哲理的企业口号

（1）麦当劳的“金科玉律”：我们相信上帝、家庭和麦当劳，但在办公室时三者顺序则相反。哪怕是一片腌黄瓜的宽度，我们都有一定的标准。质量上乘、服务周到、地方清洁、物有所值。

麦当劳的旧口号：尝尝欢笑，常常麦当劳；新口号：我就喜欢！

（2）可口可乐的理念：我们的血管里流的不是血，而是可口可乐。

（3）摩根公司：危机之中自有良机。

（4）中国联通：让一切自由联通。

（5）联想：世界的联想。

（6）迪士尼：迪士尼给人类提供最好的娱乐方式，我们想要一个有意义的公园，一个使家庭团聚的地方。

第二节　企业文化特点

学习目标

(1)了解各国企业文化的性质和特点。

(2)了解各国企业文化的区别和常见的企业文化误区。

一、企业文化的性质

(一)企业文化具有实践性

企业文化是一种经济组织文化,亦即企业是其载体,没有了这个载体,企业文化也就无从谈起。企业文化在企业的运行发展中萌生,又反复通过各种制度、大小会议、宣传媒体、口头传播等形式进行完善和加强,并被企业员工认同,在企业的生产经营和服务管理过程中得到贯彻。因此,企业文化不是凭空产生的,而是有着稳固的实践根基。通俗地讲,企业文化来源于实践,也在实践中发挥着极其重要的作用。

(二)企业文化兼具自发性和自觉性

企业员工在共同劳动、共同解决问题的过程中会形成共同的经历、共同的工作体验甚至于共同的价值取向,这就初步形成了企业文化。但是,这种自发形成的企业文化的竞争力会随着外部环境的变化而逐步下降甚至与外界不相适应。因此,企业家作为企业文化形成与发展的灵魂人物,往往会把自己高昂的精神通过沟通、传递、普及、推广等形式上升为全体成员的共同价值观念,积极倡导和热切追求优秀企业文化的形成。

(三)企业文化具有互动性

企业家既是企业的管理者,又是员工的思想领袖。在企业文化的形成和发展过程中,企业家扮演着奠基者、沟通者、普及者、改革者等多重角色,其重要性自然是不言而喻的。例如,海尔文化离开了张瑞敏无从谈起,新希望的文化不能不从刘永好、刘永行两兄弟开始。优秀的企业领导人往往能够缔造卓越的企业文化。但若因此就把企业文化理解为企业家的文化,认为企业家在企业文化的形成与发展中起全部作用就大错特错了。企业文化归根结底是一个组织文化,理应由组织中的每一位成员共同参与建设。同时,也只有企业员工达成共同认知,确立团队心理契约,企业家所推崇的理念、思维和价值观等才能真正成为企业文化,并不断得到发展和完善。因此,企业文化的发展是一个团队共建、双向互动的过程,仅凭企业管理者的个人力量很难缔造出优秀且为员工普遍认同的企业文化。

（四）企业文化具有独特性

不同的企业由于所处行业、业务范围、技术水平、员工队伍、战略定位等不同，其文化也必然存在着差异。由于不同的企业所走过的发展历程是有差异的，因此在这个过程中所孕育的企业文化也是各不相同的。企业文化最可贵的东西就是个性，个性是企业文化的生命力。可以发现，大多数经营比较成功的企业都拥有富含自身特色和独到之处的企业文化。例如，海尔集团的“中正之道”，沃尔玛公司“给普通百姓提供机会，使他们能与富人一样”的顾客导向等。而有些企业在构建和描述企业文化时总是共性多于个性，未能体现出自身的特色，这不仅违背了企业文化的发展规律，也不能使它发挥出其应有的作用。因此，企业文化的独特性是不容忽视的。企业在构建自身文化的时候要力求出新，采用差异化策略，着力缔造出独树一帜的企业文化。

二、各国企业文化的特点

文化与民族是分不开的，一个国家的文化总是有一定的民族文化。企业文化是一个国家的微观组织文化，它是这个国家民族文化的组成部分，所以一个国家企业文化的特点实际就代表着这个国家民族文化的特点。下面简要介绍能代表东、西方民族文化特点的几个国家和地区的企业文化和管理特点。

（一）中国

党的十八大以来，我国广大企业以推进供给侧结构性改革为主线，以提高质量效益和核心竞争力为中心，深入开展企业文化建设，取得了显著成绩，企业文化建设呈现出一系列新特点。

（1）创新文化成为企业文化建设的重点。在党中央、国务院实施国家创新驱动战略、加快实施供给侧结构性改革和全面推进改革发展的新形势下，创新已经成为广大企业努力实现转型升级、提质增效、赢得竞争的必然途径。创新是引领发展的第一动力。创新驱动发展，文化驱动创新。建设创新文化，就是要以创新理念为引领，汇集资源与人才，凝聚智慧与力量，构建以创新为导向，支持创新、尊重创新、激励创新的企业文化体系。广大企业把创新文化建设作为新时期企业文化建设的重点，努力为企业创新提供适应的环境和土壤。国电大渡河流域水电开发有限公司以创新文化为引领，着力培育创新理念、构建创新机制、营造创新氛围，综合运用管理和技术创新手段，转变水电企业传统管理模式，推动企业转型升级；北新集团建材股份有限公司推进全员创新，将创新文化渗透到最前沿，变创新“独舞”为职工人人都能参与的“集体舞”；中国航天科工集团第二研究院围绕中心工作，着力推进创新文化建设，通过组建自主创新实验室、青年创新工作室，促进“双创”活动蓬勃开展，激发了职工的创新热情和创造活力。

（2）工匠文化的作用和地位得到提升。“工匠精神”缺失是当前我国制造业大而不强、产品档次整体不高、自主创新能力薄弱的重要原因。在我国加快实施"中国制造2025"、实现由制造大国向制造强国转变的重要时期，政府工作报告连续两年提到"工匠精神"，充分说明培育和弘扬工匠精神的重要性、紧迫性。工匠精神是勤奋勤勉和创新创造的融合，是工匠文化的核心。对于企业来说，弘扬工匠精神就是要脚踏实地，努力做专、做精、做细、做实。在国家的倡导和支持下，企业开始大力建设工匠文化，积极培育工匠精神。珠海罗西尼表业有限公司大力弘扬工匠精神，采取多种形式培养高级技工和高素质人才，形成了一支技艺高超的匠人队伍，确保企业产品的高质量、高品位；陕西法士特汽车传动集团公司通过搭平台、建机制，塑造"匠心文化"，组织开展员工技术比武、技能竞赛活动，培养大国工匠，使众多员工在省级、国家级技能大赛中脱颖而出。

（3）和谐文化被企业、员工和社会广泛认同。构建和谐社会已成为我国经济建设和政治建设的重要目标，企业作为经济社会最基本的构成要素之一，构建和谐企业是实现和谐社会的重要条件。企业和谐文化不仅包括企业内部自身的和谐，也包含企业与社会以及生态环境的外部和谐，两个层面的真正内涵是以人为本。红宝丽集团股份有限公司坚守"奉献社会，实现自我"的核心价值观，构建"绿色"文化体系，加强责任文化建设，致力于打造一个政府认可、客户信赖、员工认同、股东拥戴、社会尊敬的和谐企业；新疆华源投资集团有限公司打造为企业做实事、为员工做好事、为社会做益事的"三为"文化，促进了人、企业、社会的和谐发展。

（4）融合文化的重要地位日益彰显。随着我国社会主义市场经济体制的不断深化和完善，市场竞争日趋激烈，企业优胜劣汰、兼并重组成为常态，解决不同企业间多种文化相互渗透、相互兼容的文化融合首当其冲；同时，"一带一路"倡议的推进，促使我国企业"走出去"步伐加快，有效实施跨文化管理无法回避。企业的融合文化建设日益重要，已经成为企业发展壮大的关键因素之一。潍柴动力股份有限公司实施跨文化管理，进行文化比较和跨文化管理研究，搭建跨文化沟通渠道和载体平台，开展跨文化培训和对话交流，企业文化融合不断深化，集团竞争力显著增强；国电南京自动化股份有限公司以"融合思想、规范行为、倡导精神、引领价值"为目标，精心打造和谐共享的融合文化，得到中外合资股东、中外员工的认同，增强了企业的凝聚力和协同力。

（5）以加强党建文化促进中国特色的公司治理机制。在深化国企国资改革中，强调中国特色的公司治理机制，就是要把加强党的领导和完善公司治理统一起来，明确国有企业党组织在公司法人治理结构中的法定地位。国有企业党组织要发挥领导核心和政治核心作用，真正实现把方向、管大局、保落实。新形势下，广大企业以党建指导企业文化，以企业文化促党建，形成了各具特色的党建文化，在企业发展中发挥了重要作用。中国石油化工集团公司在党建文化建设中，积极探讨建设中国特色现代国有企业制度，把党组织内嵌到公司治理结构之中，明确和落实党组织在公司治理结构中的法人地位，丰富了党建文化实践，促进了企业做强、做优、做大；大唐南京发电厂的党建文化，突出"清风"廉洁文化品牌，创新廉洁教育方式，变单一静态为立体动态的教育模式，不断提高宣教工作的有效性；中航工业陕西飞机工业集团有限公司在党建文化建设中引入PDCA管理工具，创新舆情管控模式，增强了新时期思想政治工作的针对性，确保了国家重大科研生产项目的顺利完成。

（二）美国

美国是一个多民族的移民国家，这决定了美国民族文化的个人主义特点。美国的企业文化以个人主义为核心，但这种个人主义并不是一般概念上的自私，而是强调个人的独立性、能动性、个性和个人成就。在这种个人主义思想的支配下，美国的企业管理以个人的能动主义为基础，鼓励职工个人奋斗，实行个人负责、个人决策。因此，在美国企业中，个人英雄主义比较突出，许多企业常常把企业的创业者或对企业做出巨大贡献的个人推崇为英雄。企业对职工的评价也是基于能力主义原则，加薪和提职也只看能力和工作业绩，不考虑年龄、资历和学历等因素。以个人主义为特点的企业文化缺乏共同的价值观念，企业的价值目标和个人的价值目标是不一致的，企业以严密的组织结构、严格的规章制度来管理员工，以追求企业目标的实现。职工仅把企业看成是实现个人目标和自我价值的场所和手段。美国的企业文化可以概括为以下三点：

（1）重视自我价值的实现。美国著名的苹果公司认为，要开发每个人的智力闪光点。“人人参与”“群言堂”的企业文化，使该公司不断开发出具有轰动效应的新产品。强力笔记本式苹果机就是其中之一。IBM公司认为，责任和权力是一对孪生兄弟，要使职工对工作负责任，就必须尊重人、信任人，并给予实际的自主权。3M公司新事业开拓小组的所有组员都是自愿来参加的，他们有高度的自主权，只要小组达到公认的绩效标准便可得到好处；即使失败了，公司也保证小组成员原来的职位和待遇。异想天开、离奇的想法在3M公司都能得到理解和宽容，科学的设想在3M公司总能找到归宿。

（2）提倡竞争和献身。竞争出效益，竞争出成果，竞争出人才，但竞争的目的不在于消灭对手，而在于参与竞争的各方更加努力工作。美国企业十分重视为职工提供公平竞争环境和竞争规则，充分调动其积极性，发挥他们的才能。例如，IBM公司对员工的评价是以其贡献来衡量的，提倡高效率和卓越精神，鼓励所有管理人员成为电脑应用技术专家。福特汽车公司在提升干部时，凭业绩取人，严格按照“贵以授爵，能以授职”的原则行事。福特公司前总裁亨利·福特曾说：“最高职位是不能遗传的，只能靠自己去争取。”

（3）奖励创新。美国许多企业都靠不断创新来保持自己的优势。杜邦公司成功的经验是发扬不停顿精神，不断开发新产品；3M公司的成功在于创新有绝招，招招都很妙。3M公司不轻易扼杀一个设想，如果一个设想在3M各部门都找不到归宿，设想者可以利用15%的工作时间来证明自己的设想是正确的。3M公司还能容忍失败。“只有容忍错误，才能进行革新。过于苛求，只会扼杀人们的创造性”是3M公司的座右铭。成功者受到重奖，失败者也不受罚。3M公司董事长威廉·麦克唐纳曾说：“企业主管是创新闯将的后台。”

（4）利益共享。美国许多企业实行股份制。通过职工持股，使职工除工资收入外还能分到红利。此外，企业还增加了职工参与经营管理的权利，提高了他们的身份、地位和安全感。美国最大的连锁店沃尔·马特公司、“旅店帝国”希尔顿公司，均将一部分股份作为工资或福利分给职工。惠普公司等还通过增加职工的福利（如为子女提供助学金），让职工共享公司成果。

（三）日本

日本企业的管理非常严谨规范，有非常完善的企业管理制度和流程体系。日本企业的执行力很强，员工有非常强的执行意识，尊重规则并遵守规则，从社长到基层员工都会严格执行公司制度，按照流程做事。另外，日本企业的工作计划性非常强，每一项工作的前期准备、计划方案、贯彻执行、数据统计和分析总结都有条不紊地按照计划有序进行。日本人的敬业精神举世闻名，员工认为工作才是人生的本质和真正含义，崇尚忠诚与风险，勤勤恳恳、不知疲倦地加班到很晚。当然，企业也有系统完善的福利保障，如员工入职时有迎新会，离职时有欢送会，让人来的时候有家的温暖、亲切感，离开的时候对公司留有怀念之情；员工生日、结婚、生育等，公司会送上礼金予以慰问；公司为员工身心健康建设运动场、图书馆、医疗室、图书室，举办各种文化活动等。完善的福利保障体系使日本企业员工真正以企业为家，产生了极强的归属感与主人翁意识。

从根本上来说，日本的企业文化源于日本的传统文化，后者是前者生长的土壤，前者受后者的影响极深。由于日本的传统文化与欧美各国的传统文化有很大差别，所以日本的企业文化也与欧美各国的企业文化各不相同。一般认为，日本的传统社会及其文化有几个显著的特点：农耕社会、儒家文化、集团主义、单一民族、注重人际关系及情义、敬人及爱人的友善心理，等等。以此为基础而产生的日本企业文化，也具有与欧美企业文化不同的一些鲜明特征。例如，在以儒家文化为价值观之本的日本企业文化中，就十分崇尚“精神”，因此，在日本企业的公司歌曲或者由企业创始人制订的企业哲学中，基本不提“利润”二字。

对于每一个企业来说，企业文化的课题是要把企业成员的变化、消费者的要求、内外环境的挑战同企业的目标具体协调起来，以增强自身在国内外的竞争力。因此，每一个日本企业都具有自己独特的、与众不同的企业文化，都具有各具特色的企业目标、价值观体系、行为准则、经营管理原则等。

日本索尼公司在阐述其信念的公司纲领《索尼之魂》中，第一句话便提出“索尼是开拓者”，表示出绝不步别人后尘的意志；紧接着又写道“永远向着那未知的世界探索”，申明其远大目标。在这一远大目标之下，“开拓者索尼把最大程度地发掘人才、信任人才、鼓励人才，不断前进，视为自己唯一的生命”，以人为中心开展一切工作。

日本松下电器产业公司的企业文化内涵十分丰富，但其中最具特色、给人留下最深刻印象的，莫过于“自来水哲学”。早在松下电器产业公司建立之初，其创始人松下幸之助就以自来水的供给为例子，生动地阐述了他创办企业的宗旨及经营信念。松下电器公司所生产的产品，首先要价格便宜，广大消费者能买得起；其次要货源充足，保证市场的大量需求，就好比日常生活中不可缺少的自来水一样，产品价格既便宜又源源不断。按照松下电器的企业哲学，社会培育了企业，企业应该满足社会的需要，而与此同时，企业也将得到社会给予的酬劳。

在日本，像这样利用独特的企业文化，通过长期不懈的努力，不断提高和巩固企业形象，以鲜明的“个性化”企业形象而立足于社会的成功例子不胜枚举。

（四）欧洲国家

欧洲文化受基督教影响，基督教给欧洲提供了理想的道德楷模。基督教信仰上帝，认为上帝是仁慈的，上帝要求人与人之间应该互爱。受这一观念的影响，欧洲文化崇尚个人的价值观，强调个人高层次的需求。欧洲人还注重理性和科学，强调逻辑推理和理性分析。

虽然欧洲企业文化的精神基础是相同的，但由于各个国家民族文化的不同，欧洲各个国家的企业文化也存在差别。

英国人由于文化背景的原因，世袭观念强，一直把地主贵族视为社会的上层，企业经营者处于较低的社会等级。因此，英国企业家的价值观念比较讲究社会地位和等级差异，不是用优异的管理业绩来证明自己的社会价值，而是千方百计地使自己进入上层社会，因此在企业经营中墨守成规，冒险精神差。

德国人的官僚意识比较浓，组织纪律性强，勤奋刻苦。因此，德国的企业管理中，决策机构庞大、决策集体化，保证工人参加管理，往往要花较多的时间论证，但决策质量高，企业执行层划分严格，各部门只有一个主管，不设副职。职工参与企业管理广泛而正规，许多法律都保障了职工参与企业管理的权力。职工参与企业管理主要通过参加企业监事会和董事会来实现。德国的《职工参与管理法》规定：2万人以上的企业中，监事会成员20名，劳资代表各占一半，劳方的10名代表中，企业内推举7人，企业外推举3人；1万～2万人的企业中，监事会成员16人，劳方代表8人中，企业内推举6人，企业外推举2人；1万人以下的企业，监事会成员中的劳资代表均各占一半。

法国最突出的特点是民族主义和优越感，因此法国人的企业管理表现出较为封闭守旧的观念。

意大利人崇尚自由，以自我为中心，所以在企业管理上显得组织纪律差，企业组织的结构化程度低，但由于意大利的绝大多数企业属于中小企业，组织松散对企业生机影响并不突出。

（五）阿拉伯国家

阿拉伯国家的企业管理主要以传统管理方式为主。阿拉伯的企业文化带有独特的“阿拉伯伊斯兰特色”。传统的阿拉伯企业家认为，只有将伊斯兰传统和现代商业理念精华相结合，才能构建真正的企业文化。阿拉伯国家的私营企业大多采取传统的家族经营模式，那是传统部落酋长会议和家族会议的翻版。维系这类企业生存与发展的不是严格的规章制度和法律条文，而是具有强大渗透力和感染力的传统习俗。阿拉伯世界普遍实行以“情”为特质的管理哲学。“家族本位”是阿拉伯社会的一个基本特点。

三、常见的企业文化误区

误区一：企业文化宽泛化

在许多企业的走廊、办公室和生产车间的墙上常见形形色色、措辞铿锵的标语口号，如“团结”“求实”“拼搏”“奉献”等，这些已经被滥用的词汇无法真实地反映企业的价值取向、经营哲学、行为方式、管理风格，更不要说在全体员工中产生共鸣了。

误区二：企业文化口号化

把企业文化等同于空洞的口号，缺乏企业的个性特色。连企业的决策者本身都说不清楚其所代表的具象表现，对员工自然无法起到强烈的凝聚力和向心力的作用。

误区三：企业文化文体化

有的企业把企业文化看成是唱歌、跳舞、打球，于是纷纷建立舞厅，成立音乐队、球队，并规定每月活动的次数，作为企业文化建设的硬性指标来完成，这是对企业文化的简单化理解。

误区四：企业文化表象化

有人认为，企业文化就是创造优美的企业环境，注重企业外观色彩的统一协调，花草树木的整齐茂盛，衣冠服饰的整洁大方，设备摆放的流线优美，但这种表面的繁荣并不能掩盖企业精神内核的苍白。

误区五：企业文化僵硬化

有些企业片面强调井然有序的工作纪律，下级对上级绝对服从，把对员工实行严格的军事化管理等同于企业文化建设，造成组织内部气氛紧张、沉闷，缺乏创造力、活力和凝聚力，把企业文化带到了僵硬化的误区。

第三节　企业文化建设

 **学习目标**

（1）了解企业文化的基本原则。

（2）理解企业文化建设的具体措施。

一、企业文化建设的基本原则

（一）目标原则

在管理学中，目标是指人们通过自身的各种活动，在一定时期内所要达到的预期结果，即“工作内容+达到程度”。在企业文化建设中，坚持目标原则的直接目的在于有效地引导企业员工的认识与行为，告诉员工工作应如何做、做成什么样才是企业文化目标所要求的，避免出现因强调个人价值、个人目标和眼前利益而忽视企业整体价值、整体目标和长期利益的倾向，把员工的认识与行为引向正确的轨道，同时激励员工的工作热情和创新精神。目标本身就具有激励性，更何况企业文化目标直接反映着企业全员的理想信念和价值追求，为员工展示着企业美好的发展前景，因此会对员工产生巨大的激励作用，也为考核与评价员工的业绩和文化行为提供了依据，使考核与评价过程成为总结经验、杜绝“第二次失误”、推进工作良性循环和文化进步的过程。

（二）共识原则

“共识”是指共同的价值判断。创造共识是企业文化建设的本质。企业文化建设强调共识原则是由以下三点所决定的。

1. 由企业文化的特性所决定

人是文化的创造者，每个人都有独立的思想和价值判断，都有自己的行为方式。如果在一个企业中，任由每个人按自己的意志和方式行事，企业就可能成为一盘散沙，不能形成整体合力。企业文化不是企业中哪个人的“文化”，而是全体成员的文化。因此，只有从多样性的群体及个人价值观中抽象出一些基本信念，然后再由企业在全体成员中强化这种信念，进而达成共识，才能使企业产生凝聚力。

2. 由现代企业发展的内外环境所决定

企业作为一个开放系统，其经营活动的成效如何，受企业内外多种复杂因素的影响与制约。尤其是在信息爆炸时代，企业所面临的科技环境、市场环境和管理环境都异常复杂且瞬息多变，单靠一个人的知识、智慧、经验和判断力，很难保证做出正确的决策，规避企业遇到的各种风险，也很难保证在经营管理中寻找到最佳的途径和办法，避免企业资源的浪费。因此，只有强调共识，全员参与，集思广益，使决策与管理都建立在全员智慧与经验的基点上，才能实现最科学的决策与管理。

3. 由人的心理规律所决定

在现代企业中，员工受教育的程度越来越高，脑力劳动者在全体劳动者中所占的比例越来越大，人们的主动精神和参与意识也越来越强。只有把握员工的这种心理需求特点，创造更多的使员工参与管理的机会和条件，才能激发人们把实现自我价值与奉献企业结合起来，促使全员共同理念的形成。

（三）一体化原则

一体化原则，即坚持企业管理人员和一线员工之间的关系一体化，最终实现企业精神的一体化。在企业文化建设中，坚持一体原则能够有效地建立起组织内部人与人之间相互信赖的关系，为实现价值体系的“一体化”创造条件。传统的管理模式人为地把管理人员与一线员工分割开来，企业就像一座金字塔，从上到下实行严格的等级管理。这种管理模式的前提是，把管理人员视为管理主体，把一线员工视为管理客体，管理的含义即管理主体如何去控制管理客体按照管理主体的意图和规划目标去行事。这种管理模式不但不能实现管理效率的最大化，而且造成了管理主体和管理客体的对立。尤其是在信息社会，随着科技进步以及生产自动化和现代化程度的提高，脑力劳动越来越占据主导地位，脑体劳动之间、管理者和被管理者之间的界限越来越模糊，坚持按一体化原则建设企业文化，有助于打破管理人员和一线员工之间的人为"文化界限"，使二者融为一体，建立共同的目标和相互支持、相互信赖的关系，促进企业精神文化的形成。

（四）卓越原则

卓越是一种心理状态，也是一种向上精神。追求卓越是一个优秀的人、一个优秀的企业之所以优秀的生命与灵魂。优秀的企业文化，肯定是一种卓越的状态。竞争是激发人们卓越精神最重要的动力，一种竞争的环境，促使一个人或一个企业去努力学习，努力适应环境，努力创造事业上的佳绩。显而易见，坚持卓越原则是建设企业文化的内在要求，因为无论任何企业在竞争的环境里都不甘于做平庸者，构建企业文化的目的都是为创造卓越的精神，营造卓越的氛围。卓越是人的社会性的反映。人生活在社会上，相互之间比较、竞争，都有追求最佳的意愿，也可以说这是人的本性。但人的这种本性不一定在所有的情况下都能完全释放出来，这要取决于他所处环境给予他压力的大小，取决于有没有取得最好、最优的条件。企业文化建设的任务之一就在于创造一种机制、一种氛围，强化每个人追求卓越的内在动力，并把他们引导到一个正确的方向。有无强烈的卓越意识和卓越精神，是区别企业文化良莠的标志之一。

（五）绩效原则

绩效是一项工作的结果，也是一项新工作的起点。在企业文化建设中坚持绩效原则，不光是要善于根据员工工作绩效大小进行奖励，以鼓励他们以更好的心理状态、更大的努力投入下轮工作当中，其目的还在于促使员工重视"结果"，避免形式主义、教条主义。传统的管理与其说重视目标的过程，不如说这种管理把主要精力放在过程的标准化和规范化上，不仅告诉组织成员"做什么"，而且告诉他们"怎么做"，把工作程序和方法看得比什么都重要。这种管理的思维逻辑是"只要过程正确"。员工在工作中必须严格执行既定的规程、方法，接受自上而下的严密监督与控制，员工的工作积极性和创新精神受到压抑。当然，需要说明的是，在大生产的流水线中，过程的标准与规范化是非常重要的。确立绩效原则的最终目的不是不强调过程，而是要改变员工在管理中的被动性，增强其主动性及创造精神，追求过程与结果的统一。

（六）亲密原则

在企业文化建设过程中坚持亲密原则，首先是由企业的人性化本质所决定的。企业内部人与人保持亲密性，能够带来和谐与效率；企业与社会保持亲密性，能够相互推动，共同繁荣。

倡导亲密性，是较多成功企业所具备的共同特性。其次，坚持亲密性原则还由人的社会属性决定。人不同于动物之一就在于有社会性，人除了生理和安全上的需求外，还有社会交往、相互尊重的需求，即亲密性需求。对亲密性的需求是人类高层次的需求之一。亲密，意味着相互理解、相互关心，它是爱的给予与获得。企业有了亲密性，才能产生和谐的人际关系，员工在其中才能得到最大限度的精神满足。

二、企业文化建设的具体措施

要使已定格的企业文化理念得到员工的认同并付诸实践，有效地传播、巩固是必不可少的。具体措施有以下六种。

1. 企业文化手册的制订

企业文化理念定格完成后，一般要通过编制企业文化手册的形式固定下来。企业文化手册是企业全体员工的精神指南，也是企业文化传播的载体和培训教材，具有较强的稳定性。可在企业文化启动仪式上颁发企业文化手册，并进行首次企业文化理念内容的发布，启动新文化传播和建设工程。

2. 精神灌输与文化训导

企业主要领导人应联系实际，通过理念报告会等形式向全体管理人员和一线员工阐释企业文化理念的内在含义；企业宣传或培训部门应以企业文化手册为蓝本编写培训教材，对在职员工特别是新员工进行培训。同时，企业要举办各种文化讲座，向员工介绍企业文化的内涵。

3. 文化演讲与传播

在企业文化理念发布以后，企业应适时举办员工文化演讲活动，使员工结合工作实际和切身体会，“现身说法”，畅谈对企业文化理念的理解和感受，介绍文化楷模的经验与事迹，营造感人和催人向上的氛围。同时，企业应积极组织文化传播，即利用企业内部网络、广播、电视、会议、宣传栏、简报以及各种社会媒体，通过新闻、广告、理论文章等形式，广泛持续地传播企业文化理念，培养强势文化。

4. 重大事件网络传播

企业应积极利用企业发展或对外交往中出现的重大事件，如重大技术发明事件，生产、经营、管理成功事件（或责任事故），质量评比获奖事件（或消费者投诉事件），新闻报道中的表彰事件（或批评事件）等进行网络传播。企业应利用企业有形与无形的文化网络，定期向全员报告生产经营的基本情况和公司的重大事件。高级主管定期深入一线与员工进行恳谈，并建立总经理和高级管理人员接待日制度，以此增加企业管理的透明度，形成上下畅通的文化沟通渠道。

5. 文化故事宣传

故事是文化的特殊载体，好的故事具体、感人、容易传播，是传承和传播企业文化的有效形式。企业应以自身创业或变革过程中发生的特殊事件或感人事例为基础，编写或演绎文化故事，形成类似于“海尔砸电冰箱”的故事。

6. 领导者率先示范

企业领导者在企业文化建设中既要积极倡导，更要身体力行，当好表率，让员工看到企业提倡什么，反对什么，以及应以什么样的规范和作风工作。如果领导者不身体力行，企业文化在员工心目中就不会得到强化，久而久之，只能流于形式，陷入空谈，经过精心设计的先进文化理念也会成为泡影。成功企业往往通过制定诸如“企业领导者行为准则和形象准则”等形式，规范领导者的文化行为。

以下是三个真实的企业文化建设案例，主角都是资产雄厚的上市公司，由于采用了不同的建设方法，形成了巨大的成果反差，令人深思。

【案例1】　完全委托

甲公司准备开展企业文化建设的消息发出后，多家咨询公司参与了项目竞争。甲公司的企业文化部在经过了形式上的竞标后，聘请了老板知名度较高的一家咨询公司。该公司在项目建议书中，开列了包括该老板在内的多名知名专家和一名据介绍有十年咨询经验的知名学府MBA（以下称为A君），但在这些名单后包含了一个甲公司没有注意到的“等”字。甲公司付出首付款后，项目组一行七人浩浩荡荡进驻了甲公司，七人中包括了名单中的老板、一名专家和那名A君，余下四人都是年轻人。项目组进驻当天，咨询公司的老板、专家、A君和两名助手与甲公司董事长、总经理分别进行了90分钟的访谈。次日，按计划召开了“甲公司企业文化项目启动誓师会”，由专家进行了两个小时的专题报告，咨询公司老板进行了主题为“企业文化建设”的讲座。据甲公司企业文化部部长介绍，两位的报告内容他已经在不同场合听过多次。午餐过后，因有其他要务，专家和老板启程奔赴机场，A君和其他四个年轻人继续访谈。

接下来，企业文化部不断收到对咨询人员水平的质疑。部长开始坐不住了，经过旁敲侧击，私下交流，很快得知：留下的五人中A君32岁，在大学本科毕业设计时，参与了一家小公司的人力资源管理软件实施，工作五年后考取MBA，毕业后进入咨询行业，主要从事人力资源咨询，且所谓的“十年咨询经验”是从毕业设计开始计算的。其他四人中，两人MBA刚毕业，一人是人力资源专业在读研究生（那位专家的研究生），另一人是新闻专业本科毕业生。

部长开始着急了，频繁与咨询公司老板联系，希望调整咨询人员，但被老板告知，一线人员只是收集资料、初步分析，结论还是专家和他自己把关，让部长安心，配合好项目组工作。

一个月后，诊断报告出来了，公司的问题点说得很清楚，得到董事长肯定，部长开始有些欣慰，特意请咨询组去当地的名胜旅游了两天。

又一个月过去了，项目组提交了一份企业文化体系报告。部长拿到这份报告后又开始头痛，看着这份文字华丽、引论古今中外的企业文化体系，感觉怎么也和自己的企业联系不上。体系在讨论、修改、提交、再讨论、再修改、再提交中反复了多次，部长感觉项目组的每一次修改其实只是按照意见在改动文字，对于一个新的价值观能在企业中带来什么反映，与企业的生产实际是否联系得上似乎没有考虑。

部长开始催问项目组“老板和专家什么时间来”，A君一再表示，每一次的修改稿都是经过老板和专家肯定的，并开始暗指甲公司不懂企业文化。

部长也和咨询公司老板通了电话，老板感觉到了部长的不满，委婉地表示最近公司业务很多，许多知名公司都主动找他们做项目，自己对甲公司项目的关心不够，但专家一直在关心，希望甲公司能够相信专家的意见。部长又和专家沟通，专家回复：“我在开会，我的学生在项目组，请部长将意见通过学生转达。”

此时，部长开始明白，所谓的每次修改都有老板和专家审定是A君的谎言。项目开始三个月后，企业文化理念体系还没有确定，甲公司董事长在和A君进行深入交流后终止了该项目。

【案例2】 独立自主

乙公司在决定开展企业文化建设后，成立了由公司党群工作部、宣传部、市场部组成的企业文化建设小组，开始了独立自主的企业文化建设。企业文化建设小组首先在全公司开展了大规模的企业文化问卷调查，并派出多批人员参加各类企业文化培训和论坛。经过了半年的工作后，该小组向公司高层提交了企业文化体系草案。公司高层很认真地研究了草案，书记、总经理等八位公司班子成员提出了非常具体的修改建议。拿到这些建议，党群部部长开始头痛了，意见都提得很具体，而且书记和总经理在一些关键理念上理解还不一致，很难统一。第一次修改历经了三个月，修改稿提交后，有五位班子成员向党群部要自己上次的修改意见来对照，总经理还专门找党群部部长谈了话。最后汇集的意见不但没有减少，反而矛盾更加尖锐。部长向书记建议，是否班子开会时研究一下，书记当即表示：“意见没有统一，怎么研究？”时间一天天过去，第三稿还是没有出来，企业文化小组已经不再开会了。

【案例3】 内外结合

丙公司是一家长期注重企业精神文明建设的企业，在公司发展的历史中留下了很厚重的精神文化积淀。公司改制后，董事会决定进行系统的企业新文化建设，成立了由公司多个部门和基层单位，老、中、青年三代中层和基层干部参加的企业文化建设小组。董事长（书记）任组长，总经理任副组长，一位副总经理负责具体工作。经过调研，企业聘请了一位对行业比较了解的企业文化业内专家担任小组顾问。

顾问首先对企业进行了全面调研，和主要领导、主要部门单独进行了交流访谈，协助小组制定了企业文化建设工作计划。根据顾问建议，企业文化建设小组实行分散工作、集中封闭讨论的工作方式，由顾问主持先后两次集中讨论，制定完成企业文化体系初稿，并根据新的理念，逐一从企业中挖掘出相应的案例故事，用以支持说明。小组成员根据初稿在公司各二级单位分别召开座谈会，征询意见，顾问主持了部分基层和公司总部及高层的座谈会。座谈会从企业文化建设的目的、目前公司文化表现、新文化导向等几个方面，综合介绍了小组前期工作和成果。由于有案例配合，讨论会都开得很热烈，与会人员参与性高，提出了一些具有建设性的意见。小组成员在汇集意见后，迅速采取封闭方式拿出了二稿，并根据一稿讨论记录，邀请发言踊跃的部分人员召开了二稿小范围座谈会。座谈会后，小组将会议总结和二稿一起向公司主要领导进行了集体汇报，听取了高层意见。在二稿基础上，由专家执笔，完成了三稿，确定了有广泛群众基础的企业文化理念体系。小组成员历经了企业文化理念调研、提炼、讨论的全过程，对新文化的理解都已非常深刻。经过专家培训后，他们作为企业文化的宣讲员，对所有二级单位进行了企业文化培训。新文化得到了员工的广泛认同，迅速成为公司上下关注的焦点。

随后，在专家主持下，公司各部门全员行动，对现有各项规章制度和流程进行了全面梳理。在梳理过程中，员工普遍加深了对文化理念的理解。

至此，丙公司的企业文化建设已经初见成效，成为公司发展的精神动力。

第四节　职业素质的概念和培养意义

 学习目标

（1）掌握大学生应该具有的职业素质。

（2）了解如何提升大学生的职业素质。

21世纪以来，世界范围内的竞争愈来愈激烈。竞争的实质是技术和人才的竞争，对企业而言是从业劳动者综合实力的竞争。只有高素质的劳动者才能提供高质量、高水平的产品和服务，企业才能在市场竞争中取得优势。企业员工的职业素质是企业核心竞争力的重要组成部分。

一、职业素质的基本概念

素质包括先天素质和后天素质。先天素质是通过父母遗传因素而获得的素质，主要包括感觉器官、神经系统和身体其他方面的一些生理特点。后天素质是通过环境影响和教育而获得的。因此，可以说素质是在人的先天生理基础上受后天的教育训练和社会环境的影响，通过自身的认识和社会实践逐步养成的比较稳定的身心发展的基本品质。

职业素质是劳动者对社会职业了解与适应能力的一种综合体现，主要表现在职业兴趣、职业能力、职业个性及职业情况等方面。职业素质包括身体素质、心理素质、政治素质、思想素质、道德素质、科技文化素质、审美素质、专业素质、社会交往和适应素质等多个方面。

影响和制约职业素质的因素很多，主要包括受教育程度、实践经验、社会环境、工作经历以及自身的一些基本情况（如身体状况等）。一般说来，劳动者能否顺利就业并取得成就，在很大程度上取决于本人的职业素质。职业素质越高的人，获得成功的机会就

越多。

二、大学生职业素质培养的意义

1. 提升大学生职业素质是推动科技进步及社会发展的客观要求

大学生职业素质的全面提高，有利于培养和造就大批合格的社会主义建设者和接班人，有利于培养和造就大批创新型人才，推动社会主义现代化的发展步伐，缩小与其他发达国家的差距，实现中华民族的伟大复兴。

2. 提升大学生职业素质是企业生存和发展的基石

个人职业成功的关键在于其具有良好的职业素质，企业成功的关键在于其具有一支良好职业素质的员工队伍。员工良好的职业素质是企业核心竞争力的根本体现。因此，提升大学生职业素质，满足企业用人需求、发展需要，是高校职业素质教育的使命。

3. 提升大学生职业素质是高校培养合格人才的基本要求

高校培养大学生是为了给社会、企业输送优秀的专业人才，大学生的综合素质和就业率也是衡量高校教育教学质量的重要指标。大学生职业素质的高低，不仅影响大学生自身的职业发展，也体现了其所在高校的教研水平和办学实力，是高校生存和可持续发展的关键。提升大学生职业素质是高校培养合格人才的基本要求和重要内容。

4. 提升大学生职业素质是大学生实现高质量就业与发展的根本竞争力

目前大学生普遍存在的职业素质缺陷问题，已经成为大学生顺利就业的主要瓶颈和障碍。大多数企业更愿意选择能短时间快速适应工作岗位、节省培训时间和成本的应届高校毕业生，而具有较高职业素质的大学生，也相对具备更多的发展机会和成就潜质。因此，提升职业素质是大学生顺利实现从校园学生到社会职业人转变的重要条件之一，是实现高质量就业与发展的根本竞争力。

第五节　大学生就业必备基本素质

一、思想道德素质

习近平总书记指出：“国无德不兴，人无德不立。”如何进一步提升大学生的思想道德素质，全力以社会主义核心价值观引领大学生思想政治教育成了当今社会的热点。

高校不仅要将学生培养成高技能型人才，更应将学生培养成德、智、体、美、劳全面发展的综合型人才。大学时期亦是青少年思想和心理发展、逐步成熟的重要时期，引导学生树立正确的“三观”及全面提升大学生的思想道德素质成为当前高校思想政治教育的主要任务。

（一）要有敬业精神

古往今来，事业上有所成就者，大凡离不开两条：一是有强烈的事业心和责任感；二是锲而不舍的勤奋和努力。这两条的有机结合，即为敬业精神。孟子曰："天将降大任于斯人也，必先苦其心智，劳其筋骨，饿其体肤，空乏其身，行拂乱其所为，所以动心忍性，增益其所不能。"意思是要干一番事业，必定要呕心沥血，意志坚强，甘于吃苦，勇于奉献，即要有敬业精神。

【案例1】"最美逆行者"温暖疫情下的人世间——护士长唐珊的故事

"我是护士长，是党员，还是湖北人，于情于理，都该我去。"山西第二批支援湖北医疗队队员唐珊说。

唐珊是湖北天门人，大学毕业后在山西工作、定居。这位37岁的女护士长，在看到医疗队招募信息后毅然报名，"这些年，两年能回一趟家。到武汉，就当是回家了。"2月28日，是唐珊来到武汉抗疫一线的第二十六天。时间过得很快，每天像打仗一样。唐珊和队员们同中日友好医院的战友们一起接管了华中科技大学同济医院中法新城院区，这里有50名新冠肺炎危重症病人。

"来了就是一颗'螺丝钉'，把自己放在最需要的地方。"刚到武汉那几天，她的手对防护手套过敏，起了红疹，她咬牙克服；忙起来午饭也顾不上吃，她笑笑说"也不觉得饿"。但她又总能跳出眼前，不断沉淀和思考。她向组织提出建议："除了应收尽收，我们也要关注出院的病人，要考虑如何延伸护理工作。病人出院前，得通过规范化操作，让他们学会自我管理，并带动家人和周边人做好防护。"

唐珊说，她会战斗到获得全胜的那天。衣服上的"天门姑娘，山西唐珊"，是她的力量源泉。她也深信，爱与无畏，无远弗届。

（资料来源：山西医科大学官网）

【案例2】"最美逆行者"温暖疫情下的人世间——交通警察周刚的故事

"您好，请停车登记、测量体温。"

2月7日，室外温度在0℃以下，在外面站一会儿就冻得手脚发麻。衡水市公安交通警察支队直属一大队辅警周刚和同事一起，在桃城高速路口对过往车辆进行检查、登记。白班6个小时，赶上值夜班，要连续上12个小时。

忙了一天，下班后他还要照顾患病的妻子。2018年年底，妻子孙巧英确诊患上肺癌，如今癌细胞已经严重侵蚀骨质，生活不能自理，常年需要家人照顾。平时，周刚工作繁忙，儿子只能托付给岳母。这个春节，原本能休息5天，他打算用这难得的假期好好照顾妻子、陪陪儿子。

但因为疫情的到来，这个长假他反而比平时更加忙碌。农历腊月二十九，疫情形势愈加严峻，一大队号召全体民警、辅警放弃休假，做好准备抗击疫情。周刚毫不犹豫地在请战书上签下名字，他坚定地说："疫情当前，就是要'舍小家为大家'，我是共产党员，更要克服困难冲在前头！"

（资料来源：河北新闻网）

（二）要有团队意识

团队是拥有不同技巧人员的组合，他们致力于共同的目的、共同的目标和共同的团队意识，通过协作的决策，组成战术小组来达到共同目的，团队每个人的相互关系，都要对他人起到重要作用。

团队意识是一种主动性的意识，将自己融入整个团体思考问题，想团队之所需，最大程度地发挥自己的作用，而不仅仅是服从命令，那只是被动的、消极的行为。前者可以促进团队的发展，而后者只是简单的拼凑。

相传，佛教创始人释迦牟尼曾问他的弟子："一滴水怎样才能不干涸？"弟子们面面相觑，无法回答。释迦牟尼说："把它放到大海里去。"个人再完美，也就是一滴水，而一个优秀的团队就是大海。

【案例】 雁的启示

每年的九月至十一月，加拿大境内的大雁都要成群结队地往南飞行，到美国东海岸过冬。第二年的春天再飞回原地繁殖。在长达万里的航程中，它们要遭遇猎人的枪口，历经狂风暴雨、电闪雷鸣及寒流与缺水的威胁，但每一年它们都能成功往返。雁群排开成"V"字形时，可比孤雁单飞提升71%的飞行能量。

当每只雁振翅高飞时，也为后面的队友提供了"向上之风"，这种省力的飞行模式让每只雁都能最大地节省能量。如果我们如雁一般，我们就能向着共同的目标前进，彼此相互依存，分享团队的力量。当某只雁偏离队伍时它会立刻发现单独飞行的辛苦，尽快飞回团队，善用前面伙伴提供的"向上之风"。如果我们如雁一般，我们就能在队伍中跟着带队者到达目的地。我们接受他人的协助，也要协助他人。

当前导的雁疲倦时，它会退到队伍的后方，而另一只雁则会飞到它的位置上来填补。其实，艰难的任务需要轮流付出，我们要相互尊重、共享资源，发挥所有人的潜力。当某只雁生病或受伤时，会有其他两只雁飞出队伍跟在后面，协助并保护它，直到它康复，然后它们自己组成"V"字形，再开始飞行追赶团队。其实，如果我们如雁一般，无论在困境或顺境时都能彼此维护，互相依赖，再艰辛的路程也不惧怕遥远。

在队伍中的每一只雁都会发出"呱呱"的叫声，鼓励领头的雁勇往直前。其实，生命的奖赏是在终点，而非起点，在旅程中遭尽坎坷，你可能还会失败，只要团队相互鼓励，坚定信念，终究一定能够成功。

【活动】

游戏规则：四名同学为一组，围成一圈。两组同学背对背地坐在地上，手不能着地，时间最短一同站起来的小组获胜。

讨论：

1. 在这个游戏中，你认为最关键的地方在哪里？
2. 挑战成功后感觉如何？

（三）要有创新意识

1. 创新意识的内涵

创新意识是指人们根据社会和个体生活发展的需要，引起创造前所未有的事物或观念的动机，并在创造活动中表现出的意向、愿望和设想。它是人类意识活动中的一种积极的、富有成果性的表现形式，是人们进行创造活动的出发点和内在动力，是创造性思维和创造力的前提。创新意识包括创造动机、创造兴趣、创造情感和创造意志。

创造动机是创造活动的动力因素，他能推动和激励人们发动和维持进行创造性活动。创造兴趣能促进创造活动的成功，是促使人们积极探求新奇事物的心理倾向。创造情感是引起、推进乃至完成创造的心理因素，只有正确的创造情感才能创造成功。创造意志是在创造中克服困难、冲破阻碍的心理因素，创造意志具有目的性、顽强性和自制性。

创新意识与创造性思维不同。创新意识是引起创造性思维的前提和条件，创造性思维是创新意识的必然结果，两者之间具有密不可分的联系。创新意识是创造人才所必须具备的。

【案例1】 酒会上的"创新"

在一次酒会上，有美国人、俄国人、英国人、法国人、德国人、意大利人和中国人，每个人都要宣传自己国家有什么好酒。中国人把茅台拿出来了，酒盖一启，香气扑鼻，在座的各位都说茅台了不起。俄国人拿出了伏特加，英国人拿出了威士忌，法国人拿出了XO，德国人拿出了黑啤酒，意大利人拿出了红葡萄酒，都很了不起。到了美国人这里，美国人找了个空杯子，把茅台等几种酒都倒了一点，晃了晃。什么酒？鸡尾酒。综合就是创造。他哪有什么东西，只不过把别人的东西拿来，把好的东西综合起来，这就是一种创新。

【案例2】 1加1可以大于2

一个犹太人如此教导儿子："我们唯一的财富就是智慧，当别人说1加1等于2的时候，你就应该想到大于2。"1974年，美国政府为清理给自由女神像翻新而产生的大堆废料，向社会广泛招标，但好几个月过去了，没有人应标。因为在纽约州垃圾处理有严格规定，弄不好会受到环保组织的起诉。

这位犹太人的儿子当时正在法国旅行，听到这个消息后立即终止了休假，飞往纽约。他看过自由女神像下堆积如山的铜块、螺丝和木料后，立即与政府部门签下了垃圾处理协议。

消息传开后，纽约的许多运输公司都在偷偷发笑，他的许多同僚也认为废料回收吃力不讨好，能回收的资源价值实在有限，这一举动实乃愚蠢之极。当这些人在看笑话的时候，他已经开始组织工人对废料进行分类。他让人把废铜熔化，铸成小自由女神像，旧木料则加工成底座，废铜、废铝的边角料则做成纽约广场的钥匙，他甚至把从女神像身上扫下来的灰尘都包装起来，出售给花店。

这些废铜、边角料、灰尘都以高出它们原来价值的数倍乃至数十倍卖出，且供不应求。不到三个月的时间，他让这堆废料变成了350万美金，每磅铜的价格整整翻了1万倍。

商业化的社会永无等式可言，当你抱怨生意难做时，也许有人正在点钞票而累得气喘吁吁。这里面的奥妙在于：你认为1加1等于2，而他则坚持1加1可以大于2。

2. 创新意识的培养

学生不仅是教育的对象，更是学习的主体。知识的传授、智力的发展、思想品德的形成，都需要学生的积极参与。当代大学生创新意识的培养，归根结底，需要大学生不断地从自身寻找解决的途径。

首先，当代大学生应该博览群书，丰富自身知识体系。创新意识的培养和发展是一个循序渐进的过程，是一项长期的工作。只有具备了系统的知识体系、健全的知识结构、扎实的专业知识，大学生才可能在现有的知识内容中发现新的领域，才能激发自身创新的积极性。没有知识背景支撑的创新将是盲目的、毫无意义的，同时也会是缺乏想象力的。想象是创造之母，没有想象，就没有创新。学而创、创而学这是创新的根本途径，这需要大学生具备勤奋求知的精神，不断地学习新知识。只有这样，才可以在求学的道路上不断地培养自己的创新意识，更好地发挥自己的主观能动性，发挥更大的自主创新的潜力。

其次，当代大学生应富有质疑精神，培养反思能力。大学生应该不迷信书本知识，学会有意识地培养自己敏锐的洞察力，学会思考。当然，创新不仅仅只要思考就可以的，还需要有反思精神，而这正是目前我国大学生较为缺乏的。对于知识，部分大学生已经习惯去继承和记忆，而不是发展和创新，总认为学习就是吸收知识，把知识记到脑子里就是真正学到了东西。事实上，学知识重在“学”，“学”本身就包含了能动性，需要去思考，去超越。只有积极反思，才能在追溯事物本质的过程中有所发现，有所突破。因此，大学生要创新，就必须突破自身的思维定式，努力尝试运用积极的理性思维去反思，使得思维达到一种更高的层次。

最后，当代大学生要充分利用现有资源，培养创新兴趣。兴趣是人的精神对特定对象或某种事物的喜爱和趋向，是人在探索、认识某种对象的活动中产生的一种乐趣。这种乐趣能够使人们的心理得到极大的满足，从而促进人们注意力高度集中，达到忘我的程度。兴趣是最好的老师，创新兴趣能促进创造活动的成功，是促使人们积极探求新奇事物的心理倾向。大学生应该在现有资源的基础上，根据自己兴趣的方向，抓住研究重点，掌握学习的主动权，从而培养自我创新意识。

（四）要有诚信意识

诚信是规范个人与个人、个人与社会之间相互关系的道德品质和行为准则。就个人而言，诚信是高尚的人格力量；就单位而言，诚信是宝贵的无形资产；就社会而言，诚信是正常秩序的运行基础。诚信是我们中华民族的传统美德，古人很早就把诚信视为“仁、义、礼、智、信”五常之一，以至于可以“去兵”“去食”，而不可以无信。

【案例】“立木为信”与“烽火戏诸侯”的对比

春秋战国时期，秦国的商鞅在秦孝公的支持下主持变法。当时处于战争频繁、人心惶惶之际，为了树立威信，推进改革，商鞅下令在都城南门外立一根三丈长的木头，并当众许下诺言：谁能把这根木头搬到北门，赏十金。围观的人不相信如此轻而易举的事能得到如此高的赏赐，结果没人肯出手一试。于是，商鞅将赏金提高到五十金。重赏之下必有勇夫，终于有人站起将木头扛到了北门。商鞅立即赏了他五十金。商鞅这一举动，在百姓心中树立起了威信，而商鞅接下来的变法很快就在秦国推广开了。新的变法使秦国渐渐强盛起来，最终统一了中国。

而同样在商鞅“立木为信”的地方，在早它400年以前，却曾发生过一场令人啼笑皆非的“烽火戏诸侯”的闹剧。周幽王有个宠妃叫褒姒，为博取她的一笑，周幽王下令在都城附近20多座烽火台上点起烽火——烽火是边关报警的信号，只有在外敌入侵，需要召集诸侯来救援的时候才能点燃。结果诸侯们见到烽火，率领兵将们匆匆赶到，弄明白这是君王为博妻一笑的花招后都愤然离去。褒姒看到平日威仪赫赫的诸侯们手足无措的样子，终于开心一笑。五年后，西夷太戎大举攻周，周幽王烽火再燃而诸侯未到——谁也不愿再上第二次当了，结果周幽王被逼自刎，褒姒也被俘虏。

一个“立木取信”，一诺千金；一个帝王无信，戏玩“狼来了”的游戏。结果前者变法成功，国强势壮；后者自取其辱，身死国亡。可见，“信”对一个国家的兴衰存亡都起着非常重要的作用。

二、科学文化素质

（一）沟通能力

一般说来，沟通能力指沟通者所具备的能胜任沟通工作的优良主观条件。人际沟通的能力指一个人与他人有效地进行沟通信息的能力，包括外在技巧和内在动因。其中，恰如其分地沟通和良好的沟通效益是人们判断沟通能力的基本尺度。“恰如其分”指沟通行为符合沟通情境和彼此相互关系的标准或期望；“沟通效益”则指沟通活动在功能上达到预期的目标，或者满足沟通者的需要。

表面上来看，沟通能力似乎就是一种能说会道的能力，实际上它包罗了一个人从穿衣打扮到言谈举止等一切行为的能力。一个具有良好沟通能力的人，可以将自己所拥有的专业知识及专业能力进行充分的发挥，并能给对方留下“我最棒”“我能行”的深刻印象。

人是社会的动物，社会是人与人相互作用的产物。马克思指出：“人是一切社会关系的总和，一个人的发展取决于和他直接或间接进行交往的其他一切人的发展。”因此，沟通能力是一个人生存与发展的必备能力，也是决定一个人成功的必要条件。

21世纪以来，互联网得到了迅速的发展，而且为人们的工作和生活带来了翻天覆地的变化。例如，现在人们不再通过书信来传达自己的思念，借助互联网，相距千里的两个人可以实时对话，这是以前想都不敢想的。同时，这也为当代大学生提供了便捷。传统沟通模式下，大学生在学校只能接触到学业上的东西，了解周边发生的事情。随着新媒体的发展，大学生接触到的东西越来越多，获取信息也越来越便利。尤其对于毕业生来说，互联网成为他们了解社会对本专业需求的主要工具。

大学生提升沟通能力的途径主要有以下几个方面。

（1）掌握沟通技能。一方面，学生可以通过学习课程来提升自己的表达能力和语言应用能力，结合自身的需求选择相关课程，如“有效沟通技巧”“普通话练习”“口才训练”等；另一方面，学生要认识到沟通能力对自己今后发展的重要性，并通过多样化的活动来培养自己在公众面前表达的勇气，在参加活动的过程中练习听说能力和语言组织能力，如学术交流活动、演讲比赛、辩论赛、优秀主持人大赛等。这些是培养大学生沟通能力和语言能力最直接的途径。

（2）养成善于倾听的习惯。学会倾听是学生提升自身沟通能力的基础，只有学会倾听才能赢得对方的信任。为了让学生将其内化成自己的行为规范和基本素养，教师可以通过丰富教育内容，创新教学模式，在课堂中引入生动有趣的活动来激发学生倾听的兴趣，培养学生倾听的习惯。另外，学生在课下要多倾听各种社会的声音，善于倾听别人的想法，通过认真倾听体会他人的观点，然后结合自己的想法进行有效的沟通，提高沟通能力。

（3）提高换位思考的意识。在与他人交流的过程中，换位思考可以使沟通更加有效和顺畅，它可以从根本上帮助双方解决问题，提高沟通效率。如果双方缺乏换位思考的意识，会导致沟通僵持、对话中断，以至于问题遗留；如果双方都能站在对方的角度考虑问题，问题自然迎刃而解。

【案例】 周恩来的外交智慧

一位美国记者在采访周总理的过程中，无意中看到总理桌子上有一支美国产的派克钢笔。那记者便以带有几分讥讽的口吻问道：“请问总理阁下，你们堂堂的中国人，为什么还要用我们美国产的钢笔呢？”周总理听后风趣地说：“谈起这支钢笔，说来话长，这是一位朝鲜朋友的抗美战利品，作为礼物赠送给我的。我无功受禄，就拒收。朝鲜朋友说，留下做个纪念吧。我觉得有意义，就留下了这支贵国的钢笔。”美国记者一听，顿时哑口无言。什么叫搬石头砸自己的脚？这就是一个典型事例。这位记者的本意是想挖苦周总理：你们中国人怎么连好一点的钢笔都不能生产，还要从我们美国进口，结果周总理说这是朝鲜战场的战利品，反而使这位记者丢尽颜面。

一次，周总理设宴招待外宾，上来一道汤菜。冬笋片是按照民族图案刻的，在汤里一翻身恰巧变成了法西斯的标志。外客见此，不禁大惊失色。周总理对此也感到突然，但他随即泰然自若地解释道：“这不是法西斯的标志！这是我们中国传统中的一种图案，念‘万’，象征‘福寿绵长’的意思，是对客人的良好祝愿！”接着他又风趣地说：“就算是法西斯标志也没有关系嘛！我们大家一起来消灭法西斯，把它吃掉！”话音未落，宾主哈哈大笑，气氛更加热烈，结果，这道汤也被客人们喝得精光。

（资料来源：曹应旺，用心触摸领袖，2012）

（二）学习能力

学习能力就是学习的方法与技巧（并非学到什么东西），有了这样的方法与技巧，学习到知识后，就形成专业知识；学习到如何执行的方法与技巧，就形成执行能力。所以说，学习能力是所有能力的基础。

“用大学四年时间学好专业知识并不重要，一门功课是否能考到98分也不重要！”唐骏做客上海财大，在一场主题为“成功与你同行”的报告中频出惊人之语，不过他对此补充道：“对一名大学毕业生，学会快速学习更为重要，也就是在最短时间里掌握核心内容，并迅速运用的能力。”引发在场同学议论和共鸣的是唐骏对大学阶段该如何学习的建议：“如果你现在学习很好，请不必得意；如果考试成绩并不理想，也不必沮丧！”在唐骏看来，一个刚从大学毕业的优等生和普通生并没有太大不同，最重要的是快速学习的能力，“如果你能在三五小时内看完一本书，并且能在现实生活中将其运用，这才是最重要的学习能力！”

柳传志曾说：“环境不断在变，需要不停调整战略，这要求很强的学习能力。学习能力30%来自书本，更多的一部分应该从自己的实践中获得。”学习绝对不是简单地知道书本上的知识，而是通过书本知识的学习，获得能持续学习的能力，获得能持续学习的方法。

每个人都会有自己的学习目标，很多人还制订了详细的学习计划，但很少有人把自己的学习计划坚持下去。通常是刚开始的时候，每天都能坚持学习。坚持一段时间之后，就会遇到各种各样的事情，然后就会从每天变成两天、三天或更长的时间，慢慢会发现自己已经放弃了自己的学习计划。你会发现，这种事情每个人都会遇到，而放弃的原因总是多种多样。

每天坚持学习的最好方法就是把学习变成一种习惯。行为科学研究的结论：一个人一天的行为中大约只有5%是属于非习惯性的，而剩下的95%的行为都是习惯性的。当花上一段时间把你的学习计划变成自己的习惯之后，你就会发现自己离目标越来越近了。

怎样才能养成良好的学习习惯？

（1）每天的时间要适度，找到适合自己强度的时间。需要根据自己的实际情况来调整每天的学习计划。以前从来没有连续学习一个小时以上，就不要制订每天学习2个或3个小时的学习计划。可以把它变为每天学习半小时或一个小时，再把半小时或一个小时的学习时间拆分为每次10分钟或20分钟，这样更容易坚持下去。

（2）把每天的学习计划放在首要位置。可以每天早上提前10分钟或半小时起床，用来完成学习计划。尽量把学习设为每天要做的第一件事情。你可以充分利用早上的时间来完成你的学习计划。

（3）充分利用零散时间来完成你的学习计划。如果无法拿出整段时间来学习，可以利用零散的时间段来完成你的学习计划，如上下学乘车的时间、午饭时间、排队的时间等这些小块的时间。

（三）应变能力

应变能力是指自然人在外界事物发生改变时所做出的反应，可能是本能的，也可能是经过大量思考后所做出的决策。应变能力是当代人应当具有的基本能力之一。在当今社会中，我们每个人每天都要面对比过去成倍增长的信息，如何迅速地分析这些信息，是人们把握时代脉搏、跟上时代潮流的关键。它需要我们具有良好的应变能力。另一方面，随着社会竞争的加剧，人们所面临的变化和压力与日俱增，每个人都可能面临择业、下岗等方面的困扰。努力提高自己的应变能力,对保持健康的心理状况是很有帮助的。

我们每个人的应变能力可能不尽相同,造成这种差异的主要原因,可能有先天的因素,如多血质的人比黏液质的人应变能力高些;也可能有后天的因素,如长期从事紧张工作的人比工作安逸的人应变能力高些。因此,应变能力也是可能通过某种方法加以培养的。

对于应变能力高的人,要正确地选择职业,通过自己的能力服务于社会;而对于应变能力低的人,在注意选择适合自己职业的同时,还要努力进行应变能力的培养。人在选择职业和进行人生的其他选择时,除了考虑客观条件和个人的兴趣外,还应做到"知己知彼",考虑一下自己的应变能力是否适合于进行这样的选择。一般来讲,应变能力高的人可以选择需要灵活反应的工作,如运动员、推销员、翻译等。这些工作需要人们在外界环境或条件有较大变化时,具有良好的调节能力。相反,应变能力低的人可以选择一些要求持久、细致的工作,如气象、财会、精密仪器等。在这些工作中,外界环境或条件的变化不是很大,对应变能力的要求也相对低些。

当然,应变能力还是可以通过实践来逐步提高的,可从以下几点入手。

1. 多参加富有挑战性的活动

在实践活动中,我们必然会遇到各种各样的问题和实际的困难,努力去解决问题和克服困难的过程,就是增强人的应变能力的过程。

2. 扩大个人的交往范围

无论家庭、学校还是小团体,都是社会的一个缩影,在这些相对较小的范围内,我们可能会遇到各种需要应变能力才能解决的问题。因此,只有首先学会应变各种各样的人,才能推而广之,应付各种复杂环境。只有提高自己在较小范围内的应变能力,才能应付更为复杂的社会问题。实际上,扩大自己的交往范围,也是一个不断实践的过程。

3. 加强自身的修养

应变能力高的人往往能够在复杂的环境中沉着应战,而不是紧张和莽撞行事。在工作、学习和日常生活中,遇事沉着冷静,学会自我检查、自我监督、自我鼓励,有助于培养良好的应变能力。

4. 注意改变不良的习惯和惰性

假如我们遇事总是迟疑不决、优柔寡断,就要主动地锻炼自己分析问题的能力,迅速做出决定。假如我们总是因循守旧,半途而废,那就要从小事做起,努力控制自己,不达目标不罢休。只要下决心锻炼,人的应变能力是会不断增强的,打羽毛球、篮球等都能锻炼人的反应能力。

【案例】 比尔与鲍斯

比尔与弗兰克同时进入一家公司工作,但进入公司一年后弗兰克的工资增加了,而比尔的工资却没有增加。对此,比尔愤愤不平地找到经理,问这是为什么。

老板鲍斯对他说:"你和弗兰克的确有些不同,我让你看一看你们之间有什么不同。"他接着对比尔说:"你到市场上去考察一下棉花的价格。"

比尔应老板的要求去市场考察一番，回来告诉老板棉花的价格。老板接着问："市面上共有多少家卖棉花的店铺？"比尔只好无奈地摇摇头，表示不知道。老板对比尔说："你看看弗兰克是怎么干的。"接着老板叫来弗兰克，并向他安排了同样的任务。

弗兰克从市场上回来后，不但回答了棉花的价格，而且说明市场上有三家卖棉花的店铺，并了解了棉花的市场潜力。为了让老板清楚地了解情况，他还以要与其合作的名义，将棉花质量最好的一家店铺的老板请过来。

老板对比尔说："你看到弗兰克是怎么做的了吧？这就是你们两人同时进公司但工资却不同的原因。"

【活动】

(1)游戏目的：提升思维敏捷度和随机应变能力。

(2)游戏时间：5～10分钟

(3)游戏内容：男学生价值是5角，女学生价值是1元。组织者说出一个数目，男、女学生依数目自由组合。组织者每次尽快地说出不同的数目，组员要迅速成组。入不到组的就为输。(男、女的价钱可随意调转或者增减以调整游戏难度。)

三、专业技能素质

(一) 专业技能素质的含义

"专业"总体上包含两层含义：一是指高等学校的一个系或中等专业学校，根据学科分工或生产部门的分工把学业分成的门类；二是指产业部门中根据产品生产的不同过程而分成的各个业务部门，或专门从事某一行业的部门。从中可以看出，"专业"一词包含理论和实践两大部分。"技能"是指掌握和运用专业知识和技术的能力，是一种本领。"素质"是人的一种内禀特质。综上可知，"专业技能素质"主要指通过学习专业知识和技术，掌握和运用这些知识和技术的本领、能力，从而在认识和改造世界的活动中所体现出来的内禀特质。它主要包括两大方面：一是知识素质；二是能力素质。

1. 知识素质

知识素质主要指文化程度，特别是专业知识水平和知识结构。

其一，高层次人才文化程度较高，一般都受过高等教育，他们掌握了雄厚扎实的科学文化基础知识，这是智力和技能赖以形成的基础。一个人若无较高的文化水平，就不能学习专业知识和现代化的管理知识。因此，一定要抓好基础教育，掌握扎实的科学文化知识。

其二，专业知识指某一领域或某一方面的知识，这是作为现代人必备的素质。

其三，在知识结构方面，高层次人才不仅要有扎实的科学文化知识和精深的专业知识，还需要建立一个合理的知识结构，以便才能的充分发挥。

2. 能力素质

能力素质指认识世界和改造世界的能力，并能将多种知识，特别是专业知识内化为自己的本领，通过实践体现出来。因此，一定要认真学习，勇于实践，将所学的专业知识和技术运用到实践中去，收到良好的效果。这方面的素质主要包括：第一，不断进行专业研究、专业应用、专业开拓的兴趣和能力。第二，专业融合能力。当今时代绝大部分科学技术的突破都来自学科专业的融合。第三，管理组织能力。学校曾一度忽视对大学生管理能力的培养，这是当前学校的培养重点。第四，人际关系协调能力。如有关人类行为和人际交往的知识，了解他人深层的感受、态度和动机的能力，明确而有效的沟通能力，建立有效合作关系的能力以及掌握和运用现代信息技术的能力等，这些对大学生尤为重要，也是适应经济发展和改革开放的要求。

（二）专业知识与技能学习

据相关企业对高职院校实习生的反馈，学生普遍存在以下几个方面的问题：

1. 专业人才培养与企业需求存在差距

企业反映，高职院校的学生专业基础能力较好，但相关专业知识缺乏，特别是所从事行业的一些专有名词。希望学校加强学生的职业素养和职业拓展能力的培养。

2. 专业技能证书考证率有待提高

调研企业认为实习学生相关技能证书考证率偏低。在录用人才上面，企业会优先录用拥有专业证书的学生，持证上岗。综合素质突出的学生在企业中更受欢迎。

3. 实践能力需要适当增加

企业明确指出，由于企业作业内容不同，作业流程也会不同。若学生缺乏相关实践培训，在入职前期需要大量时间进行学习培训。校内课堂学习在一定程度上只能让学生了解企业的作业流程，但是与具体就业的企业要求还是有明显的差距，需要增加学生的实践课堂和提高学生的动手能力。

针对以上问题，大学生需要从以下几点进行知识素养的提升。

1. 理论知识要牢固

一个人要想有所成就，脑子里必须拥有货真价实的东西，所以说，大学生想要在所学专业有所长必须掌握相应的理论知识，有了理论知识才能指导实践。当学生面对工作中的突发状况时，可以随时调用曾经学过的专业理论知识来应对，解决难题。而有效提高专业知识需要学生在专业学习中真正地感受到学习专业知识的乐趣，分清楚、弄明白哪些知识是需要重点掌握的，哪些只需了解即可，同时掌握一定的学习技巧和方法，多与老师进行沟通交流，这样才能够有效学习。

2. 专业技能要过硬

在牢牢掌握基础理论知识的同时，还需要拥有过硬的专业技能。自身需要多才多艺，掌握得多，将来才能够在工作中拥有更多可能性。学生除了正常上课学习、培养基本专业技能之外，还应当重视校外教学、短期见习、认知实习、顶岗实训等学习方式。平日应当经常参加各类专业技能比赛，锻炼自身的能力，体现出自身的专业素养。通过这样的比赛，才能激发自身的学习动力，在比赛中认识到自身的不足之处，及时改进学习，为以后的工作打下良好的基础。在学习的同时，也要认识到考级考证的重要性，要对所学专业相关证书有所了解，制订相应的考证计划。

3. 实践活动要加强

一直处在学校学习的环境中，学生无法将自己学到的东西灵活运用到实践当中。所以，学生需要积极参与实习实训等实践活动，学会观察自己处在真实的工作环境中时是如何表现的。在实习的过程中，许多学生的潜力能够被激发出来。开展实习活动能够有效培养学生实际处理问题的能力，使其学会更灵活地运用本专业理论知识，及时反思提升。

（三）能力素质培养

在以往的专业人才培养目标中，学校一直强调学生的职业技能的培养，但对学生综合能力的培养以及职业素养、职业道德的培养有所欠缺。因此，学校必须紧贴市场需求，针对不同类型的企业、不同的工作岗位需求进一步剖析专业人才的培养目标。除了强调学生的职业技能训练，加强学生的职业意识、职业精神和职业道德的培养外，更要加强学生综合能力及职业拓展能力的培养。

在当今社会中，专业知识强并不意味着就一定能够成为一名优秀的从业者，须拥有全面的综合素养。《说文》里面记载："匠，木工也。"然而，今天常用的"匠"，早已发生了变化，从木工的本义变成了心思巧妙、技术精湛、造诣高深的代名词。卖油翁能让油一滴不洒地倒进瓶中，熟能生巧的本领与能让卫星围绕地球转的本领，本质上相差不大。"三百六十行，行行出状元。"职业没有高低贵贱之分，但人与人之间却从来都有专业精神分殊。在日本，工匠被称作"职人"，而"职人精神"也贯穿到各行各业。大卫·贾柏所拍摄的纪录片《寿司之神》风靡网络，讲的就是东京银座一家看上去很普通的寿司店主小野二郎的故事。这位全球最年长的米其林三星大厨终其一生都在捏寿司，始终以最高标准要求自己和学徒们。"你必须爱你的工作，千万不要有怨言。你必须穷尽一生磨炼技能。"片中，在小野二郎的店里做学徒必须首先学会拧毛巾，直到完全学会了拧毛巾才能碰鱼，然后才是用刀。十年之后才开始学煎蛋。正是这看上去极其严苛的标准才让这家店誉满天下。"米其林指南"为其打了三颗星，意味着这个餐厅"值得特别安排一趟旅行"去造访。

实际上，中国历史上也有过对"工匠精神"的绝佳诠释。如《庄子》中记载了"庖丁解牛"的故事。一个叫丁的厨师给梁惠王宰牛，手所接触的地方，肩所靠着的地方，脚所踩着的地方，膝所顶着的地方，都发出皮骨相离声，刀子刺进去时响声更大，这些声音都合乎乐曲的节拍。传说当然只是传说，但这背后对于技术精益求精的追求却是中国历史上绵延不绝的一笔精神财富。在璀璨的中国文明中，无数巧夺天工的珍品，正是工匠们数十年如一日坚持的产物。这样的追求曾一度在对量的追求和低成本的追求过程中，被人们忽视过。如今，这精神正在重新焕发生机。

【案例】 高铁战线的"大国工匠"

1987年8月，19岁的李万君职高毕业，被分配到长春客车厂电焊车间水箱工段。焊枪喷射着2 300℃的烈焰，瞬间将钢铁熔化。披挂着厚重的帆布工作服，扣着封闭的焊帽，李万君和工友们在烟熏火燎中淬炼意志：在炎热的盛夏焊着客车上供水的水箱、制动的风缸,车间里火星四溅,烟雾弥漫,声音刺耳,味道呛鼻。

一年后,一起入厂的28个伙伴,25个离了职。李万君也想过换一个轻松干净的工种,但曾连续7年被评为工厂劳模的父亲劝他说,啥活都得有人干,啥活干精了都会有出息。于是李万君留了下来,琢磨着怎么把活干精。

每天中午,大家都在午休,李万君却在琢磨工艺;下班后,大家回家了,他仍蹲在车间练个不停。练习时没有料,李万君就自己到处捡废铁;他把本厂名师拜了个遍,还向其他厂的师傅学习。师傅们都说这孩子黏人,问问题问得太细。

厂里要求每人每月焊100个水箱,李万君总会多焊20个;厂里两年发一套工作服,可他一年得磨破四五套。很快,李万君小有名气了,厂里的尖端活、关键活都找他。几年后,他更拿下了中国技能最高奖——中华技能大奖,成为人们眼里的"工人院士"。

20米外,只要听到焊接声,李万君就能判断出电流电压的大小、焊缝的宽窄、焊接质量如何,绝无差错。"要是李万君都干不了的活儿,那只能改设计了",说起李万君的技术,工友们服气又自豪。

"李,你创造了奇迹!"

兢兢业业刻苦钻研,李万君练就了超一流的焊接手艺,真的"把活干精"了,成为国内外专家钦佩的高铁焊接大师。他凭着一股不服输的钻劲儿、韧劲儿,积极参与填补国内空白的几十种高速车、铁路客车、城铁车转向架焊接规范及操作方法,先后进行技术攻关100余项,其中21项获得国家专利。如何在外国技术无法解决的难题中勇攀高峰,他一次又一次地试验,取得了一批重要的核心试制数据。如今,中车长春轨道客车股份有限公司的转向架年产量超过9 000个,比庞巴迪、西门子和阿尔斯通等世界三大轨道车辆制造巨头的总和还多。

(资料来源:全国优秀共产党员风采录第4集,2016年)

四、职业心理素质

随着社会发展和高校改革的深入,高等教育逐渐从"精英化教育"向"大众化教育"转变。高校扩招后大学毕业生总量居高不下,大学生就业市场由"卖方"转向"买方",就业形势越来越严峻。企业在对毕业生进行技能考察时,将职业道德、职业取向、职业认同感及抗挫折能力等职业心理素质也纳入考评,高校学生职业心理素质提升迫在眉睫。

(一)新时代高校学生职业心理素质培养的意义

习近平总书记在党的十九大报告中提出:"经过长期努力,中国特色社会主义进入新时代,这是我国发展新的历史方位。"党的十九大以来,党中央、国务院坚持就业在经济社会发展中的优先政策。大学是职业心理素质教育的重要阶段,高校应不断地扩大学生职业心理素质教育的范围,提高学生的职业素养与职业操守,为高职学生将来步入职业道路奠定基石。麦可思《2019年中国大学生就业报告》(就业蓝皮书)对2015届大学生就业情况的调查显示：毕业三年内转换职业的高职高专学生达49%；毕业三年内转换行业的高职高专学生达50%。就业形势的严峻导致毕业生就业期望和就业岗位结构性矛盾突出，加之社会上拜金主义、享乐主义、个人主义思潮给大学生带来了巨大的心理困扰，学生职业心理素质现状与职业的心理素养要求之间存在较大差距。而新时代企业不仅需要专业技能型人才，更需要具有爱岗敬业精神、积极进取精神、团队合作精神及较强的抗挫折能力的员工。企业的需要为大学生成长成才提出了新要求，设计了路线图，同时也带来一些新挑战。

（二）大学生就业心理状态调查分析

当今世界是一个竞争激烈、快节奏、高效率的社会，这就不可避免地给人带来许多紧张感和压力。精神紧张一般分为弱的、适度的和加强的三种。人们需要适度的精神紧张，因为这是人们解决问题的必要条件。但是，过度的精神紧张，却不利于问题的解决。从生理心理学的角度来看，人若长期、反复地处于超生理强度的紧张状态中，就容易急躁、激动、恼怒情绪，严重者会导致大脑神经功能紊乱，有损于身体健康。因此，要克服紧张的心理，设法把自己从紧张的情绪中解脱出来。

表2.1高职学生就业心理状态调查结果显示：被调查的高职学生中，53.2%的学生相信自己可以成功；37.6%的学生认为自己能够直面竞争，但对成功没有把握；还有8.1%的学生想竞争，但害怕失败；有1.1%的学生害怕竞争。面对就业压力，77.4%的学生认为就业压力很大或较大，20.5%的学生认为压力一般，仅有2.1%的学生认为就业压力较小或没有压力。数据表明，学生在面临就业问题上普遍心理压力大，心理素质不够高，很多学生也没有有效途径提升自身心理素质和加强抗压性。

表2.1　高职学生就业心理状态调查统计

问　　题	答案选项	人数（人）	百分比（%）
你面对竞争时的心态	相信自己可以成功	524	53.2
	能够直面竞争，但对成功没有把握	371	37.6
	想竞争，但害怕失败	80	8.1
	害怕竞争	11	1.1
面对就业形势你感觉就业压力	很大	380	38.5
	较大	383	38.9
	一般	202	20.5
	较小	10	1.0
	没有	11	1.1

（三）职业心理素质的内涵及影响因素

心理素质是个性品质、心理动力、心理能力、心理健康水平、自我意识及心理适应水平的动态整合体。学界对“职业心理素质”的内源可谓众说纷纭。有的学者认为，职业心理素质是个体的心理素质在职业行为上的体现以及心理素质与职业匹配度上的体现。有的学者认为，职业心理素质是指从业者在认知、情绪、情感、意志及个性品质方面的素质整合。还有的学者认为，职业心理素质包括职业意识、职业情感等，是人们在岗位就职时体现出的职业活动特性，包括工作态度、意志力等。综上所述，职业心理素质是从业者在从事职业过程中表现出来的择业意识、职业价值观、职业理想、职业道德、就业心理状态等方面的综合体。很多知名企业都通过拓展训练来提高员工的心理素质以及团队信任关系。

【案例】 心理素质重于智商

1960年，著名的心理学家瓦特米歇尔做了一个软糖实验。他在斯坦福大学的幼儿园里，召集了一群四岁的小孩。在一个大厅里面，每个人面前都放了一个软糖，他对小朋友说：“小朋友们，老师要出去一会儿，不要吃你们面前的软糖。如果谁吃了它，我就不能再给你一个软糖了；如果你控制住自己不吃这个软糖，老师回来会再奖励你一个软糖。”

老师走了，和很多人一起在外面窥视这群四岁的小孩。孩子们看着软糖，真是诱惑啊！有的小孩过一段时间手伸出去了，缩回来，又伸出去，又缩回来。一会儿过后，有的小孩开始吃了。但是有相当多的小孩坚持下来了。老师回来后，给坚持住的小孩各奖励了一个软糖。

接下来，米歇尔就开始分析了：他们凭什么坚持下来的？有的小孩数自己的手指头，不去看软糖；有的把脑袋放在手臂上；有的努力使自己睡觉；有的数数，一二三四，不去看。

实验并没有就这样结束，他们继续跟踪观察这些孩子们。等到这些小孩上小学、上初中后，他们发现，能控制住自己不去吃软糖的，上了初中以后，大多数表现都比较好，成绩好，合作精神也比较好，有毅力；而控制不住自己的，不光是读初中时表现不好，走上社会后的表现大概也是如此。

智商虽然是成功极其重要的因素，但是影响一个人一生的，更多的还是你的世界观，你的价值观，你的耐心，你的信心，你的毅力，你的情绪，你的情感，这些品质就体现了你的心理素质。

（资料来源：李作昕，《意林（原创版）》，2013年）

（四）大学生怎样提升自己的职业心理素质

1. 形成恰当的自我认知，提高自我管理能力

正确认识自己，恰当地评价自己，挖掘并利用自己的优点和潜力，积极、乐观地面对择业和就业中可能遇到的状况和问题，并在此基础上，提高自我管理能力，约束和发挥自己。

2. 提高情绪管理能力和自我调适能力

关注自身的情绪和情感需求，学会通过健康的方式宣泄情绪，缓解压力，积极面对消

极和不稳定的情绪，减少外部影响。

3. 提高人际交往和沟通能力，培养团队合作精神

加强师生之间，同学之间的互动交流；学会良好的交往和沟通，并在此基础上学会团队合作，增强集体荣誉感和责任心，提高团队凝聚力。一要恰当地表达自己的需求，使别人了解；二要设身处地体会他人的需求；三要学会在面对人际冲突时妥善处理和协调人际关系。

4. 塑造积极的人格品质和坚强的意志

一是培养独立思考的意识和能力，对任何事情都有自己独立的判断；二是培养自己坚强的意志；三是培养自己的创新意识和创新能力。

【测试】

心理压力每个人都会出现，只要用正确的心态去面对，没有克服不了的压力。想知道自己是否承受着心理压力，不妨想想自己是否存在以下情况：

（1）经常显得不耐烦、暴躁、焦虑、易怒。

（2）睡眠品质较差、失眠，经常打哈欠、发困。

（3）健康指数明显下滑，经常感到不舒服，容易生病，如感冒、头痛、胃痛、消化不良、溃疡等。

（4）经常发生神经性抽搐或肌肉痉挛，很难放松，腰酸背痛。

（5）容易沮丧、低落，情绪波动大、情感倒错，对现状与未来常感到无能为力，有挫折感、空虚感。

（6）人际关系变得不和谐，容易与人发生冲突、不快。说话冷言冷语，情感迟钝，对自己或他人的评价、谈话都较负面。

如果你的回答多数是肯定的，以下这些方法可以有效缓解心理压力，不妨试一试：

（1）准备一条冷毛巾，随时擦脸，以助清醒。

（2）找一位乐观的朋友或同学倾诉，发泄一下情绪。

（3）闭上眼睛，尽力想身体后面的景物，平衡前后脑的压力。

（4）多赞美及鼓励自己，不要遇到挫折就苛责自己。

（5）简化自己的欲望，因为欲望越多，压力就越大。

（6）自己动手做东西，这会使你更满足、更快乐。

（7）不要抱怨麻烦事情总是落在自己头上，试着从另一个角度去思考问题。

（8）不断告诉自己，要能容纳别人不同的观念或行为。

【练习】

1. 自我暗示。每天清晨默念10遍“我很棒！我一定可以！今天一定是幸福快乐的一天！”（平时也自我暗示，默念或写出来，至少10遍）

2. 在镜子前对自己微笑，每天坚持3分钟。

讨论：

经过一段时间的练习，你有什么变化？

实践项目

职业价值观自测量表

说明：下面有52道题目，每道题目都有5个备选答案，请根据自己的实际情况或想法，在题目后面圈出相应字母，每题只能选择一个答案。通过测验，你可以大致了解自己的职业价值观念倾向。

A. 非常重要　B. 比较重要　C. 一般　D. 较不重要　E. 很不重要

（1）你的工作必须经常解决新的问题。

A　B　C　D　E

（2）你的工作能为社会福利带来看得见的效果。

A　B　C　D　E

（3）你的工作奖金很高。

A　B　C　D　E

（4）你的工作内容经常变换。

A　B　C　D　E

（5）你能在你的工作范围内自由发挥。

A　B　C　D　E

（6）你的工作能使你的同学、朋友非常羡慕你。

A　B　C　D　E

（7）你的工作带有艺术性。

A　B　C　D　E

（8）你的工作能使人感觉到你是团体中的一分子。

A　B　C　D　E

（9）不论你怎么干，你总能和大多数人一样晋级和涨工资。

A　B　C　D　E

（10）你的工作使你有可能经常变换工作地点、场所或方式。

A　B　C　D　E

（11）在工作中你能接触到各种不同的人。

A　B　C　D　E

（12）你的工作上下班时间比较随便、自由。

A　B　C　D　E

（13）你的工作使你不断获得成功的感觉。

A　B　C　D　E

（14）你的工作赋予你高于别人的权力。

A　B　C　D　E

(15) 在工作中,你能试行一些自己的新想法。

A　B　C　D　E

(16) 在工作中你不会因为身体或能力等因素被人瞧不起。

A　B　C　D　E

(17) 你能从工作的成果中,知道自己做得不错。

A　B　C　D　E

(18) 你的工作经常要外出,参加各种集会和活动。

A　B　C　D　E

(19) 只要你干上这份工作,就不再被调到其他意想不到的单位和工种上去。

A　B　C　D　E

(20) 你的工作能使世界更美丽。

A　B　C　D　E

(21) 在你的工作中,不会有人常来打扰你。

A　B　C　D　E

(22) 只要努力,你的工资会高于其他同年龄的人,升职或涨工资的可能性比干其他工作大得多。

A　B　C　D　E

(23) 你的工作是一项对智力的挑战。

A　B　C　D　E

(24) 你的工作要求你把一些事务管理得井井有条。

A　B　C　D　E

(25) 你的工作单位有舒适的休息室、更衣室、浴室及其他设备。

A　B　C　D　E

(26) 你的工作有可能结识各行各业的知名人物。

A　B　C　D　E

(27) 在你的工作中,能和同事建立良好的关系。

A　B　C　D　E

(28) 在别人眼中,你的工作是很重要的。

A　B　C　D　E

(29) 在工作中你经常接触到新鲜的事物。

A　B　C　D　E

(30) 你的工作使你能常常帮助别人。

A　B　C　D　E

(31) 你在工作单位中,有可能经常变换工作。

A　B　C　D　E

(32) 你的作风使你被别人尊重。

A　B　C　D　E

(33) 同事和领导人品较好,相处比较随便。

A　B　C　D　E

(34) 你的工作会使许多人认识你。

A　B　C　D　E

(35) 你的工作场所很好,比如有适度的灯光,安静、清洁的工作环境,甚至恒温、恒湿等优越的条件。

A　B　C　D　E

(36) 在工作中,你为他人服务,使他人感到很满意,你自己也很高兴。

A　B　C　D　E

(37) 你的工作需要计划和组织别人的工作。

A　B　C　D　E

(38) 你的工作需要敏锐的思考。

A　B　C　D　E

(39) 你的工作可以使你获得较多的额外收入,例如:常发实物、常购买打折扣的商品、常发商品的提货券、有机会购买进口货等。

A　B　C　D　E

(40) 在工作中你是不受别人差遣的。

A　B　C　D　E

(41) 你的工作结果应该是一种艺术而不是一般的产品。

A　B　C　D　E

(42) 在工作中不必担心会因为所做的事情领导不满意而受到训斥或经济惩罚。

A　B　C　D　E

(43) 在你的工作中能和领导有融洽的关系。

A　B　C　D　E

(44) 你可以看见你努力工作的成果。

A　B　C　D　E

(45) 在工作中常常要你提出许多新的想法。

A　B　C　D　E

(46) 由于你的工作,经常有许多人来感谢你。

A　B　C　D　E

（47）你的工作成果常常能得到上级、同事或社会的肯定。

A　B　C　D　E

（48）在工作中，你可能做一个负责人，虽然可能只是领导很少几个人，你信奉“宁做兵头，不做将尾”的俗语。

A　B　C　D　E

（49）你从事的工作，经常在报刊、电视中被提到，因而在人们的心目中很有地位。

A　B　C　D　E

（50）你的工作有数量可观的夜班费、加班费、保健费或营养费等。

A　B　C　D　E

（51）你的工作比较轻松，精神上也不紧张。

A　B　C　D　E

（52）你的工作需要和影视、戏剧、音乐、美术、文学等艺术打交道。

A　B　C　D　E

测试分析

上面的52道题分别代表13项工作价值观。每圈一个A得5分、B得4分、C得3分、D得2分、E得1分。请你根据下面评价表中每一项前面的题号，计算一下每一项的得分总数，并把它填在每一项的得分栏上，然后在表格下面依次列出得分最高和最低的三项。

评价表

得分题号价值观说明：

（1）利他主义：（2）（30）（36）（46）工作的目的和价值，在于直接为大众的幸福和利益尽一份力。

（2）审美主义：（7）（20）（41）（52）工作的目的和价值，在于能不断地追求美的东西，得到美感的享受。

（3）智力刺激：（1）（23）（38）（45）工作的目的和价值，在于不断进行智力的操作，动脑思考，学习以及探索新事物，解决新问题。

（4）成就感：（13）（17）（44）（47）工作的目的和价值，在于不断创新，不断取得成就，不断得到领导与同事的赞扬，或不断实现自己想要做的事。

（5）独立性：（5）（15）（21）（40）工作的目的和价值，在于能充分发挥自己的独立性和主动性，按自己的方式、步调或想法去做，不受他人的干扰。

（6）社会地位：（6）（28）（32）（49）工作的目的和价值，在于所从事的工作在人们的心目中有较高的社会地位，从而使自己得到人的重视与尊敬。

（7）权力控制：（14）（24）（37）（48）工作的目的和价值，在于获得对他人或某事物的管理支配权，能指挥和调遣一定范围内的人或事物。

(8) 经济报酬:(3)(22)(39)(50) 工作的目的和价值,在于获得优厚的报酬,使自己有足够的财力去获得自己想要的东西,生活过得较为富足。

(9) 社会交往:(11)(18)(26)(34) 工作的目的和价值,在于能和各种人交往,建立比较广泛的社会联系和关系,甚至能和知名人物结识。

(10) 安全稳定:(9)(16)(19)(42) 不管自己能力怎样,希望在工作中有一个安稳局面,不会因为奖金、工资、调动工作或领导训斥等经常提心吊胆、心烦意乱。

(11) 轻松舒适:(12)(25)(35)(51) 希望能将工作作为一种消遣、休息或享受的形式,追求比较舒适、轻松、自由、优越的工作条件和环境。

(12) 人际关系:(8)(27)(33)(43) 希望一起工作的大多数同事和领导人品较好,相处在一起感到愉快、自然,认为这就是很有价值的事,是一种极大的满足。

(13) 追求新意:(4)(10)(29)(31) 希望工作的内容应该经常变换,使工作和生活显得丰富多彩,不单调枯燥。

得分最高的三项是:

得分最低的三项是:

从得分最高和最低的三项中,可以大致看出你的价值倾向,在选择职业时就可以加以考虑。

全面评估:讨论与分享

谈谈自己的职业价值观是怎样的?

课外拓展

人生鸡汤

渔夫和商人的对话

有这样一个故事:一个美国商人坐在墨西哥海边一个小渔村的码头上,看着一个墨西哥渔夫划着一艘小船靠岸,小船上有好几尾大黄鱼。这个美国商人问渔夫:“要多少时间才能抓这么多?”墨西哥渔夫说:“才一会儿工夫就抓到了。”美国人接着问道:“你为什么不待久一点,好多抓一些鱼?”墨西哥渔夫不以为然地说:“这些鱼已经足够我一家人生活所需啦!”

美国人又问:“那么你一天剩下那么多时间都在干什么?”墨西哥渔夫回答道:

“我呀？我每天睡到自然醒，出海抓几条鱼，回来后跟孩子们玩一玩，再跟老婆睡个午觉，黄昏时晃到村子里喝点小酒，跟哥儿们玩玩吉他，我的日子过得可充实又忙碌呢！”

美国人不以为然，帮他出主意，说：“我是美国哈佛大学的企管硕士，我倒是可以帮你忙！你应该每天多花些时间去抓鱼，到时候你就有钱去买条大一点的船，再买更多渔船，然后你就可以拥有一个渔船队，再开一家罐头工厂。如此，你就可以控制整个生产、加工处理和行销渠道。然后你可以离开这个小渔村，搬到墨西哥城，再搬到洛杉矶，最后到纽约，在那里经营你不断扩充的企业。”墨西哥渔夫问：“这要花多少时间呢？”美国人回答：“15到20年。”

“然后呢？”

美国人大笑着说：“然后你就可以在家当皇帝啦！时机一到，你就可以宣布股票上市，把你的公司股份卖给投资大众。到时候你就发啦！你可以几亿几亿地赚！”

“然后呢？”

美国人说：“到那个时候你就可以退休啦！你可以搬到海边的小渔村去住。每天睡到自然醒，出海随便抓几条鱼，跟孩子们玩玩，再跟老婆睡个午觉，黄昏时，晃到村子里喝点小酒，跟哥儿们玩玩吉他喽！”

墨西哥渔夫疑惑地说：“我现在不就是这样了吗？”

那些消耗能量的职场包袱

多了解自己一些，知道哪些对自己是重要的，比如有趣、自由还是孝顺、财富。你每天做的很多事，你清楚地了解它们和你的关系，于是你变成了自己和工作的主人，而不是“被”工作的状态。当你清晰地知道自己要什么的时候，即使目前并不在理想的职位上，你都可以看到目前与未来的关系，至少不会混日子，而是有动力为未来做准备。

在职场中行走时，记得不要轻易贬低自己，尤其是别把一时一事的失败当作整个人的失败；解决问题永远比抱怨更有效，前者是增加力量的，后者是泄气的；最后，经常问问自己快乐充实吗？如果不，想想做些什么可以改变，哪怕只是一点点，总比就此卡住白白消耗能量要好。

职场包袱有很多，完美主义、技不如人、合作不畅……那些让人在职场中感觉不爽、阻碍生涯发展的事儿都是职场包袱。它们以各种形态存在于一个人的工作中，好像神出鬼没的幽灵一样，总能在适当的时候来个突然袭击，吸走大量的注意力和能量，从而影响一个人的职业发展。

先找工作还是先找自己

莎莎大学毕业不到5年，自己都不知道换了多少份工作，有些工作甚至做了不到3个月就辞职了。原因很简单：不是因为听说别的行业或工作更有发展前途，就是在眼下的工作中遇到了不顺心的事。总之，莎莎觉得自己一直在很努力地追求有发展的好工作，却越来越不知道什么是好工作了。

陈明靠着努力和勤奋，在短短几年中从一个普通员工一路升任部门经理，让来自农村的他能够在大城市中立足养家。然而，随着收入的增多，陈明越来越不知道自己是谁，天天像机器一样把事情做一遍，完全没有体会到什么成就感。

找不到北的人，常常很少思考工作与自己的关系。他们要么为了工作而工作，要么不自觉地为了生存或者外界标准而工作。在最日常的工作中，他们弄丢了自己，于是像莎莎一样变成职场中的随风落叶——没有方向、缺乏耐心，或者像陈明一样取得一点成就，但幸福感却并没有随之而来。

马斯洛说：一个音乐家必须创作音乐，一个画家必须作画，一个诗人必须写作，如果他从内心获得了高度的自我和谐，他就成了他最能成为的自己。巴菲特是吹着口哨去上班的，他说："我和你没有什么差别。如果你一定要找一个差别，那可能就是我每天有机会做我最爱的工作。如果你要我给你忠告，这是我能给你的最好忠告了。"

工作是展现自我和实现自我的一个重要路径，可以让人们获得成就感和幸福感，但是如果只把它当作求生存的工具，自己也会变得没有灵魂，所以，你愿意仅仅是为了生存，还是多一些思考，进而更好地生活呢？

多了解自己的方法有很多，比如做做正式的测评，问问身边的人他们眼中的自己，但最好的方法还是多问问自己平时最喜欢干什么，曾经的梦想是什么，然后分析其中的共同点，看看哪些工作是可以满足这部分的，哪怕是部分地满足。在不断地自问和觉察中，你会发现，自己在职场中越来越知道自己是谁，要往哪儿去。

对不起，我能力不够

小姚学历不高，但工作能力备受领导赏识。她曾经有机会做自己向往的职位，做得很出色，甚至拿了大奖，但她最终放弃了这个职位，因为她觉得自己慢，能力不够，没有信心再做下去。后来遇上机构改革，她被领导推荐到新的单位，半年后升任经理，可是升职后她又想放弃了，还是同样的原因——觉得自己能力不够。

刘悦做主管已经两年多，差不多同时进来的同事都升了职。当初进公司时，大家的资历都差不多，但刘悦的业绩就是比别人少。其实她工作很认真，而且总怕出错。奇怪的是，越小心越出错，于是她就更加谨慎。结果，每次领导找她谈话都说她做事太保守，有潜力没发挥出来。她自己也很着急，不知道问题出在哪里。

催眠大师斯蒂芬·利根讲过一个故事：学习骑马的人在跨越障碍时是很危险的，因为常可以看到骑马的人急速来到高高的障碍前，马突然停住了，于是骑马的人就飞了出去，严重的甚至会丢了性命。有个教练在教别人骑马时说："当要跨越障碍时，让你的心先过去，马就会随着你的心跨过障碍。因为在障碍前被摔出去的人，看到高高的障碍，心中冒出的念头常常是'这么高，能过去吗？'于是马就会骤然停下。所以让自己的心先过去，马就会跟着过去。"

这是个关于信心的故事，当你开始相信自己时，你所有的能力、资源都能够真正地起作用，所以问题的关键不在于你有没有能力，而在于你相不相信自己有能力。当能力的施展和害怕失败的恐惧撞到一起，能力就很难得到最大的发挥。有句话是"外重而内拙"，就是你越害怕，内在就变得越笨拙。

要想战胜恐惧，变得更加自信，下面的小方法可以试试：

历数自己的成就事件，这些事可能是生活中的芝麻小事，也可能是些了不起但一向被你忽略的大事。因为当一个人总觉得自己不行，或被害怕笼罩时，视角完全在黑暗的那边，给自己一些正向的鼓励，可以帮你觉察到原来还有光明。其实每个人都会有自己的所谓黑暗与光明，关键在于你更关注哪一边。

你还可以从小事做起，做自己想做但还没来得及做，或者不太敢尝试的事。从低难度的事做起，一点点驱逐恐惧，建立自信。最后，当你内心有类似“肯定做不成”“又得出错”这样的声音出现时，用积极的话语替代它们，比如“我可以”“能做好”，积极的心理暗示可以帮你变得更加自信。

打垮你的是没有控制感

两三年前，小左研究生毕业后进入一家知名国企工作，显然年轻却已经看不到激情和活力，过着“做一天和尚撞一天钟”的日子。谈到为什么会这样时，小左说当初大学的专业就不是自己选的，家里人非要让他学不喜欢的专业，他也没办法，反正也研究生毕业了，就开始混日子。

梁力的工作有些特殊，因为要管理青年人的日常生活、学习，所以表面上他是8小时工作制，实际上需要24小时待命。因为常有突发事件需要加班，再加上还有很多工作中的交际应酬，梁力觉得自己的时间完全是被工作控制的，他开始厌倦工作，不是不热爱工作本身，只是不喜欢缺乏个人时间。

职场受害者的最大特点就是“我没办法”，他们内心认定，这都是别人的决定，都是别人的错，我也无能为力。实际上，他们是把决定自己命运的权利交给了别人。

如果把人生比喻成一场球赛，球场上有踢球的人，有被踢来传去的球，你愿意做那个球，还是踢球的人呢？我想答案通常是后者吧。但是真正到了职场上，很多人就不知不觉地把自己放到了球的位置，虽然不开心，但也不会为自己做点什么负起责任来。

比如小左，即使当年他无法做主，那么以他现在的年龄和能力，父母还能够阻拦他吗？还有梁力，即使24小时待命，那么没有突发事件的时间是否可以自己做主？那些应酬是必需的吗？如果真的是，自己从中得到了什么，得到的东西是否比拥有自己的时间更重要？如果更重要那不就是自己的选择吗？还抱怨什么呢？

带着这样的抱怨，即使是换一百份工作还是不会满意的，因为当自己把控制权交出去的时候，就成了别人手中的牵线木偶，首先把自己打垮的就是那种对自己没有控制感的无力与绝望。

当你开始抱怨的时候，想想抱怨的背后自己想得到什么，可以为此做些什么。我相信无论你为此做了什么，都在开始学会行使自己的权利；而无论结果如何，你都开始探索属于自己的生命。

在前面提到的这些职场包袱中，你可能看到了一些自己的影子，也可能觉得自己根本没有被包含进去。这些都不重要，关键是当你开始在职场行走时，记得不要轻易贬低自己，尤其是别把一时一事的失败当作整个人的失败。解决问题永远比抱怨更有效，前者是增加力量的，后者是泄气的。最后，经常问问自己快乐充实吗？如果不，想想做些什么可以改变，哪怕只是一点点，这总比就此卡住白白消耗能量要好。

第三章

职业生涯规划

本章导读

“辛辛苦苦高中三年，考上了大学，反而没有了目标，非常迷茫和困惑，身边很多同学谈恋爱，玩游戏，上网……”

现实中，很多同学无法说清楚自己为什么要上大学？自己要从大学得到什么。或许你可以罗列出许多上大学的好处：拿一张文凭，找一份工作，建立关系网，锻炼能力，培养自己的兴趣和爱好，摆脱家长的束缚，追求美好的未来，寻找浪漫的爱情……

大学生朋友们，恐怕你得花些时间来认真思考你读大学的目的到底是什么了。一般来讲，我们每位同学读大学是需要花高额成本的，一方面是需要付出时间成本，读专科需要3年时间，读本科需要4～5年时间，读研究生需要2～3年时间；另一方面还需要付出物质成本，要付出大笔学费、生活费和其他杂费。所以，很多父母亲特别希望自己的孩子毕业后能找到一份好工作，让家庭的“投入”也获得相应的“产出”。许多大学生在毕业时也可以找到工作，但那是你所喜欢的吗？是你能胜任的吗？是适合你的吗？是对自己有好的发展的吗？很多同学都希望能够找到一份自己喜欢的工作，自力更生，谋求以后的良好发展。那你们提前做好职业生涯规划了吗？

第一节　规划意识的激发

学习目标

（1）了解职业生涯规划的重要性。

（2）熟悉职业生涯规划的含义。

（3）掌握职业生涯规划的内容。

古人云:“凡事预则立,不预则废。”意思是人生的机遇和成功都始于有准备。这种准备不是上天的先机,也不是他人的给予,而是我们自己对人生之路的认识、分析、规划。职业生涯是人生中最重要、最漫长的阶段,因此,把握现在,合理评估自我接受教育和培训的机会,尽快选定未来的职业方向,认真制订可行的行动计划并努力实施,既是学业生涯的一部分,又是一种富有远见的人生准备。

一、职业生涯

职业生涯即事业生涯,是个体职业发展的经历和过程。它是一个人从职业学习开始到职业劳动最后结束的职业工作历程。具体地讲,职业生涯是以心理开发、生理开发、智力开发、技能开发、伦理开发等人的潜能开发为基础,以工作内容的确定和变化,工作业绩的评价,工资待遇、职称、职务的变动为标志,以满足需求为目标的工作经历和内心体验的经历。职业生涯是一个发展的概念,即将个人的职业生活看作一个动态的过程,不仅包括过去、现在、未来实际可以观察到的职业发展过程,还包括个人对职业生涯发展的理解和期待,所以具有浓厚的个人色彩。职业生涯是人生中最重要的历程,是追求自我实现的重要人生阶段,对人生价值起着决定性作用。

二、职业生涯的发展阶段

职业生涯贯穿我们一生,在发展的不同阶段,人们有着不同的职业需求和人生追求。如20岁时希望尽快进入角色,30岁时追求发展空间,40岁时追求突破,50岁时力求平衡。正确认识职业生涯发展规律以及自己所处的发展阶段对制订有效的职业生涯规划是非常重要的。

格林豪斯根据人生不同年龄段职业发展的主要任务将职业生涯划分为以下五个阶段:

(1)职业准备阶段(0～18岁),主要任务是发展职业想象力,对职业进行评估和选择,接受必需的职业教育。

(2)查看组织阶段(18～25岁),主要任务是在一个理想的组织中获得一份工作,在获取足量信息的基础上,尽量选择一种合适的、较为满意的职业。

(3)职业生涯初期(25～40岁),主要任务是学习职业技术,提高工作能力;了解和学习组织纪律和规范,逐步适应职业工作,适应和融入组织,为未来的职业成功做好准备。

(4)职业生涯中期(40～55岁),主要任务是重新评估早期职业生涯,强化或改变自己的职业理想,选定职业,努力工作,有所成就。

(5)职业生涯后期(55岁直至退休),主要任务是继续保持已有的职业成就,维护尊严,准备引退。

可以看出,我们在实现职业生涯目标的过程中,都会经历不同特点的发展阶段,需要完成不同的职业任务和人生追求，每一个阶段都决定着下一阶段的职业生涯走向。顺应人们在不同阶段的生物特征和社会特征，把握职业生涯发展阶段的规律，对制订合理的职业生涯规划有重要意义。

三、职业生涯规划

“职业生涯规划”简称“生涯规划”，又叫“职业生涯设计”，是指个人与组织相结合，在对一个人职业生涯的主客观条件进行测定、分析、总结的基础上，对自己的兴趣、爱好、能力、特点进行综合分析与权衡，结合时代特点，根据自己的职业倾向，确定最佳的职业奋斗目标，并为实现这一目标做出行之有效的安排。

职业生涯规划涉及两个方面的内容：一是个人对于人生理想、职业价值观、兴趣爱好、个性特征能力状况等主体方面的认识；二是个人对其一生中职业发展、职业变迁及工作理想实现过程的设计。

职业生涯规划要求一个人根据自身的兴趣、专长，同时考虑外在条件的支持与制约，最后将自我定位在一个最能发挥自身优势的职业位置上，选择最符合自己综合因素的事业去追求。按照时间维度，职业生涯规划可以分为短期规划、中期规划、长期规划和人生规划四种类型。

短期规划是指2年以内的规划，主要是确定近期目标，规划近期应完成的任务。例如，计划2年内熟悉新公司规则，融合到企业文化中，为此要花较多的时间与同事、领导沟通，向“过来人”学习。

中期规划一般涉及2～5年内的职业目标和任务，是最常用的一种职业生涯规划。例如，3年后要成为部门经理，完成相应的业绩，以及为实现此目标而参加培训等可采取的具体措施。

长期规划是指5～10年的规划设计，主要是设定较长远的目标，如规划35岁时成为分公司副总经理，掌握更大的权力，以及为实现此目标应采取的具体措施。

人生规划是指整个职业生涯的设计，设定整个人生的发展目标。

四、职业生涯规划的起点

职业生涯规划要从大学开始做起，大学规划要从大一开始做起。

在发达国家，青少年很早就开始接受职业生涯教育。从学生时代起，他们就开始有目的地规划设计自己的未来生涯。而在我国，大多数人都经历了从幼儿园到小学、中学、大学，直到走上工作岗位的阶段。多少年来，我们重复着这条不变的人生轨迹，一切按部就班，仿佛坐上惯性火车，没想过自己想要做什么。其实对于一个接受全程教育的人来讲，大学阶段已经具备了确立人生观、价值观、职业观的条件，也同时具备了较完善的知识结构，它应该成为一个人职业发展过程的起点，也就是说，职业生涯规划要从大学开始做起。

许多新生总把大学作为高考的终极目标，大一更是天堂般的休闲娱乐阶段，就业的问题是在毕业时解决的，顺利毕业了总能找到一份工作养活自己，以后的人生应该像电视剧里那样展开吧。

其实，毕业期只是大学的一个收获时期，学业是与就业紧密联系在一起的。大学生的就业问题不单是毕业时的问题，而是整个大学期间都要面临的问题。简单地说，你在大一的行为就开始决定你毕业时所要面临的境况。求职的成功不单是你毕业时的成功，求职的失败也不单是毕业时的失败，这取决于从大一开始的这几年你是如何规划的，你对于自己有多了解，确定了什么目标，学到了什么本领，还有哪些不足，采取了哪些行动。在接受高等教育后，找到一份工作应该不会有什么大的问题，但职业生涯规划教育的精髓不是帮助大家找到一个谋生的“饭碗”，而是提高大学生就业的质量，谋求更大的职业发展。不要“随波逐流”，而要“未雨绸缪”，所以，进入大学是人生重要的转折点，是职业生涯的起点，而绝不是终点。

五、职业生涯规划的作用

职业生涯规划教育，简单地说，就是要解决职业生涯规划中“干什么”“何处干”“怎么干”“以什么样的心态干”这四个基本问题，又有专家将此高度概括为职业生涯中的“四定”，即定向、定点、定位和定心。

(1) 定向，就是确定自己的职业方向。方向和目标有所不同。目标是自己拟定的期望达到的一个理想，而方向是为达到目标而选择的一种路径。如果方向错误，则会偏离目标，即使修正也会花费许多精力和时间。对大学生来说，职业定向需要冷静的头脑和十足的勇气，根据自己的兴趣、理想、专业去选择自己未来的就业方向。在这里，专业已经淡化到次要的地位。如果有可能，大学生不要让理想屈从于专业。当然，理想和专业一致将更加完美。

(2) 定点，就是确定职业发展的地点。地点也是现实环境的一个因素。就中国来说，各地的经济发展现状和前景都有不同，甚至差异很大。这几年调查研究显示，绝大多数毕业生选择就业地点时只盯着经济发达地区，但这些地区竞争激烈，外地毕业生还要面临环境、语言、文化等差异带来的困难，而且发展空间未必比发展中地区更好。这也是大学生就业时要慎重考虑的。

(3) 定位，就是确定自己在职业人群中的位置。定位过低会导致个人在职业生涯中无法实现自我价值的最大化，过高则容易遭受挫折，从而对职业生活丧失信心。大学生往往因为定位不准，高不成，低不就，毕业数年仍漂泊不定。因此，大学生，尤其是高职院校的学生，需要准确地确定自己的位置，不自卑，不自傲，应根据自己的实际水平，在择业时对职位、薪资、工作内容等做好判断和把握。

(4) 定心，就是稳定自己的心态。人的一生必然会有高低起伏，成功与挫折总是结伴而行，个人的职业生涯也不例外。在实现职业理想与目标的过程中，难免也会有磕磕绊绊和意想不到的困难。对大学生来说，就要保持一种心态，敢于直视就业过程中的困难和问题，始终坚定地按照自己的正确计划去实现理想。

六、职业生涯规划的意义

首先，职业生涯规划对个人具有重要意义，主要体现在以下几个方面：

（1）引导你认识自身的个性、特点和现有的潜在的资源优势，帮助你重新认识自身的价值并使其持续增值。

（2）引导你对自己的综合优势与劣势进行对比分析。

（3）帮助你树立明确的职业发展目标与职业理想。

（4）引导你明确与实际相结合的职业定位，搜索或发现新的或有潜力的职业机会。

（5）引导你评估个人目标与现状间的距离。

（6）帮助你学会运用科学的方法、采取切实可行的步骤和措施，不断增强你的职业竞争力，实现自己的职业目标与理想。

进行职业生涯规划能使你充分发挥个人的专长，开发自己的潜能，克服职业生涯发展中的困阻，避免人生陷阱，获得事业的成功。

其次，企业更欢迎有准备的人才。知识经济的发展，使得企业越来越依赖员工具有主动性与创造性的才能。有见地的企业大打人才战，通过提高企业内部的人力资源管理效率来求得商场上的胜出。在这种背景下，越来越多的企业将“职业生涯开发与管理”艺术引入人力资源管理工作流程中，而帮助员工进行职业生涯规划就是其中一项核心内容。为了打好人才保卫战，充分用好人才，企业要求了解员工个人的职业生涯发展计划，并通过支持帮助员工逐步实现个人的职业生涯规划来留住人才，提高组织效率。如果员工本人不能有意识地主动配合组织的人力资源规划，将错失发展良机，并可能被组织淘汰出局。有人说，成功需要能力加机会，能力可以不断地培养积累，而机会却不是自我能控制的。的确，机会不是我们所能控制的，但是，做出一份好的职业生涯规划却能够让你在机会来临时，比别人抓得更快、更牢！

实践项目

激发职业生涯规划意识

活动一：小游戏——你要做哪种人？

【步骤】　一棵大树，树下不同的部位分别有7个人，请同学选择自己要做哪种人。

（1）在大树底下睡大觉。

（2）从大树根上往上爬。

(3)通过梯子往上爬。

(4)自己在爬时还拽着一个人。

(5)被拽的人。

(6)在树上睡大觉。

(7)在树上看风景。

【课堂操作】 如表3.1所示,7个人代表7种不同的人生态度。

表3.1 7个人代表7种不同的人生态度

选　择	分　析
在大树底下睡大觉	坐享其成,不能把握自己
从大树根上往上爬	认真、仔细、踏实,靠自己的辛勤劳动努力争取
通过梯子往上爬	喜欢走人生捷径,聪明但含有危险
自己在爬时还拽着一个人	有能力,看重合作,处于主动领导地位,但不顾别人的感受,强加于人
被拽的人	依赖别人,希望别人能帮自己一把
在树上睡大觉	人生已走过一段,取得了一定的成功,可以休息了
在树上看风景	取得成功后开始新的迷茫

【思考启发】 在大学生中,这7类人都存在。你现在属于哪一类并不重要,重要的是你开始明白自己要做哪一类人了吗?你开始主动为自己的职业生涯规划去思考了吗?

活动二:案例分析

小L毕业于某高职院校通信工程专业。今年26岁,毕业4年来已经换了7份工作。第一份工作在一家大型的韩资生产企业做操作员,他干了半年;第二份工作是在一家美资生产企业做操作员,他干了1年;第三份工作是在一家民营企业做技术员,他又干了半年;之后1年,他陆续更换了4份工作,有保险业务员、推销员、营业员、售后客服。最近他又回到人才市场寻找下一份工作,又一次投简历,等待面试,等待通知。他感到非常迷茫,不知道自己究竟会在哪个单位、哪个岗位上长久地干下去,实现自己安定下来的愿望。

【思考启发】 小L的困境是怎样造成的?如果你是小L,你会怎样做?

分析思路:小L的案例说明他没有职业生涯规划的意识,也没有在大学阶段和工作阶段做好合理的职业生涯规划,导致在职业选择上完全没有方向,存在盲目心理,在对待已选择的工作时也缺乏兴趣和耐心，不能体现自身的能力和价值。因此，大学生要在大学阶段就做好职业生涯规划，认清自己，认清环境，确定好职业发展目标和路线。

全面评估：树立目标，激发潜力

一、小组评估

将活动一和活动二的思考与同伴一起分享，互相讨论，互相学习。

二、自我评估

请结合以下问题评估自己对任务一“规划意识的激发”的完成情况。

(1)你能说出职业生涯规划的概念、作用和意义吗？

(2)你是否愿意从现在开始规划自己的职业生涯？为什么？

课外拓展

身边的故事

小S是某学院的应届毕业生。报考大学时因为物理成绩不错，比较偏向理科，她便毅然报考了光信息专业。她认为一个人最重要的是要知道自己擅长什么，然后定下目标，一直走下去。

大一暑假，小S参加了贝塔斯曼公司的一个宣传活动，没想到却成为大学时代的一个重要转折点。她在活动中认识了很多高年级学生，他们经常讨论工作，讨论世界顶级的外资企业，他们对自己的人生有明确的规划。此时，小S的心中仿佛打开了一扇通往世界的窗口，萌生了强烈的“去那些公司闯闯”的念头。在朋友的指导下，她开始留意学校网络论坛(BBS)上每天的招聘信息。

有了方向后，小S的大学生活变得非常充实。她为自己制订了详尽的计划，标注了每个阶段的目标和完成情况。四年间，她曾给爱尔兰媒体记者做过两年翻译，在INTEL公司参加过软件开发测试，在微软做过技术支持，并充分利用时间考取了高级口译证书、德语四级证书。

为了实习、学习两不误，小S每天非常辛苦，在大公司实习，加班到晚上十一点是家常便饭，回到寝室，累得都不能动弹了。可是，第二天还要上课，只能挣扎着爬起来，到教室抢第一排的位子，认真做笔记。四年后，小S凭着她的经历和证书，轻松留在某外企。可是，她并没有因此止步，继续开始了职业规划，她想寻找合适的机会去国外深造、工作，丰富自己的人生阅历。

规划不能是盲目进行的，首先要根据自己的兴趣和爱好来制订计划；其次要根据实践总结不断调整自己的计划；再次要注意规划的可行性，从小事做起。规划制订好以后，还要以强烈的责任心来执行规划。大学很大程度依靠自学和自我督促，小S很好地做到了这几点，因此大学生活既充实又有意义，使自己的职业生涯有了良好的开端。

第二节　认识自我

 学习目标

(1) 了解自己的职业兴趣。
(2) 发现自己的能力所在。
(3) 分析自己的性格特点。
(4) 评估自己的职业价值观。

20世纪20年代，美国心理学家推孟（L. M. Terman）和西尔斯（R. R. Sears）进行了一项长达50年的跟踪研究，对1 528名智力超常的中小学生（男857名，女671名）进行跟踪调查。到1972年，被调查者的年龄大都超过60岁。研究表明，150名最成功者与150名最不成功者的智力发展相差无几，他们之间的差异因素包括坚持力、自信心、情感、社会适应能力和实现目标的内驱力等。

最成功的150名学生具有较强的进取心、自信心、责任心、意志力，和谐的人际关系，较强的社会适应能力，良好的心理素质。

最不成功的150名学生表现为意志薄弱、耐挫折能力差。在机遇面前患得患失，在困难面前退缩不前，从而丧失了发展和成功的机遇。

一、兴趣与职业

有一项针对1 500名哈佛商学院毕业生的研究，追踪他们从1960年到1980年的事业发展。这些毕业生一开始就被分成两组，第一组的人说想先赚钱，然后才能做自己想做的事；第二组的人则先追求他们真正的兴趣，认为以后财源自然会滚滚而来。其中，想先赚钱的第一组占83%，计1 245人；甘愿冒风险的第二组占17%，计255人。20年后，两组共有101名百万富翁，1人属于第一组，100人属于第二组。

诺贝尔物理学奖获得者丁肇中先生曾经说过："兴趣比天才重要。"一个人所从事的工作与其职业兴趣相吻合，能发挥其全部才能的80%～90%，并能长时间地保持高效率的工作而不疲劳；反之，在这方面只能发挥全部才能的20%～30%，还容易感到厌倦和疲劳。

兴趣指兴致，即对事物喜好或关切的情绪。心理学的解释是人们力求认识某种事物和从事某项活动的意识倾向。它表现为人们对某件事物、某项活动的选择性态度和积极的情绪反应。兴趣在人的实践活动中具有重要的意义，可以使人集中注意，产生愉快紧张

的心理状态。

职业兴趣是指一个人力求认识、接触和掌握某种职业或专业的心理倾向，表现为对某种职业的选择性态度或积极的情绪反应。不同的人有不同的兴趣，不同的职业也需要不同的兴趣。如果一个人对某个领域很感兴趣，那么他很有可能具备高度的自觉性和主动性去探索工作中的细节，克服工作中的困境。职业兴趣不是天生的，它的形成与所处的环境、实践活动和对自身能力的认识有很密切的关系。譬如，一位同学学习钳工技能实训，他的操作技能得到老师、同学的赞扬后，就会增加他进一步探究这种职业的兴趣。

以性别角色为例，一般来说，女性长于记忆、运算，直觉思维比较强，语言能力较强，而且感情丰富细腻、耐性好，但力量较弱，人们通常把一些职业划归女性，如打字员、护士、幼儿园教师、小学教师、纺织工人等。男性长于抽象思维、机械操作，而且敢于冒险，比较理智，有力量，但忍耐性稍差，不够细腻，人们通常把另一些职业划归男性，如技工、建筑工、锅炉工等，久而久之便成了一种传统，这种传统成为形成职业兴趣差异的一个因素。

大学生进行职业兴趣评价的途径主要有兴趣表达、行为观察、知识测验和兴趣测验。

目前在国内外职业兴趣研究中影响力比较大的是霍兰德（J. L. Holland）的职业兴趣理论。1959年，霍兰德在长期职业指导和咨询实践的基础上，首次提出了自己的职业兴趣理论，他认为职业兴趣是人格的体现，从事同一职业工作的人存在着共同的人格。霍兰德提出，可将职业兴趣划分为六种类型：实际型、研究型、艺术型、社会型、企业型和常规型，图3.1即霍兰德六边形。每一种类型构想均有相应的操作定义和内容。

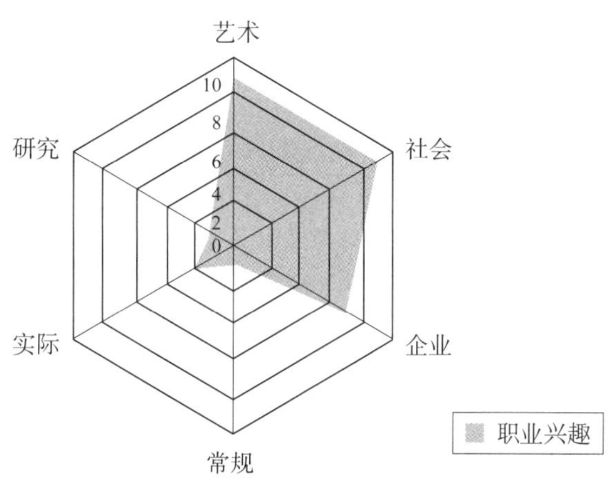

图3.1 霍兰德六边形

霍兰德的理论注重个人特质与未来工作世界的配合。霍兰德从人格与环境交互作用观点出发，将职业环境也划分为六种模式，不同的职业兴趣类型有与之相对应的职业环境。被辅导者得到一组测验结果后，可借助一些明确的方向继续进行职业和生涯的探索，因而有利于引导个体走向一个主动积极的动态探索过程。而且，个体是有所依据地在特定职业群里进行探索活动，提供给个体的是与个人兴趣相近而内容互有关联的一组职业，这样可避免冒险地去建议个人只选择一种职业。

个人职业兴趣与职业环境特点一致，会导致令人满意的职业决策、职业投入和职业成就，人们终身职业稳定；反之，会导致无法决策、不满意的决策和缺乏成就感，人们职业不变变动。这说明职业兴趣和职业之间有一种内在的联系。

二、能力与职业

能力，在汉语中就是指顺利完成某一活动所必需的主观条件，是直接影响活动效率，并使活动顺利完成的个性心理特征。能力总是和人完成一定的活动联系在一起的。离开了具体活动既不能表现人的能力，也不能发展人的能力。能力，在心理学范畴中也称胜任力，指担任某一特定的任务角色所需要具备的能力素质的总和。美国著名的组织行为研究者大卫·麦克利兰（David McClelland）将能力素质（competency）界定为“能明确区分在特定工作岗位和组织环境中杰出绩效水平和一般绩效水平的个人特征”。分为五个层次：知识（Knowledge）、技能（skill）、自我概念（self-Concept）、特质（traits）和动机（motives）。

表 3.2 职业兴趣和职业环境的适配表

类　型	劳动者共同特征	适合的典型职业
实际型（R）	愿意使用工具从事操作性工作；动手能力强，做事手脚灵活，动作协调；缺乏社交能力，通常喜欢独立做事	主要指各类工程技术工作、农业工作，主要职业有工程师、技术员、机械操作工、农民、牧民等
社会型（S）	喜欢与人交往、不断结交新的朋友、善言谈；关心社会问题、渴望发挥自己的社会作用；比较看重社会义务和社会道德	主要指各类为他人服务的工作，主要职业有教育工作者、医务、行政、公关、咨询人员等
常规型（C）	尊重权威和规章制度，喜欢按计划办事，细心、有条理，习惯接受他人的指挥和领导；不喜欢冒险和竞争；工作踏实、忠诚可靠、遵守纪律	主要指各类与文件档案、图书资料、统计报表之类相关的工作，主要职业有会计、出纳、统计员、办公室人员、图书管理员、投资分析员等
研究型（I）	抽象思维能力强，求知欲强，肯动脑，善思考；喜欢独立的和富有创造性的工作；知识渊博，有学识才能，不善于领导他人	主要指科学研究和科学实验工作，主要职业有自然科学、社会科学的研究人员，信息化方面的工程师，飞机驾驶员，航天飞行员等
企业型（E）	精力充沛、善交际、具有领导才能；喜欢竞争、敢冒风险、有抱负；为人务实，习惯以利益得失，权利、地位、金钱等来衡量做事的价值，做事有较强的目的性	主要指组织并影响他人共同完成任务的工作，主要职业有企业家、政府官员、商人、行业部门和单位的领导者和管理者等
艺术型（A）	有创造力，乐于创造新颖、与众不同的成果，渴望表现自己的个性；具有一定的艺术才能和个性；做事理想化、追求完美	主要指各类艺术创作工作，主要职业有音乐、舞蹈、戏剧等方面的编导、演员、教师，节目主持人、创作人员，绘画家，书法家，摄影师，珠宝、建筑设计师等

能力还被区分为一般能力和特殊能力。一般能力是指观察、记忆、思维、想象等能力，通常也叫智力，它是人们完成任何活动所不可缺少的，是能力中最主要但又最一般的部分。特殊能力是指人们从事特殊职业或专业需要的能力，如调音师所需要的听觉能力，网络管理员所需要的计算机维护能力等。人们从事任何一项专业性活动，既需要一般能力，也需要特殊能力，两者的发展也是相互促进的。

职业能力是人们从事某种职业的多种能力的综合。例如，一位教师只具有语言表达能力是不够的，还必须具有对教学的组织和管理能力，对教材的理解和使用能力，对教学问题和教学效果的分析、判断能力，对学生和问题的洞察、沟通能力等。

（一）一般职业能力

一般职业能力主要指一般的学习能力、文字和语言运用能力、数学运用能力、空间判断能力、形体知觉能力、颜色分辨能力、手的灵巧度、手眼协调能力等。此外，任何职业岗位的工作都需要与人打交道，因此，人际交往能力、团队协作能力、对环境的适应能力，以及遇到挫折时良好的心理承受能力等都是我们在职业活动中不可缺少的能力。

（二）专业能力

专业能力主要是指从事某一职业的专业能力。在求职过程中，招聘方最关注的就是求职者是否具备胜任岗位工作的专业能力。例如，你去应聘汽车维修岗位，对方最看重你是否具备最基本的排除故障和维修能力。

（三）职业综合能力

这里仅介绍国际上普遍注重培养的“关键能力”，主要包括四个方面：

（1）跨职业的专业能力。以下三方面可以体现出一个人跨职业的专业能力：一是运用数学和测量方法的能力；二是计算机应用能力；三是运用外语解决技术问题和进行交流的能力。

（2）方法能力。一是信息收集和筛选能力；二是掌握制订工作计划、独立决策和实施的能力；三是具备准确的自我评价能力和接受他人评价的承受力，并能够从成败经历中有效地吸取经验教训。

（3）社会能力。社会能力主要是指一个人的团队协作能力、人际交往和善于沟通的能力。在工作中能够协同他人共同完成工作，对他人公正宽容，具有准确裁定事物的判断力和自律能力等，这是岗位胜任和在工作中开拓进取的重要条件。

（4）个人能力。随着中国经济体制改革的深入、法制的不断健全完善，人的社会责任心和诚信将越来越被重视，假冒伪劣将越来越无藏身之地，一个人的职业道德会越来越受到全社会的尊重和赞赏，爱岗敬业、工作负责、注重细节的职业人格会得到全社会的肯定和推崇。

如果说职业兴趣或许能决定一个人的择业方向，以及在该方面所乐于付出努力的程度，那么职业能力则能说明一个人在既定的职业方面是否能够胜任，也能说明一个人在该职业中取得成功的可能性。这个时代越来越强调彰显个性，人们在评价一份工作是否满意时，职业兴趣在其中的影响比重越来越大。大家会说这样的话："如果能确定一份感兴趣的工作，我一定会全力以赴。"然而，一个职业是否令人满意，不仅取决于兴趣，还取决于能力和价值观的匹配度。

能力的培养依赖于学习和实践的历练，价值观和兴趣的发现则是一个过程，是依赖于胜任能力而成长和实现的。虽然职业测评可以将个人兴趣聚焦到某一个范围，避免受测人走弯路，然而对于个人兴趣的深刻洞察、体验与认同仍需要个人在实践的过程中不断反省和整合。

三、性格与职业

中国古语说："积行成习，积习成性，积性成命。"西方也有一句名言："播下一个行为，收获一种习惯；播下一种习惯，收获一种性格；播下一种性格，收获一种命运。"可见，东西方都认同性格对命运具有决定作用。那么，什么是性格呢？

性格是一个人在对现实的稳定的态度和习惯了的行为方式中表现出来的人格特征，它表现一个人的品德，受人的价值观、人生观、世界观的影响。这些具有道德评价含义的人格差异，我们称之为性格差异。性格受个体的生物学因素的影响，但也能在后天社会生活中逐渐形成，是具有核心意义的个性心理特征，是一种与社会相关最密切的人格特征，在性格中包含许多社会道德含义。性格表现了人们对现实和周围世界的态度，并表现在他的行为举止中。心理学家们曾经以各自的标准和原则，对性格类型进行了分类，下面是几种有代表性的观点：

（1）从心理机能上划分，性格可分为理智型、情感型和意志型。

（2）从心理活动倾向性上划分，性格可分为内倾型和外倾型。

（3）从个体独立性上划分，性格分为独立型、顺从型、反抗型。

（4）斯普兰格根据人们不同的价值观，把人的性格分为理论型、经济型、权力型、社会型、审美型、宗教型。

（5）海伦·帕玛根据人们不同的核心价值观和注意力焦点及行为习惯的不同，把人的性格分为九种，称为"九型性格"，包括完美型、助人型、实干型、自我型、思想型、忠诚型、活跃型、领袖型以及和平型，如表3.3所示。

表3.3　九种典型性格与职业匹配表

典型性格	主 要 特 征	适 合 职 业
完美型	有较强的原则性，不易妥协；对自己和别人要求甚高，追求完美，希望把每件事都做到最好，有毅力，守承诺	律师、会计、精算师、统计人员、艺术家

（续表）

典型性格	主 要 特 征	适 合 职 业
助人型	很在意别人的感情和需要，十分热心帮助他人；渴望别人的爱或良好关系，甘愿迁就他人；温和友善，随和，慷慨大方，乐善好施	社会工作者、咨询人员、公关人员、秘书、牧师、医务工作者、社区工作人员、教师等
实干型	有强烈的进取心，喜欢权威，常与别人比较，以成就衡量自己的价值高低；希望与众不同，受到别人的注目、羡慕，成为众人的焦点；自信，精力充沛，喜欢接受挑战	企业家、政治家、新闻工作者、公司管理人员、推销人员、各类创业人员等
自我型	喜欢不停地自我察觉、自我反省，以及自我探索，从而创作出与众不同的形象；易受情绪影响，倾向追求不寻常、艺术性而富有意义的事物，爱幻想	从事音乐、舞蹈、美术、书法、摄影、戏剧、建筑、设计等方面工作的专业人员，如服装设计师、平面设计师、作家、演员、装潢设计师、音乐家等
思想型	喜欢思考，知识丰富，喜欢精神生活，不善表达内心感受；总想跟身边的人和事保持一段距离，也不会让情绪有过多起伏变化	自然科学与社会科学的各类研究人员等，如化学技师、经济学家、考古工作者、医生、实验室科研人员等
忠诚型	做事小心谨慎，喜欢群体生活，需要亲密感；安于现状，不喜转换新环境，相信权威，跟随权威的引导行事	办公室人员、行政人员、秘书、翻译、会计师、代理人员、检验员、图书管理员等
活跃型	乐观，喜欢新鲜感，追赶潮流，怕负面情绪；追求快乐，有制造快乐的娱乐精神；性格开朗、积极向上	活动策划人、谈判者、主持人、记者等
领袖型	追求权力，讲求实力，不靠他人，有正义感；乐于承担责任，喜欢做大事，爱冒险；绝对的行动派，一碰到问题便马上采取行动去解决，渴望领导他人做一番事业	新领域的开拓人员、企业领导者、政府官员等
和平型	喜欢与人和谐相处，不愿与他人起冲突；怕竞争，不愿冒风险，希望一切都维持现状；为人温和友善，善于忍耐，愿意做重复性的工作	各类技术专业工种，如维修工、机械操作人员、木匠、厨师等

（6）按人的行为方式，即人的言行和情感的表现方式可分为A型性格、B型性格、C型性格和D型性格。

现在，招聘人员在面试时也会先进行职位分析，分析出岗位所需要的人员的性格特征，然后用人格测验来挑选符合岗位特质的人。而大学生可以反其道而为之，先做测验了解自己的性格特点，然后去找适合自己的职业。下面介绍卡特尔人格因素测验的方法。

16PF是卡特尔在哥伦比亚大学任心理学教授时编制的最为典型的因素分析人格问卷，他采取相关分析和因素分析，获得16种人格根源特质。该测验由187道题目构成，分别测量16种人格特质，这16种个性因素是：

A：乐群性	F：兴奋性	L：怀疑性	Q1：实验性
B：聪慧性	G：有恒性	M：幻想性	Q2：独立性
C：稳定性	H：敢为性	N：世故性	Q3：自律性
E：恃强性	I：敏感性	O：忧虑性	Q4：紧张性

这些因素的不同组合，构成了一个人不同于他人的独特个性。他把每种因素归为高分和低分两类，表现出两种相互对立的性格特征，如表3.4所示。

表3.4 各种因素表现出两种相互对立的性格特征

个 性 因 素	低分者特征	高分者特征
乐群性	缄默孤独	乐群外向
聪慧性	迟钝、学识浅薄	聪明、富有才识
稳定性	情绪激动	情绪稳定
恃强性	谦虚顺从	好强固执
兴奋性	严肃审慎	轻松兴奋
有恒性	苟且敷衍	有恒心、负责
敢为性	畏惧退缩	冒险敢为
敏感性	理智、着重实际	敏感、感情用事
怀疑性	信赖随和	怀疑
幻想性	现实、合乎常规	幻想、狂放人性
世故性	坦白、率真、天真	精明能干，世故
忧虑性	安详沉着，有自信心	忧虑抑郁，烦恼自扰
实验性	保守、服从传统	自由、批评、激进
独立性	依赖、随群附众	自立、当机立断
自律性	矛盾冲突，不顾大体	知己知彼，自律严谨
紧张性	心平气和	紧张困扰

下面介绍MBTI性格测试的相关内容。

MBTI的全称为Myers-Briggs Type Indicator，是一种迫选型、自我报告式的性格评估工具，用以衡量和描述人们在获取信息、作出决策、对待生活等方面的心理活动规律和性格类型。它以瑞士心理学家卡尔·荣格（Carl G. Jung）的性格理论为基础，由美国凯瑟琳·布莱格斯（Katherine C. Briggs）和伊莎贝尔·迈尔斯（Isabel Briggs-Myers）母女共同研制开发。MBTI性格测试目前已成为企业招聘选聘时应用最广泛的人才测评工具和个人职业生涯规划的必备工具，对人们更深层次了解自己和职业规划有很大帮助。它已经被翻译成近20种世界主要语言，每年的使用者多达200多万人，在全球五百强的企业中，有80%以上的高层管理者、高级人力资源主管在使用这个工具，如迪士尼、百事可乐、西南航空公司、通用电器、保利来、Novell网络公司、3M等。

人的性格倾向，就像分别使用自己的两只手写字一样，都可以写出来，但惯用的那只写出的会比另一只更好。每个人都会沿着自己所属的类型发展出个人行为、技巧和态度，而每一种也都存在着自己的潜能和潜在的盲点。测试主要探讨各种性格类型与相关职业的匹配程度。

MBTI倾向显示了人与人之间的差异，而这些差异产生于：

——他们把注意力集中在何处，从哪里获得动力（外向、内向）。

——他们获取信息的方式（实感、直觉）。

——他们做决定的方法（思维、情感）。

——他们对外在世界如何取向。

通过认知的过程或判断的过程（判断、知觉）。

用字母代表如下：

——精力支配：外向E—内向I。

——认识世界：实感S—直觉N。

——判断事物：思维T—情感F。

——生活态度：判断J—知觉P。

其中两两组合，可以组合成16种人格类型。每一种性格类型都有其不同的兴趣、长处、盲点、价值取向以及为人处事的方式。它将成为探索人际关系和个人发展的重要开端。

大部分人在20岁以后会形成稳定的MBTI人格，从此便很难变化。MBTI的人格会随着年龄的增加、经验的丰富逐步发展完善。根据MBTI理论，对于MBTI中任何类型的人而言，均有相应的优点和缺点，适合自己的工作环境，适合自己的岗位特质。使用MBTI进行职业生涯开发的关键在于如何将个人的人格特点与职业特点进行结合。

MBTI理论注重的不是工作本身，而是工作的内容。例如，对于ENTJ型的人而言，并不能说他适合或不适合做总经理助理，关键在于总经理助理这一职位是能否让ENTJ型的人领导、掌管、组织和完善一个机构的运行体系，以便让它有效运转并达到计划目标，能否让ENTJ型的人从事长期计划的设计，创造性地解决问题，对各种各样的问题提出具有创造性而合乎逻辑的办法等。

与性格相近的另一个概念是气质。气质是指在人的认识、情感、言语、行动中，心理活动发生时力量的强弱、变化的快慢和均衡程度等稳定的动力特征。主要表现在情绪体验的快慢、强弱，表现的隐、显以及动作的灵敏或迟钝方面，是人的个性心理特征之一，因而它为人的全部心理活动表现染上了一层浓厚的色彩。

古希腊医生希波克拉底(公元前460～公元前377年)很早就观察到人有不同的气质。俄国生理学家、心理学家巴甫洛夫认为有四种典型的高级神经活动类型,即活泼的、安静的、不可抑制的、弱的,分别与希波克拉底的四种气质类型相对应,四种气质类型即四种典型的高级神经活动类型的行为表现,如表3.5所示。

表3.5　四种气质类型与四种典型的高级神经活动类型的行为表现

气　质　类　型	神经系统活动的基本特点	神经系统活动的基本特点
多血质	强、平衡、灵活	活泼型
胆汁质	强、不平衡	兴奋型
黏液质	强、平衡、不灵活	安静型
抑郁质	弱	抑制型

下面这个故事可以很好地描述四种气质类型人物的特征。

一座戏院,刚巧在开场的一刻,来了四位先生。第一位急匆匆奔到门口,就要入内。看门的人拦住他说:“已经开演了,根据剧院规定,开场后不得入内,以免妨碍其他观众。”这位先生一听,立刻火冒三丈,与看门人争吵起来。正当他们吵得不可开交的时候,走来了第二位先生,看见看门人吵得门也顾不上看了,灵机一动,立刻侧身溜了进去。第三位先生走到门口,见状,不慌不忙,转回门外的报摊上,买了张晚报,坐在台阶上读起报来,他心中自有算盘:“看戏是休闲,看报也是休闲,看不了戏,看看报也不错。”倒也自得其乐。等到第四位先生走到门口时,见看戏无望,深深叹了口气,掉转头去,自言自语道:“唉!我这人真倒霉,连看场戏都看不成。”他越想越难受,干脆坐在门口叹息起来。

气质与性格的差别:气质没有好坏之分,且是先天的,与生俱来的,不易改变的。性格是后天形成的,较易改变。某种气质的人更容易形成某种性格,性格可以在一定程度上掩饰、改变气质。气质的可塑性小,性格的可塑性大。

人的任何目标都要通过努力实践才能达到,对于自身性格的培养也是如此。我们不妨尝试以下几种方法:

(1)主动调控自己的情绪,找出能充分表达出自己情绪的方法。避免争论和冲突,以幽默态度化解生活中的波折,培养宽容、广博的胸怀。

(2)善于倾听别人意见,勇敢接受自己的缺点,信任别人。对自己和生活的世界有积极的看法。多交知心朋友,多体会与朋友真心交流的真切感受。

(3)培养多种兴趣爱好,时间安排井然有序而留有余地,踏实稳健地去做每件事。

四、价值观与职业

现在你有能力把工作完成得很好,你的性格和气质也很适合你的工作,但你的职业选择之路是不是就已经完成了呢？为什么拥有别人羡慕的工作却仍然感觉不快乐？很高的薪水和出色的工作成绩并不能使你满足？可见，你还是没有找到真正属于自己的工作，这个时候，仔细倾听自己内心的声音就显得尤为重要了。

在建筑工地上，工人们正在忙碌着。有人向一个砌墙小组的三位青年工人发问："你们好！这些天都在忙些什么呀？"甲回答道："你没看到吗？我正在忙着砌砖。"乙回答道："我忙着赚钱。"丙回答道："我忙着建造一座世界上最有特色的建筑呢。"若干年后，甲依旧是泥瓦工，乙变成了包工头，丙成为一位建筑大师。

价值观是指一个人对周围的客观事物（包括人、事、物）的意义、重要性的总评价和总看法。一方面表现为价值取向、价值追求，凝结为一定的价值目标；另一方面表现为价值尺度和准则，成为人们判断价值事物有无价值及价值大小的评价标准。个人的价值观一旦确立，便具有相对稳定性。但就社会和群体而言，由于人员更替和环境的变化，社会或群体的价值观念又是不断变化着的。传统价值观会不断地受到新价值观的挑战。对诸事物的看法和评价在心目中的主次、轻重的排列次序，构成了价值观体系。价值观和价值观体系是决定人的行为的心理基础。

行为科学家格雷夫斯（Graves）为了把错综复杂的价值观进行归类，曾对企业组织内各式人物做了大量调查，就他们的价值观和生活作风进行分析，最后概括出以下七个等级：

第一级，反应型：这种类型的人并不能意识到自己和周围的人类是作为人类而存在的。他们照着自己基本的生理需要做出反应，而不顾及其他任何条件。这种人非常少见，实际等于婴儿。

第二级，部落型：这种类型的人依赖成性，服从于传统习惯和权势。

第三级，自我中心型：这种类型的人信仰冷酷的个人主义，自私和爱挑衅，主要服从于权力。

第四级，坚持己见型：这种类型的人对模棱两可的意见不能容忍，难于接受不同的价值观，希望别人接受他们的价值观。

第五级，玩弄权术型：这种类型的人通过摆弄别人，篡改事实，以达到个人目的，非常现实，积极争取地位和社会影响。

第六级，社交中心型：这种类型的人把被人喜爱和与人善处看得重于自己的发展，受现实主义、权力主义和坚持己见者的排斥。

第七级，存在主义型：这种类型的人能高度容忍模糊不清的意见和不同的观点，对制度和方针的僵化、空挂的职位、权力的强制使用等敢于直言。

米尔顿·罗基奇（Milton Rokeach）于1973年提出价值系统理论，他认为各种价值观是按一定的逻辑意义联结在一起的，它们按一定的结构层次或价值系统而存在。价值系统是沿着价值观的重要性程度的连续体而形成的层次序列。他提出了以下两类价值系统：

（1）终极性价值系统。用以表示存在的理想化终极状态或结果，包含的内容有舒适的生活、振奋的生活、成就感、和平的世界、美丽的世界、平等、家庭保障、自由、幸福、内心平静、成熟的爱、国家安全、享乐、灵魂得到拯救、自尊、社会承认、真正的友谊、智慧等。

(2)工具性价值系统。即达到理想化终极状态所采用的行为方式或手段,包含的内容有心胸宽广、有抱负、有才能、快活、整洁、勇敢、助人、诚实、富于想象、独立、有理智、有逻辑性、钟情、顺从、有教养、负责任、自控、仁慈等。

2011年,一项对广州市15所技工院校学生职业价值观的调查报告显示:学生的职业价值观主要集中在职业稳定度、职业面子、工作舒适性、体现个体创造力的价值程度、职业发展空间和内心成就感等六个方面。

学生在职业价值观念方面,越来越强调外在的价值,他们对职业稳定度和职业面子的选择远远超过了发展空间的选择。在这份调查报告中,有一半以上的学生选择在广东就业,有近三分之一的学生选择在福建沿海就业。这些地区都是经济比较发达的地方,工资待遇比较高,容易受到学生的青睐。但有一点我们需要注意,无论你选择在哪里工作,都不要只为了福利待遇,而要多为自己的长远发展设想,想清楚"我为了什么而干",尽可能选择发展机会多、有充足条件发挥你的自身才能、实现自我价值的地方。

人们在选择职业时都会受到一定动机的支配,择业动机一般由价值观决定。人们希望自己的职业能满足某种物质和精神的需要。职业价值观是指一个人对各种职业价值的基本认识和基本态度,比如不同职业往往会带来不同的政治、经济、社会地位,人们对于不同地位的态度又影响了对不同职业的评价。大学生应该在求学阶段树立正确的价值观,要使自己的价值观与社会价值观和道德观相辅相成,才能规划好自己的职业生涯。

实践项目

认识自己

活动一:了解自己的职业兴趣

一个人的职业兴趣影响着其职业的选择性。一个人如果做自己感兴趣的工作,往往能将自己的潜力最大地激发起来,也最容易获得成功。下面来测测你的职业兴趣,对于其中的一系列活动,如果你喜欢就在后面标"1",不喜欢就在后面标"0"。

(一)霍兰德职业兴趣测验

1. 现实型活动(R)

① 装配修理电器或玩具;
② 修理自行车;
③ 用木头做东西;
④ 开汽车或摩托车;
⑤ 用机器做东西;
⑥ 参加木工技术班学习;
⑦ 参加制图描图学习班;
⑧ 驾驶卡车或拖拉机;
⑨ 参加机械和电气学习班;
⑩ 装配修理机器。

2. 研究型活动(I)

① 读科技图书和杂志；② 在实验室工作；
③ 改良水果品种,培育新的水果；④ 调查了解土和金属等物质的成分；
⑤ 研究自己选择的特殊问题；⑥ 解算术题或玩数学游戏；
⑦ 物理课；⑧ 化学课；
⑨ 几何课；⑩ 生物课。

3. 艺术型活动(A)

① 素描/制图或绘画；② 参加话剧/戏剧；
③ 设计家具/布置室内；④ 练习乐器/参加乐队；
⑤ 欣赏音乐或戏剧；⑥ 看小说/读剧本；
⑦ 从事摄影创作；⑧ 写诗或吟诗；
⑨ 进行艺术(美术/音乐)培训；⑩ 练习书法。

4. 社会型活动(S)

① 学校或单位组织的正式活动；② 参加某个社会团体或俱乐部活动；
③ 帮助别人解决困难；④ 照顾儿童；
⑤ 出席晚会、联欢会、茶话会；⑥ 和大家一起出去郊游；
⑦ 想获得关于心理方面的知识；⑧ 参加讲座会或辩论会；
⑨ 观看或参加体育比赛；⑩ 结交新朋友。

5. 企业型活动(E)

① 说服鼓动他人；② 卖东西；
③ 谈论政治；④ 制订计划、参加会议；
⑤ 以自己的意志影响别人的行为；⑥ 在社团中担任职务；
⑦ 检查与评价别人的工作；⑧ 结交名流；
⑨ 指导有某种目标的团体；⑩ 参与政治活动。

6. 常规型活动(C)

① 整理好桌面和房间；② 抄写文件和信件；
③ 为领导写报告或公务信函；④ 检查个人收支情况；
⑤ 打字培训班；⑥ 参加算盘、文秘等实务培训；
⑦ 参加商业会计培训班；⑧ 参加情报处理培训班；
⑨ 整理信件、报告、记录等；⑩ 写商业贸易信。

(二) 评分与解释

把你标在各个类型活动后面的数字加起来填在下表中,总数就是这个类型的得分,哪个类型得分最高,就表明你对哪个类型的职业感兴趣,然后可参照表3.2来分析自己可能适合的职业。

现实型(R)	研究型(I)	艺术型(A)	社会型(S)	企业型(E)	常规型(C)

活动二:找出自己的性格特点

本测验能帮助你发现和确定自己的性格特点,从而更好地做出职业选择。对于下面的一系列描述,如果你认为符合你的性格,就在后面标“1”,不符合就在后面标“0”。

(一)九型人格测验

1. 完美型

① 我不想成为一个喜欢批评的人,但很难做到;

② 别人不能完成他的分内事,会令我失望和愤怒;

③ 我的面部表情严肃而生硬;

④ 我常对自己挑剔,期望不断改善自己的缺点,以成为一个完美的人;

⑤ 我讲理,重实用;

⑥ 我喜欢每件事都井然有序,但别人会认为我过分执着;

⑦ 我对别人做的事总是不放心,批评一番后,自己会动手再做;

⑧ 我似乎不太懂得幽默,没有弹性;

⑨ 我的肢体硬邦邦的,不习惯别人热情的付出;

⑩ 我不会说甜言蜜语,但别人会觉得我唠叨不停;

⑪ 我注重小节而效率不高;

⑫ 我喜欢刺激和紧张的关系,而不是稳定和依赖的关系;

⑬ 我是循规蹈矩的人,秩序对我十分有意义;

⑭ 假如我想要结束一段关系,我不是直接告诉对方就是激怒他来让他离开我。

2. 助人型

① 当我有困难时,我会试着不让人知道;

② 给予比接受会给我更大的满足感;

③ 帮助不到别人会让我觉得痛苦;

④ 我习惯付出多于接受;

⑤ 我知道如何让别人喜欢我;

⑥ 我很容易知道别人的功劳和好处;

⑦ 我常往外跑,四处帮助别人;

⑧ 我待人热情而有耐性;

⑨ 帮助别人达致快乐和成功是我重要的成就;

⑩ 付出时,别人若不欣然接纳,我便会有挫折感;

⑪ 很多时候我会有强烈的寂寞感;

⑫ 人们很乐意向我表白他们所遭遇的问题。

3. 实干型

① 我习惯推销自己,从不觉得难为情;

② 我喜欢当主角,希望得到大家的注意;

③ 我是一个天生的推销员,说服别人对我来说是一件轻易的事;

④ 我做事有效率,也会找捷径,模仿力特强;

⑤ 我常夸耀自己,对自己的能力十分有信心;

⑥ 我外向,精力充沛,喜欢不断追求成就,这使我的自我感觉良好;

⑦ 我很少看到别人的功劳和好处;

⑧ 我嫉妒心强,喜欢跟别人比较;

⑨ 别人会说我常常戴着面具做人;

⑩ 我常常可以保持兴奋的情绪;

⑪ 有时我会讲求效率而牺牲完美和原则;

⑫ 我喜欢告诉别人我所做的事和所知的一切。

4. 自我型

① 被人误解对我而言是一件十分痛苦的事;

② 我能触碰生活中的悲伤和不幸;

③ 我认为自己非常不完善;

④ 我很多时候感到被遗弃;

⑤ 我常常表现得十分忧郁的样子,充满痛苦而且内向;

⑥ 初见陌生人时,我会表现得很冷漠、高傲;

⑦ 我很飘忽,常常不知自己下一刻想要什么;

⑧ 我感受特别深刻,并怀疑那些总是很快乐的人;

⑨ 我有很强的创造天分和想象力,喜欢将事情重新整合;

⑩ 我渴望拥有完美的心灵伴侣;

⑪ 我非常情绪化,一天的喜怒哀乐多变;

⑫ 我很难找到一种自己真正感到被爱的关系。

5. 思想型

① 我喜欢研究宇宙的道理、哲理;

② 当别人请教我一些问题时,我会巨细无遗地分析得很清楚;

③ 我不喜欢人家问我广泛、笼统的问题;

④ 我通常是等别人来接近我,而不是我去接近他们;

⑤ 我被动而优柔寡断;

⑥ 我很有包容力,彬彬有礼,但跟人的感情互动不深;
⑦ 我不喜欢要对人尽义务的感觉;
⑧ 如果不能完美地表态,我宁愿不说;
⑨ 我倾向于独断专行并自己解决问题;
⑩ 在人群中我时常感到害羞和不安;
⑪ 我对大部分的社交集会不太有兴趣,除非那是我熟识的和喜爱的人;
⑫ 我不喜欢那些侵略性或过度情绪化的人;
⑬ 我不想别人知道我的感受与想法,除非我告诉他们。
6. 忠诚型
① 我常常设想最糟的结果而使自己陷入苦恼中;
② 我常常试探或考验朋友、伴侣的忠诚;
③ 我最不喜欢的一件事就是虚伪;
④ 我有时很欣赏自己充满权威,有时又优柔寡断,依赖别人;
⑤ 面对威胁时,我一是变得焦虑,一是对抗迎面而来的危险;
⑥ 我有时期待别人的指导,有时却忽略别人的忠告径直去做我想做的事;
⑦ 在重大危机中,我通常能克服我对自己的质疑与内心的焦虑;
⑧ 当沉浸在工作或我擅长的领域时,别人会觉得我冷酷无情;
⑨ 我常常保持警觉;
⑩ 我是一位忠实的朋友和伙伴;
⑪ 有时我会激怒对方,引来莫名其妙的吵架,其实我是想试探对方爱不爱我。
7. 活跃型
① 我很注意自己是否年轻,因为那是找乐子的本钱;
② 我喜欢戏剧性、多彩多姿的生活;
③ 我对感官的需求特别强烈,喜欢美食、服装、身体的触觉刺激,并纵情享乐;
④ 有时我会放纵和做出出格的事;
⑤ 我常觉得很多事情都很好玩,很有趣,人生真是快乐;
⑥ 我的计划比我实际完成的要多;
⑦ 我只喜欢与有趣的人交友,对一些闷蛋却懒得交往,即使他们看来很有深度;
⑧ 我常担心自由被剥夺,因此不爱做承诺;
⑨ 我很少用心去听别人的心情,只喜欢说说俏皮话和笑话。
8. 领袖型
① 我喜欢独立自主,一切都靠自己;
② 我看不起那些不像我一样坚强的人,有时我会用种种方式羞辱他们;
③ 在某方面我有放纵的倾向(例如食物、药物等);

④ 我知错能改，但由于执着好强，周围的人还是感觉到压力；
⑤ 我爱依惯例行事，不大喜欢改变；
⑥ 我沉默寡言，好像不会关心别人似的；
⑦ 我野心勃勃，喜欢挑战和登上高峰的经验；
⑧ 如果周遭的人行为太过分时，我准会让他难堪；
⑨ 我会极力保护我所爱的人；
⑩ 我喜欢效率，讨厌拖泥带水；
⑪ 我要求光明正大，为此不惜与人发生冲突；
⑫ 我很有正义感，有时会支持不利的一方。

9. 和平型

① 我很容易迷惑；
② 身体上的舒适对我非常重要；
③ 我时常拖延问题，不去解决；
④ 我宁愿适应别人，包括我的伴侣，而不会反抗他们；
⑤ 别人批评我，我也不会回应和辩解，因为我不想发生任何争执与冲突；
⑥ 我经常忘记自己的需要；
⑦ 我不相信一个我一直都无法了解的人；
⑧ 我很在乎家人，在家中表现得忠诚和包容；
⑨ 我不要求得到太多的注意力；
⑩ 我很容易认同别人为我所做的事和所知的一切；
⑪ 我感到沮丧和麻木更多于愤怒；
⑫ 我温和平静，不自夸，不爱与人竞争；
⑬ 我有时善良可爱，有时又粗野暴躁，很难捉摸。

（二）评分与解释

把你标在各个陈述内容后面的数字加起来填在下表中，总数就是这个类型的得分，哪个类型得分最高，就表明你的性格倾向于哪个类型，然后可参照表3.3来分析自己可能适合的职业。

完美型	助人型	实干型	自我型	思想型	忠诚型	活跃型	领袖型	和平型

活动三：评估自己的职业价值观

（一）分析你的职业动机

请标出下列职业的社会地位在你心中的顺序。例如，用1标出在你心目中最有地位的职业，具体到如何定义“最有地位”由你个人决定。例如，你认为保证社会秩序是最有意义的，你可以选择警官为“1”，选择为“20”的职业则代表你认为其社会意义最小。

(　　)行政助理	(　　)工程师
(　　)农场管理员	(　　)理发师
(　　)律师	(　　)园林设计师
(　　)汽车修理工	(　　)导演
(　　)电脑操作员	(　　)音乐家
(　　)建筑工人	(　　)管道修理工
(　　)牙医助手	(　　)警官
(　　)医生	(　　)精神科护士
(　　)公立学校教师	(　　)机械技师
(　　)餐厅经理	(　　)销售人员

用数字表示你的选择后，请思考一下以上这些职位的哪些特点给你留下最深刻的印象，对你最有价值，然后考虑一下你是如何定义它们的社会地位的。你是基于它们可能带来的收入、所需要的教育程度，还是它们的社会评价做出的选择？你认为你的选择是否以个人偏好为中心？例如，若你将音乐家圈定在你的前五位选择中，你这样做是因为喜欢音乐吗？

事实上，在这个联系中不存在正确或错误的选择。你的排序反映出你的某种基本倾向。如果大多数靠前的选择都是收入高的，那么你可能倾向于追求一种财务上的安全感。如果靠前的选择都与服务性职业有关（如医生、公立学校教师），那么你的追求就不一样了。

以上列表的选择可反映出你对各职业社会地位的态度，并从中分析出你的职业动机。

请写出上表中你列在前五位的职业

①(　　)　②(　　)　③(　　)　④(　　)　⑤(　　)

步骤分析：

第一步：归纳你的动机，明确你选择职业最看重什么，即回答你对上述职业的排列以什么为动机。例如，职业收入、社会地位、工作稳定、公益事业、个人兴趣、个人擅长、自由职业、工作地点、操作性强、前景乐观、方便周游、室内工作、培训机会等。

第二步：总结出你最看中的五个动机，按重要程序排列：

①(　　)　②(　　)　③(　　)　④(　　)　⑤(　　)

【工具箱】

职业、工种、岗位及其关系：

> "职业"指从业人员所从事的有偿工作的种类。
> "工种"即以工作分工为依据划分的工作种类。
> "岗位"指职工工作的位置。
> 一种职业包括一个或几个工种,一个工种包括一个或几个岗位。

(二)分析你的职业价值观

(1)列出你平时最喜爱的五件事,同时写出做这些事有哪些与你所学专业或未来职业相关的价值?

①(　　　　　　　　　　)　　价值(　　　　　　　　　　)
②(　　　　　　　　　　)　　价值(　　　　　　　　　　)
③(　　　　　　　　　　)　　价值(　　　　　　　　　　)
④(　　　　　　　　　　)　　价值(　　　　　　　　　　)
⑤(　　　　　　　　　　)　　价值(　　　　　　　　　　)

(2)举出在你成长过程中重要的三个人,并描述他们对你选择职业或职业素质的影响。

①(　　　　　　　　　　)　　价值(　　　　　　　　　　)
②(　　　　　　　　　　)　　价值(　　　　　　　　　　)
③(　　　　　　　　　　)　　价值(　　　　　　　　　　)

(三)初步为你的职业定向

根据你所了解的我国现有职业列出:

(1)最能反映你的价值观的职业　　(2)最不能反映你的价值观的职业

①(　　　　　　　　　　)　①(　　　　　　　　　　)
②(　　　　　　　　　　)　②(　　　　　　　　　　)
③(　　　　　　　　　　)　③(　　　　　　　　　　)
④(　　　　　　　　　　)　④(　　　　　　　　　　)
⑤(　　　　　　　　　　)　⑤(　　　　　　　　　　)

(四)抛出你的"职业锚"

(1)初步确定你的"职业锚"是哪一类型。

表3.6　不同类型的职业锚

职业类型	个性特征	一般适合的职业
技术/功能能力型职业锚	喜欢实际技术、功能等业务,对一般管理工作不感兴趣,以技术/功能能力领域的发展和技能水平为职业目标	从事工程技术、计算机操作、销售、财务统计、财务分析、统计分析、系统分析、企业分析、会计、审计、精算等技术性职业

（续表）

职业类型	个 性 特 征	一般适合的职业
管理型职业锚	喜欢承担管理性工作，有较大权力欲和价值观；具有全局意识，敢于肩负重大责任；具有分析能力、人际交往沟通能力、情绪支配能力等；依赖组织生存	各种行政、商业、企业、研究机构的管理岗位
创造型职业锚	创造需要和欲望强烈，目标专一、意志顽强、敢于冒险（与其他“职业锚”类型有重叠）	软件、系统、技术、项目签发、自由经济创业等
安全稳定型职业锚	喜欢从事安全、稳定的职业，对经济收入满足于温饱，职业生活更多信赖组织和他人，职业前途意识淡薄，发展平常	普通工人、图书资料管理岗位，机关、学校和企业的普通职员
自主/独立型职业锚	喜欢自由职业，工作方式、工作习惯、时间进度、生活方式大多都随心所欲；不愿受他人支配，也无支配他人倾向（与其他“职业锚”有明显的交叉）	自由职业者

用“√”表示你的选择：

① 技术/功能能力型（　　）　② 管理型（　　）

③ 创造型（　　）　④ 安全稳定型（　　）

⑤ 自主/独立型（　　）

（2）用一句话说出你的职业目标定位。例如：从……做起，成为……业（行业或企业）的……

测评注意事项

（1）通过测评，如果根据你的性格特点最适合你的工作与你最感兴趣的工作不太一致，那么请你参考活动三的职业价值观测评结果来做出最佳选择。例如，你的兴趣倾向于艺术型工作，而你的性格适合助人型工作，这时参考你的职业价值观，如果倾向于安全感，则助人型的工作较适合你，或者找到两者的交叉点，如艺术品推销员、拍卖行工作人员、活动策划人等；如果倾向于追求新意，则艺术型的工作更加适合你。

（2）每个人的兴趣、性格、职业价值观会随着社会和个人因素的变化而有所发展，这里的测评结果只是给出一个解释的可能、一个参照的途径，不代表一定要严格按照它的解释去执行。

全面评估：你是否开始认识自己？

自我评估报告

(1)检测结果报告。

① 我的兴趣类型(你喜欢做什么？——为职业定向打基础)：

② 我的性格特征(你适合做什么？——为职业定位打基础)：

③ 我的能力倾向(你能够做什么？——为职业幸福打基础)：

(2)“职业锚”报告。

① 我的职业动机：

② 我的职业价值观：

③ 对我的“职业锚”影响最大的人：

④ 我的几句学习感言：

课外拓展

90后的他(她)们

(一) 家庭

90后学生的家庭突破了很多传统,父母的生活态度有了很大改变。他们主张独立与开放,追求的是成功的事业与高质量的生活,所以对孩子的教育脱离不了金钱,不能从情感的角度去感化孩子,势必使他们产生叛逆的心理。同时,很多90后学生的家庭都有过拆散重组的现象,这样无疑会带给他们情感上和心理上的创痕,使他们变得冷漠与自私,缺乏应有的温暖感与亲切感。

部分家长在对孩子教育的过程中感到迷茫,他们成了孩子的"钱包",指责孩子自私,只有自我,没有他人。随着物质生活的丰富,孩子的自控能力越来越差,学习成绩令人担忧,与孩子的沟通存在很大的问题。而另一方面,孩子在巨大的竞争压力下,已经丧失了很多本应该拥有的快乐,还被冠以"问题少年",觉得十分委屈,以至于矛盾双方很难找到一个平衡点,与父母之间形成代沟。

(二) 性格特征

1. 自卑

自卑是指由于一些条件的限制和认识上的偏差,个体认为自己在某些方面不如别人,从而表现出轻视自己、失去自信的人格特征。主要表现在缺乏学习的主动性;学习多采用机械记忆,完全依赖教师和教材,不能对教师和教材提出质疑;在实践教学中不敢放手进行尝试;等等。尽管他们也许已经认识到学习的重要性,但无法摆脱自卑,学习兴趣和效果始终无法提高。

2. 偏激

偏激使他们看问题绝对化、片面性。譬如,一次考试考好了,他们会以为自己什么都好,洋洋自得;而一次考试不理想,就一蹶不振,认为自己什么都不行。偏激还会使他们按照个人的好恶和一时的心血来潮去论人论事,缺乏理性的态度和客观的标准,易受别人的暗示和引诱。如果对某人产生了好感,就认为他一切都好,明明知道对方有很多缺点也不愿意承认。同时,行为鲁莽急躁,做事情不顾后果,缺乏耐心,急于求成,一旦实际效果达不到预期目标,就会感到非常沮丧。

3. 盲从

有些学生碍于颜面,会接受某些不良风气的影响,为自己带来沉重的心理压力。例如,一位家庭经济条件较差的同学,耗费了大量精力与财力与别人比时尚;一些男同学受不良影视、网络文化的影响而放弃学业。盲从,其实是一种缺乏自信、缺乏个性的体现。

4. 自私且承受挫折能力弱

90后大多数是独生子女,有些学生会不自觉地流露出自私的一面,做事往往只考虑自己不考虑别人，承受挫折的能力相对较弱，甚至遇到不大的事情也会有很大的情绪反应，采取过激的行为。

5. 嫉妒心

有些学生嫉妒心比较强，看不惯别人比他（她）强，自己没有的别人也不能有，不允许别人比自己“跩”，否则他们就会搞些小动作，甚至会想方设法让别人“跩不起来”。

6. 反叛意识

许多“90后”学生有自己的观点，敢于反抗，对父辈、学校一些不甚合理的说法和规定敢于质疑，语言的创新性更强。这是这一代人的显著特点，但是有些时候他们的反叛意识也会出现偏差。一旦在学校遭遇意外事件，比如偶然的停水、停电，有些学生（包括平时比较老实的学生）便会通过起哄、制造混乱来宣泄心中的情绪。

7. 极力表现与众不同

一部分学生在学业上无法做到出类拔萃时，会选择其他各种方式获得心理满足。例如，上课调皮捣蛋、起哄，穿奇装异服，试图通过这样的表现来获得“与众不同”的感觉，引起老师和同学关注，寻求心理平衡。有些男生戴耳环、打耳钉、染头发，有些女生则刻意模仿自己喜欢的日韩明星的穿着打扮，甚至打扮暴露。

（三）一位90后的职场故事

生活和工作中往往会面临很多选择，看起来都有利有弊，实在是难以抉择。常常有人问我应该如何做出选择的问题，其实我觉得，选择虽然很重要，但是选了以后怎么做可能更加关键。

还记得两年前我所在的公司招了大批毕业生，个个都斗志高昂。那个90后新助理，是经过多次面试后，我亲自招回来的一个女孩。她聪明，性格活泼。我开始手把手地教她。从工作流程到待人接物。她也学得快，很多工作一教就上手，一上手就熟练，跟各位同事也相处得很融洽。我开始慢慢地给她一些协调性工作，让她尝试着去处理各部门之间以及各分公司之间的业务联系和沟通。

一开始经常出错，她很紧张，来找我谈。我告诉她：“错了没关系，你且放心按照你的想法去做，遇到问题了来问我，我会告诉你该怎么办。”仍然出错，又来找我，这次谈得比较深入。她的困惑是，为什么总是让她做这些琐碎的事情。我当时问她：“什么称作不琐碎的工作呢？”她答不上来，想了半天，对我说：“我总觉得，我的能力不仅仅能做这些，我还能做一些更加重要的事情。”那次谈话进行了一个小时。我知道，我说的话，她没听进去多少。后来我说，先把手头的工作做好，避免常识性错误的发生，然后再循序渐进吧。

半年以后，她又来找我，第一次提出辞职。我推掉了约会，跟她谈辞职的问题。问起辞职的原因，她跟我直言：“我读书时功课优秀，没想到毕业后找到了工作，却每天处理的都是些琐碎的事情，没有成就感。”我又问她：“你觉得在你现在所有的工作中，最没有意义的、最浪费你的时间和精力的工作是什么？”她马上答我：“帮您贴发票，然后到财务去走流程报销，再把现金拿回来给您。”

我笑着问她：“你帮我贴发票报销有半年了吧？通过这件事儿，你总结出了一些什么信息？”

她呆了半天，回答我说：“贴发票就是贴发票，只要财务上不出错，不就行了呗，能有什么信息？”

我说：“我来跟你讲讲当年我的做法。1998年的时候，我从财务被调到了总经理办公室，担任总经理助理。其中有一项工作，就是跟你现在做的一样，帮总经理报销他所有的票据。本来这项工作就像你刚才说的，把票据贴好，然后完成财务上的流程就可以了。”

“其实票据是一种数据记录，它记录了和总经理乃至整个公司营运有关的费用情况。看起来没有意义的一堆数据，其实它们涉及公司各方面的经营和运作。于是我建立了一个表格，将所有总经理在我这里报销的数据包括时间、数额、消费场所、联系人、电话等信息记录下来。

“我起初建立这个表格的目的很简单，我是想在财务上有据可循，同时万一我的上司有情况来询问我，我可以有准确的数据告诉他。通过这样的一份数据统计，渐渐地我发现了一些上级在商务活动中的规律，比如哪一类的商务活动经常在什么样的场合进行，费用预算大概是多少，总经理的公共关系常规和非常规的处理方式等。

“当我的上级发现他布置给我的工作，我都处理得很妥帖，有一些信息是他根本没有告诉我的，我也能及时准确地处理时，他问我为什么。我告诉了他我的工作方法和信息来源。

“他基于这种良性积累，交代越来越多更加重要的工作给我。渐渐地，一种信任和默契产生了，我升职的时候，他说我是他用过的最好用的助理。”

说完这些长篇大论，我看着这个女孩子，她也愣愣地看着我。我跟她直言：“我觉得你最大的问题，是你没有用心。在看似简单不动脑子就能完成的工作里，你没有把你的心沉下去，所以半年了，你觉得自己没有进步。”她不出声，但是收回了辞职报告。

又坚持了3个月，她还是辞职了。这次我没有留她，让她走了。

后来她经常在MSN上跟我聊天，告诉我她的新工作的情况。一年内，她换了三份工作，每一次都坚持不了多久，每一次她都说新的工作不是她想要的。去年，她又一次辞职了。她很苦恼，跑来找我，我请她去写字楼后面的商场吃日本料理，吃到中途，她忽然跟我说：“我有些明白你以前说的话是什么意思了。”

事实上，在现在这个竞争激烈的社会，你很难预测到你将来要从事什么工作，将来所要从事的工作是否跟你在学校里学的专业有关。大多数人，很有可能将来所做的工作与他现在所学的专业一点关系都没有。从学校毕业的最初三四年时间里，重要的不是你做了什么，重要的是你在工作中是否养成了良好的工作习惯，这个良好的工作习惯，指的是认真踏实的工作作风，以及是否学会了用最短的时间接受新的事物，发现新事物的内在规律，比别人在更短的时间内掌握这些规律并且处理好它们。具备了以上的要素，你就成长为一个被信任并能胜任工作的人。

人都有惰性，也都愿意用那些用起来得心应手的人。当你具备了被人信任的基础，并且在日常的工作中逐渐表现出你的踏实、聪明和细致的时候，越来越多的工作机会就会出现在你面前。原因很简单，用一句话就能交代清楚并且能被你顺利完成的工作，谁愿意说三句话甚至半小时交代给一个怎么都不明白的人呢？沟通也是一种成本，沟通的时间越少，内耗越少，这是作为管理者最清楚的一件事。

当你比别人有更多的机会去接触那些你没有接触过的工作的时候，你就有了比别人更多的学习机会。人人都喜欢聪明勤奋的学生，作为管理者，大概更是如此。

大多数新手，在最初几年里是看不出太大的差距的，但是这几年的工作经历，为以后的职业生涯的发展奠定的基础，是至关重要的。很多人不在乎年轻时走弯路，很多人觉得日常工作人人都能做好，没什么了不起。然而，就是这些简单的工作，会循序渐进地、隐约地成为今后发展的分水岭。

漫不经心地对待基层工作的最大损失，就是将看似简单的事务性处理方式，分界成为长远发展的能力问题。聪明的人总是不认为自己的能力有问题。时间长了，他会抱怨自己运气不好，抱怨那些看起来资质普通的人总能比自己更能走运。抱怨她容貌比自己好，或者他更会讨领导欢心等，慢慢地心态也变了。所谓的怀才不遇，有时指的就是这种情况。工作需要一个聪明的人，工作其实更需要一个踏实的人。在聪明和踏实之间，我更愿意选择后者。踏实，是人人都能做到的，和先天条件没有太大关系。

第三节　认识职业和职业环境

 学习目标

（1）了解职业的基本概念和当前的职业环境。

（2）掌握区域环境分析的方法。

（3）掌握行业分析的方法。

（4）掌握组织机构分析的方法。

劳动与社会保障部于2005年发布了一个新职业——职业信息分析师。一份工作只有在你真正了解并能胜任的前提下才谈得上兴趣，但每一项工作在开始时都需要付出相当多的努力去战胜困难。在这个过程中，我们才能了解它有哪些方面真正吸引了我们。没有一种工作是十全十美的，其实，琐碎的工作可以通过高效的管理来熨平，绩效的压力可以增加签单后的喜悦，技术的平淡却可孕育出艺术创造的美感。如果你不为解决问题全力以赴，职业永远只停在你的想象中。通过本节内容的学习，希望大家也能扮演好自身的职业信息分析师。

一、职业

（一）职业的基本概念

职业是人们在社会中所从事的作为主要生活来源的工作，通常也称为工作岗位。当

前从事职业研究的理论工作者们认为,职业是指人们为谋生和发展而从事的相对稳定、有经济收入、特定类别的社会劳动。这种社会劳动决定于社会分工,并要求劳动者具备一定的生活素养和专业技能。这种社会劳动是人们的生活方式、经济状况、教育程度、行为模式和道德情操等的综合反映以及权利、义务、职责的具体体现。

任何一种职业都具备以下五个组成要素:职业名称;工作的对象、内容、劳动方式和场所;任职资格的能力;工作取得的报酬;在工作中所建立的与其他部门或社会成员的人际关系。这些要素充分体现出职业是社会与人、整体与个体的联结点,社会依靠每一个个体的职业活动来推动和实现发展目标,个体则通过职业活动对整体做出贡献并获得一定的回报以维持生活。整个社会因众多的职业分工和从业者的工作构成人类共同生活的基本结构。

每一种职业,一般都具备以下三种特性:

(1)社会特性。职业充分体现了职业分工,是社会生产力发展的产物。每一种职业都体现了社会分工的细化,体现了社会生产和社会进步的积极作用。社会成员在一定的社会岗位上为社会整体做出贡献,社会整体也以全体成员的劳动成果作为积累而获得持续的发展和进步。随着社会的发展,社会分工越来越细,职业种类越来越多。我国早先就有"三百六十行"之说,现代社会职业更是成千上万。职业除呈现出多样性特点之外,还呈现出差异性和层次性。例如,工程技术人员有高级工程师、工程师、助理工程师、技术员之分,高校教师有教授、副教授、讲师、助教之分等。

(2)职业的专业性和技术性。每一种职业都需要专门的知识和技能、特定的职业道德品质,只有具备了特定的要求才能胜任所对应的职业。例如,从事数控机床加工工作,要有机械制图、机械原理等方面的知识,具备数控编程与数控机床操作的技能和一丝不苟、精益求精的工作态度。随着科学技术的进步,职业的专业性和技术性会越来越高。

(3)职业的连续性和经济性。一般来说,一个人可能在较长时间内持续从事某种职业,并通过职业活动获得较稳定的经济收入。正是因为职业具有明显的经济性和连续性,职业才与人们的社会活动和日常活动紧密地联系在一起。

从不同的角度分析,职业除了上述特性以外,还有多样性、层次性、规范性、时代性等特征。

职业在实质上实现了劳动者与生产资料的结合,体现了人与人的社会关系。人们通过某种职业不仅满足了自身的需要,而且通过各自劳动成果的交换,也满足了彼此的需要。因此,职业及职业活动无论对于个人还是社会都有着非常重要的意义。

(1)职业对个人。职业选择得是否合适,对个人一生能否顺利发展具有重要的意义。首先,职业活动为人们提供物质生活的基本条件,是人们赖以生存的手段。生产劳动是人类社会发展中最重要的活动,职业是和生产劳动紧密相连的,因为人们总是通过一定形式的职业来进行劳动,以获取生存和发展所必需的生活资料。人们在职业活动中取得经济利益的同时,也为社会创造了财富,实现社会物质财富和精神财富的积累。因此,职业是经济性和社会性的统一。其次,职业能满足人们的精神需要,促进个性的健康发展。职业是个人获得名誉地位和权利以及友谊、交往等精神需要的重要来源。人们按照一定的社会规范从事一定的职业时，由于每种职业都有各自的活动内容和形式，必然对从业者的生理和心理产生重要影响。当所从事的职业能够使个人的才能得到发挥，个性得到不断发展与完善时，就成为促进个性健康发展的途径；而随着个性和才能的逐步提高，人们自我实现的需要得到满足。

（2）职业对社会。职业和职业活动构成了人类的社会生活，它是社会存在和发展的基础。首先，通过职业劳动，生产出社会物质财富和精神财富，构成了社会发展的基础；第二，职业分工及劳动是构成社会经济制度及其运行的主要组成部分；第三，职业的变迁和转换推动社会的发展；第四，职业是维持社会稳定，实现“安居乐业”的基本手段。

（二）职业的更新和演变趋势

1. 职业的产生

职业是人类社会生产力发展到一定阶段的产物，是随着社会分工的产生而出现的。随着人类征服自然能力的提高，社会生产力的逐步发展，人类社会产生了三次社会大分工。第一次有重大意义的分工是畜牧业从原始农业中分离出来，因为一部分人长期从事打猎活动，开始脱离其他劳动，专门从事畜牧劳动；第二次社会分工是工业从农业中分离出来，当时少数人从事手工业劳动，逐渐脱离了农牧业劳动；第三次社会分工是商人和商人阶级的产生。由于三次社会分工，便出现了人类社会最初的职业：农夫、牧人、工匠、商人等。

2. 职业的演变

职业的发展与社会分工的发展密切相关，由于社会分工和科技发展是渐进的，因此，职业的演变也是缓慢的。随着生产工具的改进和科学技术的进步，以及生产的社会化，社会分工越来越细、越来越复杂，专业化程度越来越高，职业的种类也越来越多。工业革命使人类进入现代工业社会，机械化、电气化、自动化的实现，大大提高了生产力，使经济结构、产业结构、社会结构等发生了巨大变化，人们劳动的专业化程度越来越高，职业的变化和增多使新旧职业更替的速度加快。例如，汽车的生产使社会有了汽车制造、运输业和汽车修理业，同时出现了司机、汽车修理工、汽车工程师等多种职业；相反，马车、人力车逐渐被淘汰，相应的职业也逐渐消失。又如，计算机的研制和激光照排技术的开发，使得印刷业中原有的铅字铸造业和排版业消失，取而代之的是文字录入、激光照排职业的产生。

3. 当代职业发展的趋势

21世纪是高新技术快速产生、发展的时代，新技术取代旧技术，新产品取代老产品，这是社会发展的趋势。当代职业发展呈现出以下几种趋势：

（1）职业的种类量增加。职业产生初期，种类少，发展缓慢。因为传统生产技术相对稳定，一项重要的技术发明在生产上的应用往往会持续相当长的一个时期，所以社会也相对稳定。但随着社会的发展以及科技发展的加快，职业种类的增加也逐渐加快。当代新兴行业不断涌现，新的职业大量出现。技术创新已成为经济发展的决定性因素。在发达国家，生产技术每年淘汰率高达20%，新技术平均寿命只有5年。因此，新旧职业更替的速度加快。1982年我国第三次人口普查使用的《职业分类标准》，将职业划分为8个大类、64个中类、301个小类；1993年劳动部发布的《中华人民共和国职业工种分类目录》，将职业工种划分为46个大类，4 700多个工种；1999年，劳动和社会保障部组织制定了《中华人民共和国职业分类大典》，将我国职业分为8个大类、66个中类、413个小类、1 838个细类（职业）。

（2）第三产业职业数量增加。随着科学技术水平的提高，产业结构的调整，第三产业在国民经济发展中所起的作用越来越大，如金融、商务、传播、物流、卫生、教育、旅游等。第三产业就业人数不断增加，这是现代社会发展的大趋势。另外，我国加入世贸组织和吸引外资对第二产业中的制造业起到了积极的推动作用，因此第二产业的用人需求比例出奇制胜地出现上升态势。

（3）职业活动的内容不断弃旧更新。同样的职业，时代不同，其技术方法、工作手段也有着天壤之别。例如，工程设计绘图过去用图板、丁字尺等，现在用CAD技术；机械加工以前用普通车床，现在用数控车床。这样的例子非常多。职业演变，同时对从业者的职业素质和技能的要求也提高了。

（4）职业将向高科技化、智能化、专业化方向发展。在21世纪，与高新技术有关的职业将得到快速发展。目前，得到世界各国公认并列入21世纪重点开发的领域有信息技术、航天技术、生物技术、新能源技术、新材料技术和海洋技术等。近年来，我国兴建了一批高新技术产业开发区，出现了一批高新技术公司，建立了一批外资和中外合资高新技术企业。因而，在加快高新技术发展政策的实施过程中，与此有关的职业将得到较快发展。随着科学技术的发展，职业的专业化和复合化程度越来越高。

（5）职业的流动性增强。随着社会职业的不断增加，职业选择的机会增加，打破了职业的相对稳定性。现代社会职业兴衰演化迅速，职业的更新速度不断加快，所以一个人一生面临的职业变化也会越来越频繁。

（三）职业的分类

我国的职业分类与国外的职业分类略有不同，分类的方式以及职业的类别也不一样。

1. 国外的职业分类

国外职业的分类方式主要有以下四种：

（1）依据职业的职责及所从事工作的类型进行分类。《国际标准职业分类》即采用这种方式。在国际劳工组织的积极推动下，经过国家间长期的、深入细致的合作努力，1985年，《国际标准职业分类》出版发行，后又经过多次修订。《国际标准职业分类》对国际性标准职业分类体系作了详尽的描述，其结构共分四个层次：大类、小类、细类、职业目录。1988年版《国际标准职业分类》对大类进行了修订，修订后的十个大类是立法者、高级官员和管理人员；专业人员；技术和辅助专业人员；职员；服务人员和商店与市场销售人员；农业和水产业技术工作者；手（工）艺人和有关行业的工人；设备与机械的操作工和装配工；简单劳动职业者；军队。这种分类方法便于提高国家间职业统计资料的可比性和国际交流，现已成为世界各国制定本国职业分类体系的蓝本。我国职业的分类也采用这种方法。

（2）按职业组群和专业等级进行分类。这种分类是便于职业指导的职业分类方法，具有代表性的是美国临床心理学家罗伊的职业分类系统。罗伊认为，我们所选择的工作环境，往往会反映出幼年的家庭气氛。如果我们小时候生活的环境充满温暖、爱、接纳或保护的氛围，就可能会选择与人有关的职业，包括服务、商业、组织、文化、艺术与娱乐等一类的职业；如果我们小时候生活在一个冷漠、忽视、拒绝或适度要求的家庭中，便可能会选择技术、科技、户外活动一类不太需要与人有直接、频繁的接触的职业。因此，罗伊在上述八大职业组群的基础上，依其技能水平和责任要求的高低，又细分为专业及管理（高级）、专业及管理（一般）、半专业及管理、技能、半技能及非技能等六个等级，组成了一个职业分类系统，如表3.7所示。

（3）按脑力劳动和体力劳动的性质、层次进行分类。这种分类方法把工作人员分为白领工作人员和蓝领工作人员两大类。白领工作人员包括：从事专业性和技术性工作的人，如会计、工程师、作家、艺术家、律师和法官等；农场以外的经理和行政管理人员；销售人员；办公室工作人员。蓝领工作人员包括：手工艺及类似工人，如石匠、木匠等；非运输性的技工，如组装工、钻探工等；运输性的技工，如公共汽车的司机、调度员等；农场以外的工人，如建筑工人、伐木工人、园艺工人等；服务性行业工人，如清洁工、健康服务人员等。这种分类方法是社会学者们的笼统职业分类，明显地表现出职业的等级性，特点是简单明了。

（4）按照心理的个别差异进行分类。这种职业分类法是根据美国著名的职业指导专家霍兰德创立的人格职业类型匹配理论，按人格的六种类型——现实型、研究型、艺术型、社会型、企业型和常规型，划分出与之相对应的六种职业类型。现实型职业指运用手工工具或机器进行熟练的手工工作和技术工作，如木匠、铁匠、机械工人等；研究型职业指科学研究和实验室工作，如自然科学家、计算机程序编程者、电子技术工作人员等；艺术型职业指艺术创作方面的职业，包括音乐、文学等方面；社会型职业指为别人办事的工作，包括教育和社会福利等方面的工作；企业型职业指劝说、指派他人做某事的工作，包括管理、销售方面的职业；常规型职业指各部门主管日常事务的办公室工作。

表3.7　罗伊的职业分类系统

职业层次 职业群	专业及管理（高级）	专业及管理（一般）	半专业及管理	技　能	半技能	非技能
服务业	社会科学家、心理治疗师、社会工作督导	社会行政人员、社工	社会福利人员、护士	司机、领班、警察	司机、厨工、消防队员	清洁工人、门卫、侍者
商业教育	业务公司主管	人事经理、营业部经理	推销员、批发商、经销商	拍卖员、推销员	小贩、售票员	送报员

（续表）

职业层次 职业群	专业及管理（高级）	专业及管理（一般）	半专业及管理	技　能	半技能	非技能
商业组织	行政领导、董事长、企业家	银行家、证券商、会计师	会计、秘书	资料编纂员、速记员	出纳、邮递员、打字员	
技术	发明家、高级工程师	飞行员、工程师、厂长	制造商、飞机修理师	锁匠、木匠、水电工	木匠（学徒）、起重机驾驶员、卡车司机	助手、杂工
户外	矿产研究员	动植物专家、地理学家、石油工程师	农场主、森林巡视员	矿工、油井钻探工	园丁、农民、矿工（助手）	伐木工人、农场工人
科学	医师、自然科学家	药剂师、兽医	医务技术人员、气象员、理疗师	技术助理		非技术性助手
文化	法官、教授	新闻编辑、教师	记者、广播员	一般职员	图书馆管理员	送稿件人员
演艺	指挥家、艺术教授	建筑师、艺术评论员	广告艺术工作者、室内装潢师、摄影师	演艺人员、橱窗装潢员	模特、广告绘制员	舞台管理员

2. 我国的职业分类

我国的职业分类经历了一个演变过程。职业分类最初是作为人口统计的一项基础工作进行的。1982年，我国公布了《职业分类标准》，该标准参照国际标准将职业划分为八大类。1984年，国家公布了《国民经济行业分类代码》，并于1985年实施。这项标准主要按企事业单位、机关团体和个体从业人员所从事的生产或其他社会经济活动的性质的同一性分类，将国民经济划分为门类、大类、中类、小类四级，门类共13个。1986年6月21日，国家发布了《中华人民共和国国家标准职业分类和代码》，将全国职业分类分为8个大类、63个中类和303个细类，于1987年5月1日开始实施。随着社会生产力的发展，社会分工日益精细，原有的很多职业逐渐退出历史舞台，新兴职业不断涌现，职业分类一直处于发展和变化过程中。1999年初《中华人民共和国职业分类大典》通过审定，并于当年5月正式颁布，这是我国第一部对职业进行科学分类的权威性文献和工具书。2015年7月又对《中华人民共和国职业分类大典》进行了增补，将我国的职业分为8个大类，75个中类，434个小类，1 481个职业。具体分类如下：

第一大类：国家机关、党群组织、企业、事业单位负责人，其中包括6个种类，15个小类,23个细类。

第二大类:专业技术人员,其中包括11个种类,120个小类,451个细类。

第三大类:办事人员和有关人员,其中包括3个种类,9个小类,25个细类。

第四大类:商业、服务业人员,其中包括15个中类,93个小类,278个细类。

第五大类:农、林、牧、渔、水利业生产员,其中包括6个中类、24个小类、52个细类。

第六大类:生产、运输设备操作人员及有关人员,其中包括32个中类,171个小类,650个细类。

第七大类:军人,其中包括1个中类,1个小类、1个细类。

第八大类:不便分类的其他从业人员,其中包括1个中类、1个小类、1个细类。

大学毕业生就业主要集中在前四类。

下面汇总了部分21世纪热门职业与紧缺人才,供参考。

(1)计算机软件职业。党的十六大确立了优先发展信息化产业,以信息化带动工业化、以工业化促进信息化的产业新格局。未来社会是信息化、网络化的时代,整个社会的各行各业、方方面面都离不开计算机。计算软件是计算机运行最重要的支持系统和系统中的指挥者。因此,无论就世界范围而言,还是就我国来讲,在21世纪,计算机软件开发、设计职业都将是前途无量的职业。

(2)电子通信职业。21世纪,通信行业将得到极大发展,通信技术将向数字化、宽带化、综合化的电信网过渡。随着信息通信事业的迅速发展,电子信息产业投资的不断增长,很多企业调整产品结构,进军信息技术领域,对电子通信人才的需求与日俱增。与此相关的专业管理人才,尤其是中高级管理人才将供不应求。

(3)现代制造业的经营管理和工程技术人才。近年来我国加工制造业得到发展,目前我国制造业的增加值已跃居世界第一位,成为名副其实的制造大国。国内外专家预言,中国将成为“世界加工制造中心”。现代加工制造基地建设需要数以万计的中高级技能型人才。

(4)生物工程技术人才。随着生物技术的迅猛发展,越来越多的生物技术成果应用于人们的生产和生活,带来了巨大的经济和社会效益。21世纪将是生物工程的世纪,我国已把生物工程列为“十五”期间重点发展的产业之一。随着生物经济的不断发展,生物工程技术研究和开发将成为21世纪最受欢迎的职业之一。

(5)建筑及装饰技术职业。建筑作为经济建设和人民生活的基础设施,对国民经济的发展起着重要的作用。现阶段,房地产业已逐步成为中国的支柱产业之一,在国民经济中占有很大的市场份额,对促进中国经济的发展具有一定的作用。西部大开发、农村城镇化也在加快步伐,都将是建筑业发展的良好契机。基础设施的建设和房产市场的升温,必将需要大量的建筑人才。建筑设计师、装饰工程师、工程监理技术人员、建筑施工人员将成为紧俏的人才。

(6)现代农业科技人才。我国是一个农业大国,农业基础比较落后,要实现现代化,农业的发展、农村的稳定显得尤为重要。农业的发展,必须经过产业化的道路,而农业的产业化,关键在于科技的发展和应用。科学技术的进一步发展,为农业提供了更加广阔的发展空间，将会有越来越多的先进技术应用于农业生产，如生态科学、遗传工程、生物工程、农业智能机器人等。目前，农业科技研究方已取得许多可喜的成绩，如杂交水稻技术、动植物转基因技术、基因工程学和疫苗等。农业科技工作将是21世纪最有发展前景的职业之一。

(7)咨询、策划人才。咨询和策划既是一个独立职业，也是一个渗透于各行各业的职业。咨询人才需求的范围非常广，如管理、商务工程建筑、项目、科技、政策、信息、法律、财务咨询等。当今社会，各种各样的策划，包括广告策划、营销策划、形象策划等已有相当的市场。策划并非简单地出点子。一个成功的策划，需要做大量的调查研究、精确的市场定位、富于灵感的创造性思维。随着市场经济的不断发展和完善，以及我国经济同世界经济的接轨，市场对高级策划人才的需求将不断增长。值得注意的是，并非任何人都有策划职业的才能，因为策划是创造性、艺术性、科学性的高度统一。

(8)医疗保健职业。随着人民生活水平的不断提高，医学将不只是维护健康，而是越来越关注如何改善人们的体质，提高人们的智能。我国人口日趋老龄化，人类医学将步入保健医学的时代，医学所涉及的领域将越来越宽，营养学、生态学、心理学、优生学等都会得到进一步的发展，医疗保健人才将越来越重要。

(9)国际贸易和外语人才。随着世界经济全球化的进一步发展，以及我国加入WTO后对外贸易的进一步增加，熟悉国际贸易规则、国际经济法律，精通外贸知识和外语的综合性国际经贸人才会有很大的发展空间。既有专业特长，又懂外语(英语、日语、俄语)的人才在21世纪也将特别受欢迎。

(10)教育工作者。中国是一个人口众多的国家，也是发展中国家，生产力、教育比较落后。随着经济建设和人民生活水平的提高，教育将得到大力发展。我国把“科教兴国”作为基本国策，21世纪的竞争是人才的竞争，人才的竞争必然导致以培养人才为目标的教育事业的竞争。随着教育事业的发展，教育工作者的地位和经济待遇不断提高。从事教育工作将成为越来越多高校毕业生职业选择的优先考虑对象。当前社会的失业人群中低学历者占绝大多数，越来越多的用人单位注重知识层次高的人才。因此，近年出现了“学历热”，如自学考试热、考研热等。随着社会竞争的日益激烈，技术更替的进一步加快，人们将越来越重视教育的作用，各种类型的职业教育和培训方兴未艾。在教师需求数量增长的情况下，对教师的综合素质也提出了更高的要求。

(11)法律工作者。依法治国是我国的基本方针，随着法制建设的进一步加强，法治观念在人民群众头脑中的不断深入，我国对法律方面的人才需求量将进一步提高。

(12)传媒与出版业人才。随着我国的不断改革和开放，传媒和出版业也呈现出了巨大的商机。中国的传媒和出版产业正处于高速成长的时期，相应地，从事传媒和出版业的人才的需求量将增大。

二、区域环境分析

区域分析主要是对区域发展的自然条件和社会经济背景特征及其对区域社会经济发

展的影响进行分析，探讨区域内部各自然及人文要素间和区域间相互联系的规律。它涉及地理学、经济学、生物学等许多学科，并不是一门独立学科，而是作为一种科学方法论形成和发展起来的，是为有关学科研究区域问题和为进行区域规划提供理论基础和研究方法的。

（1）区域发展条件分析。区域发展的自然条件、社会经济背景条件主要指区域自然条件和自然资源、人口与劳动力、科学技术条件、基础设施条件及政策、管理、法制等社会因素。对这些条件进行分析主要目的是明确区域发展的基础，摸清家底，评估潜力，为选择区域发展的方向、调整区域产业结构和空间结构提供依据。

（2）区域经济分析。区域经济分析主要是从经济发展的角度对区域经济发展的水平及所处的发展阶段、区域产业结构和空间结构进行分析。它是在区域自然条件分析基础上，进一步对区域经济发展的现状做全面的考察、评估，为下一步区域发展分析打好基础。

（3）区域发展分析。发展分析是在区域发展的自然条件和经济分析的基础上，通过发展预测、结构优化和方案比较，确定区域发展的方向，制定区域发展的政策并分析预测其实施效应。由于区域发展是一个综合性的问题，它不仅涉及经济发展，而且还涉及社会发展和生态保护，因此区域发展的分析也应包括经济、社会和生态环境三个方面，并以三者综合效益作为区域发展分析中判断是非的标准。

（4）区域分析方法。区域分析方法包括地理学的比较法、经济学的分析法、数学的模拟法。通常经济发达地区，企业相对集中，工作机会比较多，有利于个人职业发展。相反，在经济落后地区，信息相对闭塞，观念、经济、文化、卫生等都相对落后，在一定程度上制约了个人的职业发展。但另一方面，发达城市竞争十分激烈，工作和生活节奏快，消费成本高，生存压力大；而经济落后地区的竞争较小，生活相对悠闲，生活成本较低。所以，在选择工作区域时，我们需要根据自身的实际情况去选择合适自己的区域。

三、行业分析

所谓行业，是一个企业群体，这个企业群体的成员由于其产品（包括有形与无形）在很大程度上的可相互替代性而处于一种彼此紧密联系的状态，并且由于产品可替代性的差异而与其他企业群体相区别。

在国民经济中，一些行业的增长与国民生产值的增长保持同步，一些行业的增长率高于国民生产总值的增长率，还有一些行业的增长率低于国民生产总值的增长率。鉴于这一现象，如果选择某企业进行就业或者投资，研究其所属的行业是必要的。也就是说，要研究行业的性质，尤其是增长的趋势。了解行业的增长情况，对正确做出选择是有帮助的。

1. 行业的划分

（1）道琼斯分类法。道琼斯分类法将大多数股票分为工业、运输业和公用事业三类。

（2）标准行业分类法。联合国经济和社会事务统计局制定的建议各国采用的《全部经济活动国际标准行业分类》，把国民经济划分为10个门类：① 农业、畜牧狩猎业、林业和渔业；② 采矿业及土石采掘业；③ 制造业；④ 电、煤气和水；⑤ 建筑业；⑥ 批发和零售业、饮食和旅馆业；⑦ 运输、仓储和邮电通信业；⑧ 金融、保险、房地产和工商服务业；⑨ 政府、社会和个人服务业；⑩ 其他。

2. 影响行业兴衰的主要因素

（1）技术进步。在众多技术因素中，重要的也是首先考虑的是产品的稳定性。通过产品稳定性分析检验产品的性质及技术复杂性，有助于判断产品的未来需求是否保持不变，或出现大幅度变化，而历史资料只能说明过去的产业产品需求。例如，仅以一时风行的产品为基础的行业很快会被淘汰；产品性质较稳定的产业，如钢铁工业和化学工业，其产品需求则有着较长期的稳定性。然而，由于价格的变动及产品需求的减少，这些产品需求较稳定的行业在不同的年份获利能力仍有波动。技术进步对行业的影响是巨大的。例如，电灯的出现极大地削减了对煤气灯的需求；蒸汽动力行业则被电力行业逐渐取代。显而易见，投资于衰落的行业是一种不明智的选择。投资还必须不断地考察一个行业产品生产线的前途，分析其被优良产品或其他消费需求替代的趋势。

行业追求技术进步也是时代的要求。目前人类社会所处的时代正是科学技术日新月异的时代。不仅新兴学科不断涌现，而且理论科学向实用技术的转化过程也被大大缩短，速度大大加快。战后工业发展的一个显著特点是，新技术在不断地推出新行业的同时，也在不断地淘汰旧行业。例如，在较短的时间里，喷气飞机就代替了螺旋桨飞机；大规模集成电路计算机代替了一般的电子计算机；通信卫星代替了海底电缆；等等。这些新产品在定型和大批量生产后，市场价格大幅度下降，从而很快就能被消费者所使用。上述这些特点使得新兴行业能够很快地超过并代替旧行业，或严重地威胁原有行业的生存，如彩色电视机代替黑白电视机，激光唱片代替普通唱片，电子表超过机械表，以及日本研究成功的数字式高保真磁带对普通磁带行业产生的自下而上的严重威胁等情形就是证明。因此，充分了解各行业技术发展的状况和趋势，对投资者来说是至关重要的。

（2）政府的影响和干预。投资者必须评估政府对特定行业的影响，因为政府可通过多种途径来广泛地影响一个行业，只是程度不同而已。政府的管理措施可以影响到行业的经营范围、增长速度、价格政策、利润率和其他许多方面。政府实施管理的主要行业有公用事业，如煤气、电力、排水、排污、邮电通信、广播电视等；运输部门，如铁路、公路、航空、航运和管道运输等；金融部门，如银行与非银行金融机构、保险公司、商品与证券交易市场、经纪商、交易商等。

交通运输行业与大众生活和经济发展有着密切的联系。这些产业服务的范围广（国内外运输），涉及的问题多（各地不同的法律、税收和安全规则等），因而有必要由政府统一管理。金融部门，尤其是银行部门，是国民经济的枢纽，也是政府干预经济的主要渠道之一。它们的稳定关系到整个经济的繁荣和发展，因而是政府重点管理的对象。如美国政府相继制定了1890年的《谢尔曼反垄断法》、1914年的《克雷顿反垄断法》和1936年的《罗宾逊–帕特曼法》等法律对行业的经营活动进行管理。《谢尔曼反垄断法》主要是保护贸易与商业免受非法限制与垄断的影响;《克雷顿反垄断法》禁止可能导致行业竞争大大减弱或行业限制的一家公司持有其他公司股票的行为;《罗宾逊–帕特曼法》则规定某些类型的价格歧视是非法的,应当取缔。政府的行政管理部门在执行其职能时也将考虑反垄断的问题。如美国联邦储备局在审查银行合并或银行持有公司股份申请时,通常要考虑反垄断的情况。此外,政府作为国家商品市场上的最大买主,对军火工业和许多民用工业也起着重要的影响作用。

政府对行业的促进干预和限制干预。例如,航空业有自己的正常航线,因而不会出现所有的航班仅在可能获利的城市之间飞行的情况;公用事业的规模保证了某地域只能有一家电力公司,从而避免了潜在的混乱,不至于有四五家电力公司在同一条街上竖起自己的电线杆。

(3)社会习惯的改变。在当今社会,消费者和政府越来越强调经济行业所应负的社会责任,越来越注重工业化给社会所带来的种种影响,这种日益增强的社会意识或社会倾向对许多行业已经产业了明显的作用。近年来,许多西方国家,特别是产品责任法最为严格的美国,在公众的强烈要求和压力下,纷纷对许多行业的生产及产品做出了种种限制性规定。例如,美国政府要求汽车制造商加固汽车保险杆,安装乘员安全带,改善燃油系统,提高防污染系统的质量等。医药行业也受到政府的专门管制,如受美国的仪器与药品管理委员会和消费者的监督。防止环境污染、保持生态平衡目前已成为工业化国家的一个重要的社会趋势,在发展中国家也日益受到重视。现在发达国家的工业部门每年都要花费几十亿美元的经费来研制和生产与环境保护有关的各种设备,以便使工业排放的废物、废水和废气能够符合规定的标准。其他环境保护项目包括对有害物质(如放射性废料)和垃圾的处理等。从上面的分析可知,社会倾向对企业的经营活动、生产成本和利润收益等方面都会产生一定的影响。

(4)行业生命周期分析。每个行业都要经历一个由成长到衰退的发展演变过程,这个过程便称为行业的生命周期。一般地,行业的生命周期可分为四个阶段,即初创阶段(也叫幼稚期)、成长阶段、成熟阶段和衰退阶段。下面分别介绍行业的不同发展阶段的情况。

第一,初创阶段。在这一阶段,由于新行业刚刚诞生或初建不久,而只有为数不多的创业公司投资于这个新兴的产业。初创阶段行业的创立投资和产品的研究、开发费用较高,而产品市场需求狭小(因为大众对其尚缺乏了解),销售收入较低,因此这些创业公司财务上可能不但没有盈利,反而普遍亏损;同时,较高的产品成本和价格与较小的市场需求还使这些创业公司面临很大的投资风险。另外,在初创阶段,企业还可能因财务困难而引发破产的危险。因此,这类企业更适合投机者而非投资者。在初创阶段后期,随着行业生产技术的提高、生产成本的降低和市场需求的扩大,新行业便逐步由高风险、低收益的初创期转向高风险、高收益的成长期。

第二,成长阶段。在这一阶段,拥有一定市场营销和财务力量的企业逐渐主导市场,这些企业往往是较大的企业,其资本结构比较稳定,因而它们开始定期支付股利并扩大经营。在成长阶段,新行业的产品经过广泛宣传和消费者的试用,逐渐以其自身的特点赢得了大众的欢迎或偏好，市场需求开始上升，新行业也随之繁荣起来。与市场需求变化相适应，供给方面相应地出现了一系列的变化。由于市场前景良好，投资于新行业的厂商大量增加，产品也逐步从单一、低质、高价向多样、优质和低价方向发展，因而新行业出现了生产厂商和产品相互竞争的局面。这种状况会持续数年或数十年。由于这一原因，这一阶段有时被称为投资机会期。随着市场竞争的不断发展和产品产量的不断增加，市场的需求日趋饱和。这种状况的继续将导致生产厂商不能单纯地依靠扩大生产量，提高市场的份额来增加收入，而必须依靠追加生产，提高生产技术，降低成本，以及研制和开发新产品的方法来争取竞争优势，战胜竞争对手，维持企业的生存。但这往往只有资本和技术力量雄厚、经营管理有方的企业才能做到，那些财力与技术较弱，经营不善，或新加入的企业（因产品的成本较高或不符合市场的需要）则往往被淘汰、被兼并。因而，这一时期企业的利润虽然增长很快，但所面临的竞争风险也非常大，破产率与合并率相当高。在成长阶段的后期，由于产业中产品竞争优胜劣汰规律的作用，市场上生产厂商的数量在大幅度下降之后便开始稳定下来。由于市场需求基本饱和，产品的销售增长率减慢，迅速赚取利润的机会减少，整个行业开始进入稳定期。在成长阶段，虽然行业仍在增长，但这时的增长具有可测性。由于受不确定因素的影响较少，行业的波动也较小。此时，投资者蒙受经营失败而导致投资损失的可能性大大降低，分享行业增长带来的收益的可能性大大提高。

第三，成熟阶段。行业的成熟阶段是一个相对较长的时期。在这一时期，在竞争中生存下来的少数大厂商垄断了整个行业的市场，每个厂商都占有一定比例的市场份额。由于彼此势均力敌，市场份额比例发生变化的程度较小。厂商之间的竞争手段逐渐从价格手段转向各种非价格手段，如提高质量、改善性能和加强售后维修服务等。行业的利润由于一定程度的垄断达到了很高的水平，而风险却因市场比例比较稳定，新企业难以打入成熟期市场而较低，其原因是市场已被原有大企业分割，产品的价格比较低。因而，新企业往往会由于创业投资无法很快得到补偿或产品的销路不畅、资金周转困难而倒闭或转产。

在行业成熟阶段，行业增长速度降到一个更加适度的水平。在某些情况下，整个行业的增长可能会完全停止，其产出甚至下降。由于丧失了资本的增长，致使行业的发展很难较好地保持与国民生产总值同步增长。当国民生产总值减少时，行业甚至会蒙受更大的损失。但是，由于技术创新的原因，某些行业或许实际上会有新的增长。总之，在短期内很难识别行业何时进入成熟阶段，但这一阶段一开始，投资者便希望收回资金。

第四，衰退阶段。这一时期出现在较长的稳定阶段之后。由于新产品和大量替代品的出现，原行业的市场需求开始逐渐减少，产品的销售量也开始下降，某些厂商开始向其他更有利可图的行业转移资金，因而原行业出现了厂商数目减少、利润下降的萧条景象。至此，整个行业便进入了生命周期的最后阶段。在衰退阶段，厂商的数量逐步减少，市场逐渐萎缩，利润率停滞或不断下降。当正常利润无法维持或现有投资折旧完毕后，整个行业便逐渐解体了。

四、组织机构分析

选择组织机构需要考虑的因素包括专业对口问题和公司的企业文化。

（一）专业是否对口

“专业”是指人类社会科学技术进步、生活生产实践中，用来描述职业生涯某一阶段、某一人群，用来谋生，长时期从事的具体业务作业规范；也指高等学校或中等专业学校根据社会专业分工的需要设立的学业类别。中国高等学校和中等专业学校，根据国家建设需要和学校性质设置各种专业，各专业都有独立的教学计划，以实现专业的培养目标和要求。

在严峻的就业形势下，专业的选择和大学寒窗后就业机会的难易似乎有着紧密的关系。也许你还记得高考填报志愿时的小心翼翼，那么找工作一定要专业对口吗？所学专业对现在的工作有何影响？

接受了高等职业教育的学生，在确立职业方向和就业岗位时，自然会倾向于与自己所学专业相一致的职位，这是普遍现象，也是较为合理的选择。但是，专业不一定是必然导致职业的原因，职业也不一定就是专业的必然结果。因此，在实际生活中，专业与职业的关系表现复杂。

在一项“您认为专业选择对就业的影响如何？”的问卷调查中，选择“影响不大，还是看个人能力”的只有17%；认为“有一定影响”的占34%，而觉得“当然重要”的有49%。对于“您目前所从事的职业和您在大学所学的专业对口吗？”的回答，选择“对口、吻合”的只有26%，选择“有关系但非本专业对口工作”的占43%，选择“没关系，却是我的爱好和特长”的仅9%；选择根本“没有关系”的有22%。

造成专业和工作没有太大“瓜葛”的原因主要是，在严峻的就业压力下，饥不择食的毕业生面对难得的就业机会，对于专业是否对口已经没有太多的选择余地。例如，目前许多大学生就业都选择了销售职位，而许多公司也乐于把销售职位给刚毕业的学生。首先，不是大学生都学销售专业或主动选择销售这一职业，而是在求职环境严峻的现实中，销售类职位的需求量大。无论是传统的招聘会还是网络招聘形式，市场营销类职业一直是招聘的热门职业。尽管销售代表类职位也有经验的要求，但一般是“有相关经验优先考虑”，从而为没有工作经验的大学生降低了进入门槛。

考察职业与专业的关系，一般说来，可以概括为五个方面，即差异关系、催生关系、先后关系、轻重关系和协调关系。

（1）差异关系。差异关系是指职业与专业各自有着自身严格的规定性，它们之间有着明显的不同，是不能混淆的。因此，把专业当职业或者把职业当专业是不现实的。因为专业需要接受长时间的专业化训练，一般以是否接受过高等专门教育为标志，而职业主要是靠个人体验与个人的经验总结。专业与职业相比，要更多地提供一种独特、明确、必要的社会服务，而普通职业的从业人员仅仅把工作当作是一种谋生的手段。职业更多地体现为工匠式的特点，一旦掌握，即可不断重复，无须创新，而专业的一个重要特点就在于需要不断地面对新知识，不断进修，并做出创新。

（2）催生关系。催生关系一是在大多数情况下，专业活动的专门化及其独立发展会导致新兴职业的出现；二是职业活动的专门化和深化也会使得业务工作或研究成果更加具备专业性。那么，专业能够催生职业、职业可以提升专业就是顺理成章的事情。

（3）先后关系。先后关系是指一个受过严格专业训练的劳动者往往符合相关职业的要求，而一个正在从事某种职业活动的人试图提高其活动的业绩，则唯有专业化发展才是最佳途径。因此，无论是先有专业后发展成职业，还是先有职业再强化专业，都可以成为个体职业发展的实施途径和备选模式。

（4）轻重关系。轻重关系是指劳动者在职业和专业之间选择的时候评判二者的重要性，即哪个重要、哪个次要的问题。一直以职业为重者往往更看重人生中个人成就的取得，以专业为重者则更愿意花时间和精力发掘个体的潜能，激发自己的潜质。

（5）协调关系。协调关系是指一个人在职业与专业上追求平衡性的关系状态，即在二者相互依存的前提下通过主体的主动调整以达到客体间和谐发展的关系。人在不同的发展阶段或面临不同的环境对象的时候，专业与职业对个体的作用和意义是很不同的。一般说来，在学习与研究的时候要以专业为主，在工作和生活的时候就应该以职业为重。

（二）公司的企业文化

第二章已经简单介绍过企业文化的基本特点。在此，对东、西方企业文化的理念进行比较。

1. 西方以“法”为重心的管理模式

比较东、西方文化的特质可以发现，西方文化追求卓越，追求自我价值的实现，因此在西方形成的是独立人格。西方人文主义正是这种精神的集中体现，它强调人是宇宙的中心，周边一切皆“备于我”。在独立人格基础上形成的西方社会，只能是契约社会，即人与人之间不形成宗法伦理、等级关系，而是平等基础上的契约。当社会发展需要把这种契约关系用某种法定形式规范下来时，西方社会就形成了法制社会。它在管理上的表现就是规范管理、制度管理和条例管理，即在管理中特别注重建立规章制度和条例，严格按规则办事，追求制度效益，从而实现管理的有序化和有效化。

如果了解西方科学主义的逻辑思维特质，就会了解依靠法规、条例来进行管理，正是科学主义思维特质的基本要求。科学主义的五大原则是精确、量化、分解、逻辑和规范。由此可见，其所制定的管理模型肯定是强调规则、秩序和逻辑程序，以制度为主体，以防范为特征。正是这种以法规为核心的管理模型，反映了科学主义的管理原则和要求。

由此可见，特定管理模式的成型，必定同其文化背景（科学主义、人文主义）、历史传统（原罪思想和防范管理）、资本结构（契约资本）等一系列基本因素有关。

在人类管理发展史上，美国式西方管理提供了科学管理的全部内容，行为科学管理中属于"独立人"方面的全部内容，现代管理系统中的电脑、数学模型、新科学管理方法的大部分内容，创新管理的全部内容。由于制度管理克服了传统管理的无序状态、放任状态、经济主义等方面的缺陷，因而构成全部管理的基础，亦即任何形式的管理，如果不能经历科学管理阶段的全部内容，建立自己的科学管理体系，其管理绩效不是无效的就是低效的。

2. 东方以"情"为特质的管理哲理

(1)"静思"习俗。中国人是长于思考的民族，千百年的文化传统给他们形成了某种价值定势，使他们的思维问题难以割断历史脐带，难以违背最基本的价值准则，因而他们的行为是思索清楚了再行动。

(2)"家"本位。家本位是东方社会又一基本特点，因而其管理和经济的发展不能以牺牲家庭的"安宁"为代价，以损害社会稳定为成本。东方的社会秩序之所以比西方好，东方经济的内在动力也比西方更厚实，其缘由就在于东方经济以"家"为本位。孔子的"仁义礼智信，恭宽信敏惠"之所以在中国千古不衰，正是建立在以家为本位的社会伦理秩序的基础上，市场经济才能得以迅速发展。同时，中国特色的管理也必须以"家宁""家兴"和"家顺"为特点。它不仅表现为企业本身就是"大家""厂家"，更重要的表现为东方管理具有更多的"情感"特色，企业成为员工情感交流和满足需要的重要场所。

(3)"重义"网络。市场经济是交换经济和网络经济，经济联系和网络是至关重要的。这种网络在不同国家和民族通过不同的途径而建立，而在华人经济圈内，如果同中国社会的"重义"网络结合起来，往往能得到事半功倍的效果。

"人无信不立，人无义不正。"如果人的经济行为背信弃义，就会受到社会排斥；反之，"信""义"两字，构成中国传统社会网络中最有价值的媒介物，构建为中国社会的经济网络、信息网络和交换网络。现代市场经济网络显然应当同这个网络接轨，从而有效地促进社会经济的发展。海外华人"二战"后经济发展的成功，正是依赖于这样的网络，从而使商品、资金、人才、信息在华人经济圈内迅速运转起来。

由此可见，中国管理模式的成型，应当以理性精神为准则，纳情于理，移情于法，以建立"情、理、法"相统一的管理模型。实际上，任何管理都应当是三者统一，无非是各自的运作机制不同，各自的管理成本不同。

实践训练

职场初体验

活动目标：以小组为单位进行案例分析。

高婷在校读的是文秘大专，毕业两年多已经换过四家公司，她说自己的每份工作都不如意，都不是自己想要的。

"我在高考选专业时犯了个错误。我父母认为，女孩子就应该干点轻松的工作。我那时成绩平平，对学什么根本没多考虑，就报了文秘专业。但现在我挺后悔的，对这个专业没兴趣。"

她对文秘专业的失落来自她的前两份工作。毕业时进入一家事业单位，做行政秘书，无非就是接电话、管理办公用品、预订会议室等。“在别的同事眼里，我是个打杂伺候人的，这种感觉真没法忍受。”因此，干了不到三个月，她就辞职了。

她又来到一个商贸公司做办公室秘书。高婷以为这份工作更商业化一些，也许更有意思。没想到做了几个月，和头一份工作感觉差不多，这让她对文秘工作彻底失去了兴趣。

“我的理想是干一份能体现个人价值，并且值得努力奋斗的工作。只有符合自己兴趣的工作才能带来这些，才能证明自己存在的价值，充满激情地不断创造和发展。”

高婷特别羡慕影视作品中的那些整天身着职业装，带着笔记本电脑“飞来飞去”的商业女性形象，渴望自己成为那样的人。“我想，也许我适合干销售？我性格外向，喜欢和人打交道。而且销售很锻炼人，如果做好了，就等于迈出了成功的第一步。”

经过努力，高婷终于在一家营销企业做起了销售代表。而这家公司的销售业务中，有相当多的内容需要通过电话销售来积累客户，尤其对于新手来说更是如此。开始一两周，高婷觉得挺有意思，但时间稍长，她感到了日复一日的枯燥和巨大的压力。

“我每天又陷入大量的电话之中，说着同样的话，重复同样的内容。而且，推销就可能面临着客户的拒绝，每打一个电话之前都要鼓起相当大的勇气……真让人难受。”

那一阵，每天早上，高婷一睁眼就会想到被拒绝的沮丧感和难以完成的销售任务，根本没勇气起床。在连续迟到几天后，高婷再次提出辞职。

高婷后来琢磨，还是先掌握一门技术，然后再向商业领域发展。她用四个月的时间考取了MCSE认证(微软认证系统工程师)，然后通过亲戚介绍，进入当地移动公司做计算机维护人员。机房的工作不忙，可以学到很多计算机专业知识。但高婷依然不满意，因为在机房维护机器，平时接触的就是四五个人，再加上实行倒班制，通常每天只有她一个人上班，跟别人沟通的机会很少，几个月下来，高婷觉得很压抑。

“我本来挺外向的，可现在都快不会和别人说话了。如果再这样下去，我担心自己在沟通上会出问题。眼看着我毕业都两年多了，一点发展也没有。我不想平平淡淡地过一辈子，尝试了这么多工作，都没有我感兴趣的。”

讨论与分享：

你如何看待高婷的困扰？如果你是高婷的职业指导师，你会给她一些什么样的建议？

课外拓展

（一）自我评估

完成职业目标评估表。

表3.8　职业目标评估表

姓　名		性　别	
年　龄		专　业	
职业目标			
家庭环境分析			
目标区域环境分析			
专业分析			
目标行业分析			
目标企业分析			
可行的职业发展路径	1.		
	2.		
	3.		

（二）小组评估

以小组为单位，根据各人的职业目标评估表内容进行互相点评：

（1）同学的职业目标是否可行？

（2）同学的评估表有什么优点？

（3）同学的评估表还有哪些可以改进的地方？

第四节　制订职业生涯规划

学习目标

（1）完成职业目标的选择。

（2）掌握职业机会评估的方法。

（3）了解行动方案的要点。

（4）学习职业生涯规划书的制作。

很多学生感到在大学里没有学到什么，或是在毕业后感觉学的知识都没有用，有用的知识又没有学到多少。为什么会出现这种情况？第一，个人没有明确的目标，没有围绕目标学习、努力，因此感觉不到充实和收获；第二，不知道要学习什么内容，没有站在雇主和市场、社会的需求以及个人的人生发展角度去安排现在的学习内容，而只是围绕学校开设的课程来学习，与市场的需求存在脱节。虽然现在大学生有很多时间，但是大部分人不知道该学什么和怎么去学。将这种状态带到职场中去，大部分人依然会面临困惑，不知道工作职责是什么，怎么去履行自己的职责，职业发展更无从谈起。

一、职业生涯目标

要想取得职业生涯的成功，并由此取得事业和人生的成功，一个明确的目标是必不可少的。没有目标就不可能知道自己所处的位置，所有的成功都是以目标的实现为标志的。

哈佛大学有一个非常著名的关于目标对人生影响的跟踪调查。对象是一群智力、学历、环境等条件都差不多的年轻人。25年后的调查结果如下：

3%的人有清晰且长期的目标，25年来几乎不曾更改过自己的人生目标。他们都朝着同一个方向不懈地努力，现在几乎都成了社会各界的成功人士，他们中不乏白手创业者、行业领袖、社会精英。

10%的人有清晰但短期的目标，25年后大都生活在社会的中上层。他们的共同特点是，短期目标不断被达成，生活状态稳步上升，成为各行各业不可或缺的专业人士。

60%的人有较模糊的目标，25年后几乎都生活在社会的中下层，他们能安稳地生活与工作，但都没有什么特别的成绩。

27%的人无目标，25年后几乎都生活在社会的最底层，他们的生活都过得很不如意，常换工作，靠社会救济生活，并且常常抱怨他人、抱怨社会、抱怨世界。

在这个调查里，我们可以清楚地看到，人与人之间的差别仅仅在于25年前，他们中的一些人知道自己到底要什么，而另一些人则对此不清楚或不很清楚。职业生涯目标就像开车出远门时使用的GPS导航仪一样，有明确的目标，我们就一路前往，不需要在路上耽搁太多的时间；没有目标或目标不明确，我们可能走走停停，时间都消耗在了“我要去哪里？”这个问题上了。

（一）职业目标的选择

特定的职业通常意味着不同的发展机会与空间，也决定了不同的生活方式。由于受时间、资源的限制，人只能在特定的行业中谋事求成功。因此，我们做职业生涯设计或者选择行业的时候，一定要理解比较确定的职业目标对于人生的意义。下面是几种目标选择的方法：

（1）兴趣选择法。兴趣选择法就是根据自己兴趣的特点来确定适合自己未来目标的方法。一般来说，对工作没有兴趣，就没有激情，等于在浪费自己的青春。获得诺贝尔物理学奖的华人丁肇中曾说过“兴趣比天才更重要”，可见，兴趣与人的职业关系是多么的密切。兴趣选择法的目的就是要把兴趣上升为志趣，使兴趣与自己的职业相匹配。

（2）特长选择法。特长选择法就是根据自己的特长来确定适合自己未来职业目标的方法。特长就是自己的优势，是一个人能力的标志。不同的特长对人的发展有着不同的作用。一般来说，自己的特长越贴近职业的需要，越能在未来的职业中发挥自己的特长优势，获取事业的成功。

（3）人脉选择法。人脉选择法就是根据自己的人脉优势来确定适合自己未来职业目标的方法。人脉主要包括同学及同学的关系、朋友及朋友的关系、老师及老师的关系、亲戚及亲戚的关系。

（4）知脉选择法。知脉选择法就是根据自己掌握的知识能力来确定适合自己未来职业目标的方法。知脉主要包括理论知识（书本知识）和实践知识（经验、经历、技能、个人的动手能力等）。知脉是一个重要的资源，在个人职业发展中的地位越来越重要，是个人发展的“原始股”。

（5）咨询选择法。咨询选择法就是借助外界的帮助确定适合自己未来职业目标的方法。主要有接受老师的帮助、听取家长的意见、听从朋友的建议、寻求社会咨询机构的测评等，通过咨询可以帮助自己对职业生涯目标做出比较客观的选择。

（6）SWOT选择法。SWOT选择法就是通过SWOT分析来确定未来职业目标的方法。其中“S”代表优势分析，即分析在与他人或竞争对手的比较中所显示的优势；“W”代表劣势分析，即分析在与他人或竞争对手的比较中所显现的劣势；“O”代表机会分析，即分析有利于职业选择与职业发展的机会；“T”代表威胁分析，即分析职业选择时来自各方面的潜在威胁。

此外，职业目标选择要与社会的发展相结合；要为工作而学习，及早选择就业目标；要具体明确；要务实不要贪心；还要考虑性格与职业相匹配、兴趣与职业相匹配、特长与职业相匹配、内外环境与职业相适应等。

（二）职业目标的确定

请结合你的职业兴趣、性格特点、目标职业所处的环境仔细思考，并在表3.9中填上你的答案。

表3.9　职业目标计划表

<table>
<tr><td>职业生涯规划年限</td><td></td><td>起止时间</td><td></td></tr>
<tr><td>从事行业</td><td colspan="3"></td></tr>
<tr><td>职业发展路径</td><td colspan="3"></td></tr>
<tr><td colspan="4">职业生涯目标</td></tr>
<tr><td>短期目标
年（　岁）～（　岁）</td><td>中期目标
年（　岁）～（　岁）</td><td colspan="2">长期目标
年（　岁）～（　岁）</td></tr>
<tr><td>**目　标　期　限**</td><td colspan="3">**具　体　目　标**</td></tr>
<tr><td>短期目标
（　岁）～（　岁）</td><td colspan="3"></td></tr>
</table>

（续表）

目 标 期 限	具 体 目 标
中期目标 （ 岁）～（ 岁）	
长期目标 （ 岁）～（ 岁）	

以上表格看起来很简单，但要填好每一行都需要经过仔细考虑。

（1）规划年限。职业生涯的规划年限是从现在起到实现自己的目标所要花费的时间，可以是半年、一年，也可以是四年、五年，甚至十年、二十年，需要根据你的具体情况来设定。

（2）起止时间。职业规划是和具体的时间联系在一起的，因此，我们需要写清规划开始的日期。我们可以把日期精确到“日”，这样对时间的体会或许会更深入些，把握也更准确些。

（3）从事行业。从事行业指你选择的职业所属的行业。

（4）职业发展路径。职业发展路径指你希望职业前进的方向，如汽车维修工→班组长→技术主管。

（5）短期目标。职业生涯目标可以分为短期目标、中期目标、长期目标。其中，短期目标一般是指1～3年内的目标，是中、长期目标的具体化，也是最清楚的目标。

短期目标的主要特征有：

① 具有可操作性。

② 明确规定具体的完成时间。

③ 对现实目标有把握。

④ 服从于中期目标。

⑤ 要适应环境、切合实际。

（6）中期目标。中期目标一般为3～5年内的目标，它比长期目标要具体一些。其主要特征有：

① 通常和长期目标保持一致。

② 是结合自己的志愿和企业的环境及要求来制订的目标。

③ 用明确的语言来定量说明。

④ 对目标实现的可能性做出评估。

⑤ 有比较明确的时间，且可做适当的调整。

（7）长期目标。长期目标一般为5～10年内的目标，它通常比较抽象、不具体，可能随着企业内外部形势的变化而变化，在设计时以画轮廓为主。主要特征有：

① 有可能实现，具有挑战性。

② 目标是认真选择的，和社会发展需求相结合。

③ 没有明确规定实现时间，在规定范围内实现即可。

（三）目标设定常见的问题

当我们设定职业生涯规划目标时，可能会遇到以下问题：

（1）不清楚自己的目标。由于知识、经验和阅历的限制，一些同学并不清楚自己的目标。这种不足可以通过自我探索来解决，同时也可以请教熟悉自己的人，请他们帮助你设定方向。这种方法可以帮助自己确定短期目标。

（2）目标太多。一个人在年轻的时候总会有很多的职业目标，但目标太多并不是一件好事。每个人的精力总是有限的，不可能所有的领域都去尝试，只能在特定的领域里去谋求自己的成功。因此，在确定目标时不能太多，要根据自己的实际确定有限的职业目标。

（3）目标频繁改变。在职业生涯规划过程中，改变职业目标是可以的，也是正常的。我们每个人一生中可能会遇到几次改变职业方向的时候，但是每次改变职业都可能意味着从头开始，因此在改变职业方向时应该十分慎重。

总之，记住一句话：目标要高但绝不能好高骛远，目标幅度不宜过宽，同一时期内的目标不要太多，长期目标与短期目标相结合。

二、职业机会的评估方法

职业生涯机会的评估包括对长期机会和短期机会的评估，通过对社会环境的分析，结合本人的具体情况，评估各种环境因素对自己职业生涯发展的影响。每一个人都处在一定的环境之中，离开了这个环境便无法生存与成长。因此，在制订个人职业生涯规划时，要分析环境条件的特点、环境的发展变化情况、自己与环境的关系、自己在这个环境中的地位、环境对自己提出的要求以及环境中对自己有利的条件与不利的条件等。通过职业生涯机会的评估可以确定职业和职业发展目标，可以做到在复杂的环境中避害趋利，使你的职业生涯规划具有实际意义。

（一）SWOT分析法

SWOT分析法是一种企业战略分析方法，即根据企业自身的既定内在条件进行分析，找出企业的优势、劣势及核心竞争力之所在。其中，S（优势）、W（劣势）是内部因素，O（机会）、T（威胁）是外部因素。按照企业竞争战略的完整概念，战略应是一个企业“能够做的”（即组织的强项和弱项）和“可能做的”（即环境的机会和威胁）之间的有机组合。与其他的分析方法相比较，SWOT分析从一开始就具有显著的结构化和系统性特征。就结构化而言，首先在形式上，SWOT分析法表现为构造SWOT结构矩阵，并对矩阵的不同区域赋予不同的分析意义；其次在内容上，SWOT分析法的主要理论基础也强调从结构分析入手，对企业的外部环境和内部资源进行分析。目前，SWOT分析已被应用在许多领域中，如职业机会的分析、个人能力的自我分析等方面。

SWOT分析有四种不同类型的战略组合，如表3.10所示：优势—机会（S–O）组合、弱点—机会（W–O）组合、优势—威胁（S–T）组合和弱点—威胁（W–T）组合。

表3.10 SWOT矩阵表

内部环境 / 外部环境	优势（strengths）	劣势（weaknesses）
机会（opportunities）	S–O战略	W–O战略
威胁（threats）	S–T战略	W–T战略

优势—机会（S–O）战略：一种发展内部优势与利用外部机会的战略，是一种理想的战略模式。当企业或个人具有特定方面的优势，而外部环境又为发挥这种优势提供有利机会时，可以采取该战略。

弱点—机会（W–O）战略：指利用外部机会来弥补内部弱点，得以修改劣势而获取优势的战略。有外部机会，但由于企业或个人存在一些内部弱点而妨碍其利用机会，可采取措施先克服这些弱点。

优势—威胁（S–T）战略：指利用自身优势，回避或减轻外部威胁所造成的影响的战略。

弱点—威胁（W–T）战略：一种旨在减少内部弱点、回避外部环境威胁的防御性技术。当企业或个人存在内忧外患时，往往面临生存危机，降低投入成本或者另外规划目标实施策略也许会成为改变劣势的主要措施。

（二）SWOT分析法的应用

表3.11所示为某师范院校心理学硕士的职业机会SWOT案例分析。

表3.11 SWOT案例分析

<table>
<tr><td colspan="2" rowspan="2">外部环境分析（S–W）
内部环境分析（O–T）</td><td>机会（O）</td><td>威胁（T）</td></tr>
<tr><td>① 人力资源部门逐渐受到企业的重视；② 外资企业进入中国导致人力资源管理人才需求量增加；③ 心理学在人力资源管理中的重要性逐渐显示出来</td><td>① 人力资源管理方向的毕业生人数较多；② MBA专业逐渐起步；③ 人力资源在很多企业中仍不被重视；④ 比起学历，我国企业更看重经验</td></tr>
<tr><td rowspan="2">优势（S）</td><td rowspan="2">① 硕士学位，成绩优秀；② 有丰富的学生干部经历；③ 有大型公司半年实习经验；④ 具有心理学知识背景</td><td>优势—机会策略（S–O）</td><td>优势—威胁策略（S–T）</td></tr>
<tr><td>① 继续学习心理学知识，提高将心理学知识应用到人力资源管理中的技能；② 发挥担任学生干部期间的各种特长</td><td>① 强调自身心理学背景的优势；② 强调在大型公司实习半年所获得的经验；③ 强调自身较强的学习和适应能力</td></tr>
</table>

（续表）

		劣势—机会策略（W–O）	劣势—威胁策略（W–T）
劣势（W）	① 企业不喜欢师范院校毕业生；② 没有丰富的工作阅历；③ 专业并不完全对口；④ 性格急躁，容易冲动	① 利用较强的学习能力，自学人力资源管理课程，加强英语学习；② 继续加强自己在师范院校中所培养的口语交流和文字书写能力等优势	① 训练克制自己的冲动个性；② 结合两个不同的专业，培养创新能力，拓展职业发展路径；③ 积极寻找重视员工潜能的企业
结论：职业发展方向定位在大中型外资企业人力资源管理部门			

在利用SWOT分析法对自己的职业发展进行分析时，可以遵循以下五个步骤：

第一步，评估自己的长处和短处。每个人都有自己独特的技能、天赋和能力。在当今分工非常细的环境里，每个人一般都仅擅长某一个领域，而不是样样精通。有些人不喜欢整天坐在办公室里，而有些人则一想到不得不与陌生人打交道时，心里就发麻，惴惴不安。请做个列表，列出你自己喜欢做的事情和你的长处所在。通过列表，你可以找出自己不是很喜欢做的事情和你的弱势。找出你的短处与发现你的长处同等重要，因为你可以基于自己的长处和短处作两种选择：或者努力去改正常犯的错误，提高你的技能；或者放弃那些对你不擅长的技能要求的学习。列出你认为自己所具备的很重要的强项和对你的学习选择产生影响的弱势，然后再标出那些你认为对你很重要的强弱势。

第二步，找出职业的机会和威胁。我们知道，不同的行业（包括这些行业里不同的公司）都面临不同的外部机会和威胁，所以找出这些外界因素对于职业规划和求职是非常重要的，因为这些机会和威胁会影响第一份工作的获得和今后的职业发展。如果目标公司处于一个常受到外界不利因素影响的行业里，很自然，这个公司能提供的职业机会将是很少的，而且职业升迁也较难；相反，充满了许多积极的外界因素的行业将为求职者提供广阔的职业前景。我们可以试着列出感兴趣的一两个行业，然后认真地评估这些行业所面临的机会和威胁。

第三步，提纲式地列出今后3～5年内自己的职业目标。仔细地对自己做一个SWOT分析评估，列出5年内最想实现的四至五个职业目标。这些目标可以包括想从事哪一种职业，将处于多少人的团队中，希望自己拿到哪一级别的薪水等，并标记出自己必须竭尽所能发挥出的优势是什么，使之与行业提供的工作机会完美匹配。

第四步，提纲式地列出一份今后3～5年的职业行动计划。这一步主要涉及一些具体的内容。请拟出一份能够实现上述第三步列出的每个目标的行动计划，并且详细地说明为了实现每一个目标需要做的每一件事，何时完成这些事。如果需要一些外界帮助，请说明需要何种帮助和如何获取这种帮助。例如，个人SWOT分析可能表明，为了实现理想中的职业目标，需要进修更多的管理课程，那么职业行动计划应说明要参加哪些课程、什么水平的课程以及何时进修这些课程等。拟订的详尽的行动计划将帮助我们做决策，就像外出旅游前制订的计划和玩游戏时研究的攻略一样。

第五步，寻求专业帮助。能分析出自己职业发展及行为习惯中的缺点并不难，但要以合适的方法改变缺点却很难，这时朋友、老师、家人、前辈、主管、职业咨询专家都可以给予一定的帮助。很多时候借助专业的咨询力量会让我们走上捷径，有外力的协助和监督也会让我们更好地取得成效。

三、行动方案的要点

职业生涯规划能否实现，取决于两个问题：① 是否编制了合理的行动方案？② 是否根据方案立即行动？

（一）行动方案的编制

行动方案的策划与编制是职业生涯规划的关键步骤。职业生涯规划中的行动方案主要指落实目标的具体措施，包括教育、培训、时间等方面的措施。例如，计划学习哪些知识、掌握哪些技能，开发哪些潜能等。行动方案的编制原则是：择己所爱、择己所能、择己所需和择己所利。具体要做到紧扣职业生涯目标的实现和要求，进行全面、周密的策划与安排，包括行动步骤、方法和途径、评估的标准、时间安排。行动计划的主要内容应该围绕如何提升职业竞争力展开，主要包含以下几个方面：

（1）专业技术能力。担任该职务所需的专业知识和能力，如电子工程、计算机、软件、土木建筑等理工科的理论知识和实践动手能力；外语类专业的实际翻译水平、口语水平。用俗语说，这些都是“过硬”的“真本事”。某些专业已有证照制度（如财富管理或律师执照等），某些管理技术（如项目管理）也逐渐形成了认证制度。这些硬技能在应聘与自己专业相关的职位时，往往起着决定性的作用。很多公司在专业面试时对专业知识本身的掌握和应用非常看重，有些甚至对是否有相关工作经验也有要求。

（2）学习能力。不管有什么样的学历或经历都不能停止学习，但学习是有要领的，学得快、学得精，靠的就是学习力，包括阅读、培训、工作中学习、研讨会、商务活动、上网学习等。关于学历晋升，出国留学或参加在职硕士进修班，都是可行的途径。

（3）表达能力。有真才实学，如果再有优异的表达力，更容易赢得肯定，所以必须加强口语及书面的表达能力训练，包括简报技术及报告撰写，这些都是可以改进的。除了接受训练及观察，更有效的是勇敢练习，不怕丢脸，这样很快就能够提升表达自己想法的胆识与技术，从而更能够说服别人。

（4）创意能力。虽然天生就有创新力的强弱之分，但是只要留意观察，用心思考，还是能够在专业或管理上寻求创新的。创新很少是石破天惊的电光，更多的是现有技术、产品或流程的改进，或合并旧技术，产生新用途。要培养创新力，可以通过动脑会议或提案制度的机制，基本上要能开放心智，不局限于现行作业，这需要有鼓励创新的企业文化及制度来支持。

（5）团队合作能力。现代化的企业已经很难单打独斗，而必须依靠团队，因此企业最欢迎的人才，必须是良好的合作者。所谓合作，其实就是分工，而且能够互相支持，发挥合力，摒除个人英雄主义，信任其他团队成员，这需要“成功不必在我”的心理建设，以及工作时互相照会的良好习惯，否则“左手不知道右手在做什么”，团队必败。团队合作所需要的是成熟圆融的个性与情绪的控制，也就是俗称的情商。

（6）执行能力。企业所需人才，无论什么部门，都希望具有较高的执行力。当销售员必须卖得好产品或服务，当项目经理必须能够达成任务，即使基层的助理，也必须能执行上级交办的事务。执行力离不开听说读写算这些能力，办公室文书软件的运用也成为新的基础能力要求。很多企业以为新生代都是计算机能手，征才条件通常不会注明须熟悉办公软件，等到录用后才发现不懂PowerPoint、Excel的新人竟然为数还不少，有人甚至用Word绘制简单的图表都不会。总之，文字表达能力、沟通表达能力、外语能力、数字能力、逻辑思考力、办公室文书软件运用能力等，是你不可小看的职场基础能力。

（7）人际沟通能力。不要忘记组织是众人的结合，拥有良好的沟通能力，无论做人或做事都比较容易成功。虽然某些人天生对人际比较敏感，有些人比较迟钝，不过沟通技巧都是可以锻炼的。训练自己勇于沟通，乐于倾听他人的心声，用同理心设身处地替他人着想，极有助于人际沟通的效率。沟通必须是双向的，绝非单方面的告知，必须互动，如果能达到和谐共生的境界，则合作无间。

（8）抗压能力。健康的身体和心理是一个人成功的关键。大学期间和工作以后都要坚持体能锻炼，既可强健身体，又可培养灵活性、机敏性和协调性，还有利于形成良好的意志品格。健康的心理、自我意识的健全、情绪的控制也非常关键，可以增强对于挫折的承受能力。

（9）历练。跨国公司栽培高级人才，一个重要的方法就是“轮调”，让你在不同部门与国家之间培养阅历。历练的多寡，决定你究竟可成大器，还是做一颗小螺丝钉。对社会新人来说，社团活动、打工实习、校内外比赛、海外游学、项目研究等都是有用的历练。而对职场新手来说，对于上司交办的高难度的陌生任务，不可视为畏途，反而应该积极争取参与各种项目，以及外派出差的机会，给自己更多的职场历练。

（10）人脉。人脉往往会在你意想不到的时候给你一臂之力，但是“贵人”不会无端地从天上掉下来，平时要勤于耕耘，而且眼光不要“看高不看低”，一定是先有付出才有回报。此外，人际关系学的另一门功课，在于建立360°的圆融关系，包括同事、主管、部属、客户在内，就算不是朋友，至少不要树敌，卷入复杂的办公室政治中。

（11）形象管理。除了研发工程师每天面对的是机器外，业务销售、行政、法务、公关、教育培训等绝大部分的岗位都是“人对人”的工作，因此个人形象管理格外重要。

（二）行动力

行动力是指策划战略意图，具备超强的自制力，同时能够主动去突破自己，去完成自己想做而不敢去做的，或者是自己认为自己能力不足的事，制订好计划就下定决心去实现。对个人而言，它就是自制力；对团队而言，它就是领导力。

个人行动力可划分为以下四个等级：

（1）入门级。有想法，但工作主动性差，害怕冒险，惧怕工作中所要面对的困难与挫折；容易受惰性和不良风气的影响，对自己没有信心；奋斗目标不坚定，缺少行动的动力。

（2）初级。敢于主动请战，承担相应的工作与职责；敢于用“尝试”的方法解决问题，不惧怕困难与挫折，对自己比较有信心；树立了相当明确的目标，并开始尝试为之努力。

（3）中级。敢于打破固有模式，敢于用新办法、新思路对原有工作进行创新和解决问题；敢于立即采取行动，不怕失败打击；对于上级安排的工作总能按时或者提前完成；积极应对工作压力，在工作中不怕困难与挫折，敢于不断尝试；能有效运用行动工具，掌握了一定的实现目标的具体方法。

（4）高级。具有强烈的企业家冒险精神，非常愿意通过不断尝试创造从无到有；面对过程中的困难与挫折毫不畏惧，坚持走自己的路，有足够的行动力实现目标、管理目标。

个人行动力的强弱取决于两个要素：个人能力和工作态度。能力是基础，态度是关键。所以，我们要提升个人执行力，除了通过加强学习和实践锻炼来增强自身素质外，更重要的是要端正工作态度。树立积极正确的工作态度，关键要在工作中实践好“严、实、快、新”四字要求：

一要着眼于“严”，积极进取，增强责任意识。责任心和进取心是做好一切工作的首要条件。责任心强弱，决定行动力度的大小；进取心强弱，决定执行效果的好坏。因此，要提高行动力，就必须树立起强烈的责任意识和进取精神，坚决克服不思进取、得过且过的心态。把工作标准调整到最高，精神状态调整到最佳，自我要求调整到最严，认认真真、尽心尽力、不折不扣地履行自己的职责。决不消极应付、推卸责任，养成认真负责、追求卓越的良好习惯。

二要着眼于“实”，脚踏实地，树立实干作风。“天下大事必作于细，古今事业必成于实。”虽然岗位可能平凡，分工各有不同，但只要埋头苦干、兢兢业业就能干出一番事业。好高骛远、作风漂浮，结果终究是一事无成。因此，要提高行动力，就必须发扬严谨务实、勤勉刻苦的精神，坚决克服夸夸其谈、评头论足的毛病。真正静下心来，从小事做起，从点滴做起。一件一件抓落实，一项一项抓成效，干一件成一件，积小胜为大胜，养成脚踏实地、埋头苦干的良好习惯。

三要着眼于“快”，只争朝夕，提高办事效率。“明日复明日，明日何其多。我生待明日，万事成蹉跎。”因此，要提高行动力，就必须强化时间观念和效率意识，弘扬“立即行动，马上就办”的工作理念。坚决克服工作懒散、办事拖拉的恶习。每项工作都要立足一个“早”字，落实一个“快”字，抓紧时机、加快节奏、提高效率。做任何事都要有效地进行时间管理，时刻把握工作进度，做到争分夺秒，赶前不赶后，养成雷厉风行、干净利落的良好习惯。

四要着眼于“新”，开拓创新，改进工作方法。只有改革，才有活力；只有创新，才有发展。在竞争日益激烈、变化日趋迅猛的今天，创新和应变能力已成为推进发展的核心要素。因此，要提高行动力，就必须具备较强的改革精神和创新能力，坚决克服无所用心、生搬硬套的问题，充分发挥主观能动性，创造性地开展工作、执行指令。

在日常工作中，我们要敢于突破思维定式和传统经验的束缚，不断寻求新的思路和方法，使执行的力度更大、速度更快、效果更好，养成勤于学习、善于思考的良好习惯。总之，提升个人行动力不是一朝一夕之功，如果能坚持按"严、实、快、新"四字要求用心去做，成功就不会太遥远。

四、职业生涯规划的要素、步骤和内容

（一）职业生涯规划的基本要素

职业生涯设计具有明显的个性化特征，因每个人各自的职业生涯发展阶段和历程不同，其职业生涯规划的要点也有所不同；不同的人在做职业生涯规划时，所考虑的因素也有所不同。总体说来，有些因素是必须考虑的，如对自我的全面认识，对外部环境的评估，个人目标的抉择以及落实目标的措施安排等，这些因素就是个人职业生涯规划的因素。

我国人事科学研究者罗双平用一个精辟的公式总结出职业生涯规划的三大要素，即

职业生涯规划=知己+知彼+抉择

俗话说："知己知彼，百战百胜。"在职业生涯规划中，所谓"知己"就是自我认识与自我了解。"知彼"就是熟悉周围的环境，特别是与生涯发展有关的工作世界。知己知彼相互关联，确定的个人生涯目标要符合现实，而不是一厢情愿；对从事的职业要感兴趣，而不是被动地去干；所从事的工作能发挥专长，利用了个人的强项；对工作的环境能够适应，而不是感到处处困难，难以生存：这就说明你的生涯设计不仅做到了"知己""知彼"，而且还做出了正确的"抉择"，如图3.2所示。

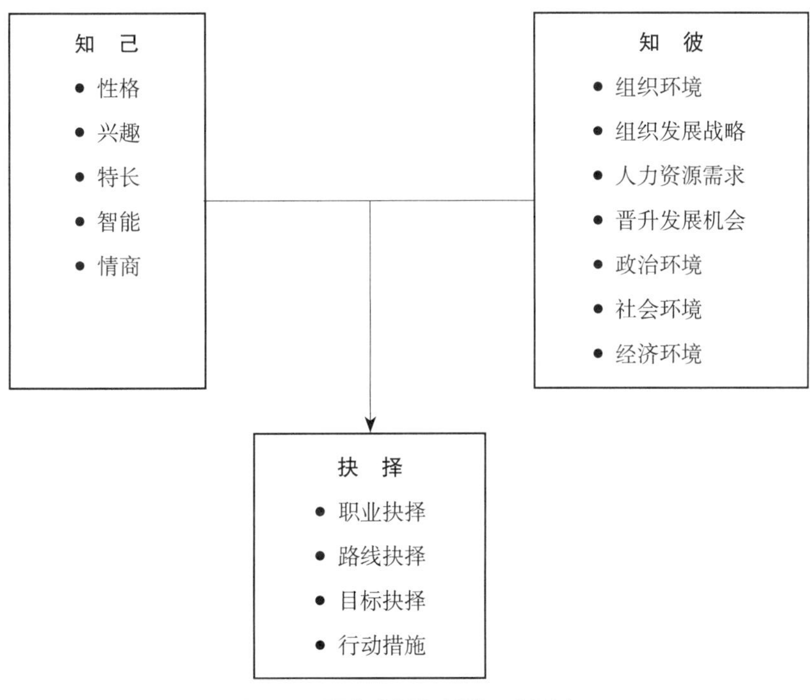

图3.2　职业生涯规划的三大要素

（二）职业生涯规划的具体步骤

设计一个完整有效的职业生涯规划应包括自我评估、外部环境分析、目标确定、实施策略和反馈评估这五个环节。每一个环节都要设计若干具体内容。

（1）自我评估。自我评估的主要内容是与个人相关的所有因素，包括兴趣、个性、能力、特长、学识水平、思维方式、价值观、情商、潜能等。要清楚自己是谁，自己想要做什么，自己能做什么。常言道“当局者迷”，一个人对自己的认识总是片面的，因此，在你的自我评估中还应该包括他人的意见，我们称之为“角色建议”。

（2）外部环境分析。外部环境分析包括对社会政治环境、经济环境和组织（企业）环境的分析，即评估和分析环境条件的特点、发展与需求变化趋势，自己与环境的关系以及环境对自己的有利条件与不利条件等，以求相应地调整自己适应环境的需要。这样你的职业生涯规划才会切实可行，而不致流于空泛。

（3）目标确定。我们制订个人职业生涯规划就是为了实现某种职业目标，进而获得自己理想的生活，所以目标抉择才是职业生涯规划的核心。职业生涯规划的确定，是指可预想到的、有一定实现可能的最长远目标，包括人生目标、长期目标、中期目标和短期目标。一般首先根据个人素质与社会大环境条件确定人生目标和长期目标，然后通过目标分解，分化为符合组织需要的中期、短期目标。

（4）实施策略。所谓职业生涯策略是指为实现职业生涯目标而制订的行动计划。在我们确定职业生涯目标后，就要制订相应的行动方案来实现它们，这就如同设计我们奔向目标的阶梯。要求要具体可行、容易评估，包括职业生涯发展路线、教育培训安排、实践计划等方面措施。

（5）反馈评估。有效的职业生涯规划还要求便于我们不断地反省和修正目标与策略方案。人生仿佛在一片陌生的海域航行，我们谁也无法预测下一分钟将会发生什么情况，现实社会中种种不确定因素的存在，会使我们与原来制订的职业生涯目标有所偏差，这就需要我们及时针对规划的目标和行动方案做出调整，从而保证我们的追日之途，能够顺利持续下去，并最终实现最高人生理想。从这个意义上说，反馈评估的确是一个再认识、再发现的过程。

（三）职业生涯规划文案的详细内容

著名职业生涯学研究者与培训师程社明博士提出职业生涯规划应包括十项内容：

（1）题目。包括姓名、年限、年龄跨度、起止时期。

（2）职业方向及总体目标。指从业方向和当前可以预见的最长远目标。

（3）社会环境分析结果。包括对政治环境、经济环境、法律环境的分析，还包括职业环境分析。

（4）企业分析结果。包括行业分析，对企业制度、企业文化、领导人、企业产品和服务、发展领域等的分析。

（5）自身条件及潜力测评结果。个人分析包括了解自己目前的状况和发展潜能。

（6）角色及其建议。记录对自己职业生涯影响最大的一些人的建议。

（7）目标分解及目标组合。分析制订、实现目标的主要影响因素，通过目标分解和目标组合的方法做出果断明确的目标选择。

（8）成功的标准。

（9）差距。即自身现实状况与实现目标要求之间的差距。

（10）缩小差距的方法及实施方案。

（四）职业生涯规划的原则

职业生涯规划必须遵循一定的原则，良好的职业生涯规划应具备以下特点：

（1）可行性。规划要有事实依据，不能是美好的幻想和不着边际的梦想，否则只能是纸上谈兵。

（2）清晰性。保证目标与措施的清晰明确，可以按部就班地具体实施计划以达到目标。

（3）适时性。规划中的各项措施与行动应该有明确的时间表，以便及时评估和修正调整。

（4）适应性。未来有很强的不确定性，规划需要一定的弹性，能随着环境的变化而适时调整。

（5）持续性。规划要考虑到生涯发展的整个历程，每个发展阶段应能持续连贯地衔接。

（6）长远性。规划应该从大方向着眼，尽可能制订远期目标。

（7）挑战性。如果目标这是在原地踏步，则规划就失去了原本的意义，也无法激励自己。

（五）职业生涯规划的误区

常见的职业生涯规划误区如下：

（1）我的目标就是总裁。不少人相信“不想当将军的士兵，不是好士兵”这句话。其实，现实生活中的情况是将军的位置很少，如果大家的目标都是当将军，那么这种主观愿望与客观条件产生的差距，会使你在执行计划时遇到许多挫折。因此，判定职业前程时，要从实际出发，切实可行。

（2）能做好下属就能做好主管。有人认为只要把本工作做好，就可以升为主管，其实不然。优秀的运动员不一定是好教练，一些表现优异的工程师、销售人员升任主管后却表现不佳，这是因为主管还需要工作以外的条件，如决策能力、协调能力、领导能力等。所以在某个职位做得好，并不表明在其他职位也能做得好。

（3）成功的关键在于运气。很多人坚信成功者是由于有好的机会，因此，他们被动地等待命运的安排，而不去主动地计划经营，努力把握自己的生活，这种人只能守株待兔。

（4）做计划是人事部门的事，与我无关。职业生涯计划是组织和个人双方都参与的，最终的实现者是个人，因此，你不能抱着做一天和尚撞一天钟的态度来对待自己的未来，这是可悲的人生。

（5）只有加班工作才会得到赏识。有些人认为在单位待的时间越长，越能显示自己的勤奋。其实工作效率和工作业绩是最重要的，整天忙忙碌碌不出成果，并不是一个有效的工作者。

（6）由老板决定升迁的快慢。如果过于迷信老板对你升迁的影响，你会因为迎合他的好恶而妨碍自己成为真正的老板，看不清自己的问题，这样会使你步入歧途。

（7）只有改正了缺点才能得到升迁的机会。将自己的强项发挥出来，然后再试着纠正自己的弱点，这是扬长避短，更有利于职业发展。

（8）不管事大、事小，都要尽力去做。有些人总说自己忙，老有干不完的活，这是由于事无巨细，浪费了很多时间和精力，应该将要做的事做好计划，分清轻重缓急，抓住主要矛盾，不要芝麻、西瓜一把抓。

（9）生活是生活，工作是工作，内外有别。有些人不愿意自己的配偶过问工作，觉得没必要让他们了解自己的职业前程计划。其实，家庭的支持对于工作成功很重要。另外，职业前程计划也不要忽略了自己的生活乐趣，因为工作和生活都是人生重要目标的两个重要成分。

（10）这山望着那山高的心态。总是觉得别人的工作更理想，因此产生跳槽的想法，而没有想到，到了新的工作岗位要建立新的人际关系，面对新的矛盾和挑战。不管什么工作都是不容易的，因此，要客观分析自己的工作，要有现实的态度。

（六）职业生涯规划的执行

职业生涯规划好之后，接下来的任务就时将职业理想的设计变成现实，这需要我们进行知识、能力和技术的开发（学习、实践）活动。

1. 树立自信。

职业生涯规划是自己的人生蓝图，要把蓝图变成现实，首先需要树立自信心。自信心是一个人事业成功的重要因素之一，是事业发展的动力源泉。自信是来自心灵深处的自我认可。踏实、谦虚是自信的表现。自信是一种独特的人格魅力，拥有这种魅力的人，懂得如何取别人之长补自己之短。自信在职业生涯中发挥着重要的作用。

在一个单位或一个公司，往往会有这样的情况：有相同的学历、同样的工作经验的人，在处理事务的能力方面却有明显的差异。这种差异产生的一个重要的因素就是人的自信心。在毕业生应聘中常常也有这样的事情发生：两个人一起去应聘一个岗位，在知识能力不相上下的情况下，为什么一个人被录取，而另一个人却落聘呢？这是因为被录取的人有足够的信心，也清楚地了解自己的长处，并且能把这种自己认可的信息传递给对方，使对方对他产生认可；而落聘者则可能是显得信心不足。试想：一个对自己都不能完全肯定的人，怎么能让别人肯定，又怎么能在工作中完全发挥自己的能力呢？

2. 开发潜能。

一个人要实现自己的职业理想，需要在树立自信心的基础上积极开发自己的潜能。

人的潜能到底有多大？科学家们曾用冰山理论来形容，即海面上漂浮着一座冰山，浮在海面以上的部分是人的显在能力，沉浸在海面以下的部分是人的潜在能力，而沉浸在海面以下的部分是浮出水面上的十倍，甚至百倍。可见，人的潜在能力大大超过人的显在能力。要让自己的潜能得到开发，就要善于使用潜意识的力量。潜意识就是我们无条件执行的下意识。只有把潜意识的力量开发出来，我们才能获得成功。激励我们的潜能，可利用以下几种方法：

（1）设定目标。分阶段设立目标，并且使目标可视化。可以把目标写在书签或板子上，制作成理想签。例如，我要拿奖学金，我要买一辆车等。把目标写在理想签上，有利于目标的实现。

（2）自我暗示。自我暗示就是每天都要暗示自己，如"我是最棒的，我一定会成功""我喜欢我自己""这车子是我的""我将拿到一等奖学金"等，给自己成功的信心。

（3）目标实现。每天早上起床时和晚上入睡前想象目标实现的情景："辅导员（老师）将奖学金送到自己的手中""我太高兴了，开着自己喜欢的车子"……

潜能开发的理由：重复是神奇效果的原因。一定要注意，潜能开发与做事是另一回事，不要每天只是开发潜能而忽视做事。最好的方法是，做事情的时候不要忘记潜能的开发。

3. 开发情商。

"情商"是情感智商（Emotional Quotient）的简称，即我们通常所说的EQ。情商作为心理学中的一个测量人的"情感智力"的量度概念，是作为"非智力因素"的概念提出的，用以表示认识自身情绪，妥善管理情绪、自我激励、认识他人情绪和处理人际关系等方面的水平以及个人在单位、公司、团队中的心理平衡和情绪调节的能力。情商表现了人们通过情绪控制来提高生活质量的能力，以及如何激励自己、如何克制冲动、如何调整情绪，避免因为过度沮丧而影响思考能力；如何换位思考，对未来永远充满希望；等等。通过对职业生涯成功人士的研究发现，在人生事业成功的要素中，情商是一个重要的因素。情商能力包括：

（1）直觉自知能力。了解自己的情感是情商首要的品质，即对自己的悲、喜、忧、乐等积极、消极情绪的觉察能力，也就是对自己的情感、情绪的自我反省、自我认识的能力。一个人对自己感情的认识和把握是情感商数的基础，谁能更好地认识和把握自己的感情，谁就能更好地驾驭生活。

（2）理解平衡能力。每个人都会经历生活中的磨难和情感的冲撞，但是情感的波澜是可以进行调节的。每个人调节自己情感的方式和能力是不一样的。平息心理冲突，有的人靠倾诉，有的人用祷告，有的人靠发泄，有的人靠破坏，有的人则是靠合理地解释。

（3）自控能力。自控能力是一种延退冲动的能力，即根据自身情况、环境状况、人际交往状况把握控制，适当表现，发泄自己情绪的能力。自控能力强的人，进取心、学习能力、承受压力的能力等也较强。

（4）自我激励能力。自我激励能力指充分利用各种手段激励自己的能动性、创造性的能力，这是成功的内在动力和重要保证。情商高的人在失败面前也能不断激励自己，渡过困境，而一些智商高、情商低的人却容易在事业失败时一蹶不振。

（5）人际关系处理能力。人际关系的正确把握和处理，首要的是了解他人情绪的能力，这种处理和理解有时显得十分微妙，善于处理人际关系的人总是能得到帮助，容易取得成功。

（6）自信心。自信心也是情商的一个重要因素。一项针对美国前五百强大企业员工所做的调查发现：不论产业为何，一个人的智商（IQ）和情商（EQ）对他在工作上成功的贡献值之比为IQ ∶ EQ=1 ∶ 2。也就是说，对于工作成就而言，EQ的影响是IQ的两倍，而且职位愈高，EQ对工作表现的影响就愈大。此外，对于某些工作类别，如行销、业务以及客户服务等，EQ的影响就更为明显。在美国流行着一句话："智商（IQ）决定录用，情商（EQ）决定提升。"

4. 立即行动。

职业生涯规划能否实现，取决于能否立即行动。因为只有行动，才有成功的可能；只有从现在做起，把规划付诸行动，一切才会真实而明确地展现在你的面前。

在校学习的大学生，不但要为即将开始的就业做准备，而且要为终身接受教育打下基础。学校为大学生们提供了集中精力学习的环境，珍惜这种学习机会和学习环境，就是珍惜自己的未来。积极参加各种社会实践活动，如军事训练、教学实习、生产实习、公益劳动、科技文化活动、志愿者活动、勤工俭学等，这些既是锻炼提高自身素质不可缺少的途径，也是了解社会、了解职业、认识自己的最佳渠道。

要实现自己的职业生涯目标，必须从现在做起，当天的事当天完成。前进的道路并不平坦，要干成一番事业，必须不怕困难，持之以恒。

一起行动，共同规划

活动一

请根据自己的具体情况制订本周的阶段性目标，并拟出具体可行的行动方案，一周后对行动方案进行评估。

活动目的

（1）检验是否能根据阶段性目标设置行动方案。

（2）行动方案是否具备可操作性。

（3）考察方案的实施效果。

活动二

制作职业生涯规划设计书。

（1）请根据以下目录制作自己的职业生涯规划书。

目录

1 自我认知

1.1 人才测评量化分析

1.2 360° 评估

1.2.1 兴趣

1.2.2 价值观

1.2.3 技能

2 职业认知

2.1 外部环境分析

2.1.1 家庭环境分析

2.1.2 学校环境分析

2.1.3 社会环境分析

2.1.4 目标地域分析

2.2 目标职业分析

2.2.1 目标职业名称

2.2.2 工作内容

2.2.3 工作条件

2.2.4 任职资格

2.2.5 就业和发展前景

2.3 SWOT分析

3 职业生涯规划设计

3.1 确定目标和路径

3.2 制订行动计划

3.2.1 短期计划

3.2.2 中期计划

3.2.3 长期计划

3.3 动态反馈调整

3.4 备选规划方案

(2)选出优秀者,进行《我的职业生涯规划》演讲。

分享与讨论

完成本工作任务后,你是否具备了以下能力?

(1)通过对目标的分解,能完成短期行动方案的设计。

(2)能根据行动方案逐一落实任务。
(3)能对行动方案进行有效的评估与修正。
(4)能根据实际规划自己的职业生涯。

课外拓展

职业生涯规划设计书

个人简介

姓名：张某
性别：女
年龄：22岁
籍贯：江苏南通
班级：电信20D1
专业：电子信息技术

目　录

第四部分 评估调整——用自己的方式绽放自己

（一）备用职业规划方案

（二）评估的时间

（三）规划调整的原则

结束语

前 言

我是一个勇于挑战、乐观开朗的女孩，善于交际，喜欢把快乐传递给身边的每一个人。我不想自己是一个空想主义者，所以认识自己、诚实做人、忠实做事是我的人生准则，“天道酬勤”是我的人生信念。我不求流光溢彩，但会本着做就要做好的原则，努力做好每一件小事。我喜欢集体生活，喜欢和志同道合的人一起完成工作，并且能够在工作中起到领头雁的作用，充分发挥我的组织能力和领导能力。

作为即将步入职场的我们，最重要的就是制订一份合理科学的职业生涯规划。在这次的职业生涯规划中，我认识到自己的优势和不足，了解到自己所处的环境，同时明白了“机会只留给有准备的人”，只有拥有了明确的规划，才能拥有辉煌的人生，才能走向成功的巅峰。或许在别人眼中我很娇小，也习惯了大家称呼我“小个子”，但是我坚信——我，小个子，大能量。当我明确了自己的目标后，我会一直努力去实现彩虹般的梦想，带着玩具让世界更美好的信念，开辟出属于我自己的罗马大道……

第一部分 认识自我——用冷静的头脑了解自己

（一）个人基本情况

（1）家庭背景。我出生在农村，一家六口，主要的经济来源靠爸爸打工，家境比较贫困，但我的父母为人正直、热情大方，很喜欢小孩子，平时家里有好吃的、好玩的都会送给小孩子，因而村里的小孩子们都喜欢到我家里玩。就这样，在父母的影响下，我也喜欢和小孩子们在一起，跟他们一起唱儿歌、玩游戏，我感受到了无穷无尽的欢乐。

（2）我心中的偶像。郑钦丹，自闭症教育康复机构爱儿康儿童发展中心创始人、负责人。她是我学习的榜样，她的精神一直是我追求梦想的动力。她出生在一个小山村，因为家庭贫穷，从小学到大学，她都是在很多人的帮助下完成学业的。所以她长大后，一直向身边的人奉献自己的爱心。在目睹抑郁症、心理亚健康给孩子、父母造成的一系列严重危害后，从事心理咨询的她决定创办自闭症教育康复机构，但由于房租贵，办学6年来已经搬了3个地方。因培训机构中许多孩子的家庭都有了第二个孩子，家中的开支很大，所以不少学生的学费是全免或半免的。郑钦丹本想再扩大规模，但又时常感觉力不从心，她说：“有时我也真的想放弃，回到我以前那份安稳的工作中去。可是，一看到这些孩子以及这些家长，我实在不忍心。”

在引导训练患儿的过程中，她耐心地训练孩子的每一个动作，比如在用食物吸引孩子注意力的同时不断地进行示范，不断地重复，以强化孩子对训练动作的理解与记忆。有时只是简单的辨别实物，就要重复训练超过20遍，直到孩子对事物有一定的认知为止。她的毅力、她的耐心、她的爱心，一直深深地影响着我，我希望我在未来也能够像她一样，为幼儿、为社会，时刻燃烧自己，奉献自己。

（3）我的成长经历。我来自农村，家里并不富，但从小我就羡慕村里有玩具的孩子，每天做梦都希望自己能够有一个芭比娃娃。当我生日那天怀抱着妈妈亲手缝制的布娃娃时，我感到自己是世界上最幸福的孩子。小小的玩具寄托了父母浓浓的爱意，也装载了每个孩子最大的梦想。就这样，一个想法萌生了，我希望自己也能够像神奇的哆啦A梦一样，给每个孩子变出最有趣的玩具，为他们编织一个五彩缤纷的童年。

我是一个充满爱心、自信、乐观的阳光女孩，善于观察生活，时刻保持着积极乐观的生活态度，懂得感恩和回报社会；我的交友广泛，我乐意接受朋友的建议，使自己不断进步；我喜欢集体生活，喜欢和一些志同道合的人一起完成工作，并且能在工作中起到领头雁的作用，充分发挥我的组织和领导才能。我做事有较强的韧性，永不言败，目光远大。在我的成长过程中，我时刻不忘心中的梦想，带着那份执着，一直朝着我的目标不断地努力着……

（4）他人评价。

① 家人评价：活泼开朗，乖巧懂事，追求上进，好胜心强。嘴巴很甜，是家里的开心果。喜欢帮助别人，很有亲和力，是邻里乡亲们一致认为的好孩子。平时喜欢和小朋友在一起，整天嘻嘻哈哈、无忧无虑的，但是一旦专心做起一件事来，又能够全身心投入其中。

② 老师评价：性格外向，思维活跃，动手能力强，善于钻研，学习成绩优异，做事认真负责任，是老师的好帮手、同学们的好榜样，集体荣誉感很强，有较强的组织和领导能力。

③ 朋友评价：活泼开朗，乐于助人，有爱心，能够设身处地地为别人着想，喜欢和志同道合的人交朋友。做事有冲劲，只要去做了就一定要把它做好。有时候有点小调皮，总是能够把欢乐带给大家，在她的脸上看到的总是甜美的笑容。

④ 同学评价：别看她小小的个子，能量可是有想象不到的大。她多次组织班级同学举办活动，集体荣誉感强，具有团队意识，能够把班级的利益置于首位；做事认真负责，有耐心、有恒心。

通过以上对自己的初步认识，使我更加确定了自己从小就有的一个梦想。我想成为一名儿童玩具设计师，我希望在未来能够凭借自己的努力，用双手创造出神奇的玩具，给孩子编织出一个个五彩缤纷的童年。

（二）专业测评

通过一系列专业、科学的测评，我对自己有了一个更深入、更全面的认识，我相信这些测试能够帮助我更好地了解自己、把握自己。

（1）霍兰德职业兴趣测试。通过霍兰德六边形测试，得出我是一个SEA（社会型、企业型、艺术型）的人（见图3.3），喜欢与人交往、不断结交新的朋友；善言谈，愿意教导别人；关心社会问题，渴望发挥自己的社会作用；寻求广泛的人际关系，比较看重社会义务和社会道德。

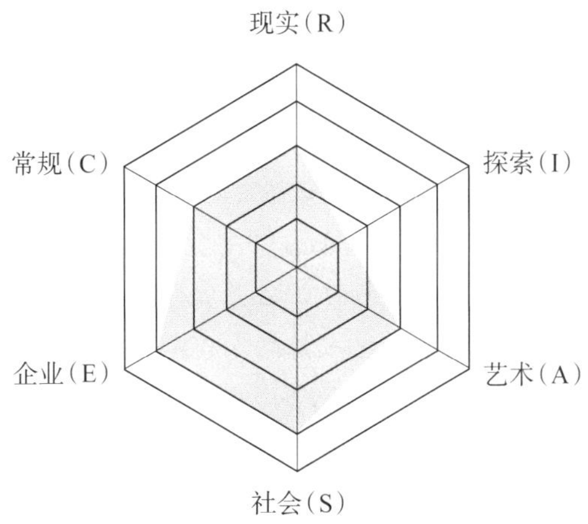

图3.3　霍兰德六边形

社会型(S)职业倾向：喜欢要求与人打交道的工作，能够不断结交新的朋友，从事提供信息、启迪、帮助、培训和开发等事务，并具备相应能力，如教育工作者(教师、教育行政人员)，设计师，艺术家，社会工作者(咨询人员、公关人员)等。

性格与职业特征：

① 往往有较强的社会责任感和人道主义倾向，喜欢参与解决人们共同关心的社会问题和从事为他人服务和教育他人的工作。

② 通常善于表达，善于与周围的人相处。

③ 一般喜欢与人而不是与事物打交道。

(2) MBTI性格测试分析。通过测评得出，我的性格特征是ENFP型(外向+直觉+情感+认知)，如图3.4所示。

您的性格特征是ENFP型(占基本人群的12%)

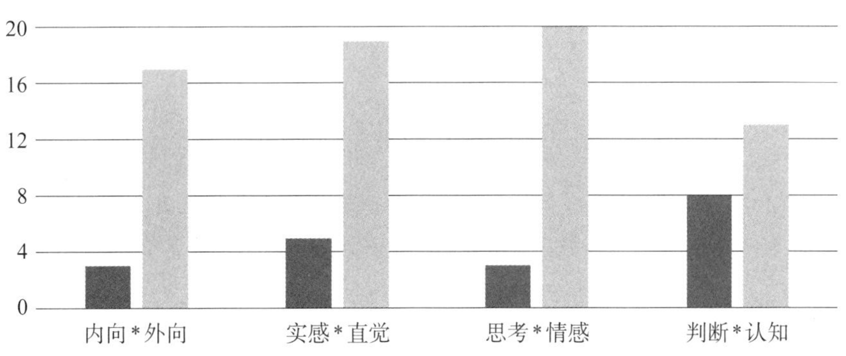

图3.4　MBTI性格测试分析图

(3) 专家分析。

① 最佳表现。对于你来说，生命是有创意的冒险之旅，充满了令人兴奋的可能性。你极为善解人意，对现在和将来都别有见地。你情感丰富，情绪强烈。你需要得到别人的

肯定，也会毫不犹豫地对别人给出你的赞赏和支持。你很有适应力，无论身在何处，都能够发挥所长。你的干劲和热忱，会激励别人也发挥所长。

② 性格特征。你是创新者，你主动发起新项目，注入无比的干劲，把事情付诸行动。你把直觉主要运用在外，你会被新人、新意念和新体验所鼓舞。你总能找到事物的意思和意义，看到别人看不到的联系。你很可能是有好奇心、有创意和想象力的；有干劲和热忱的，即兴的。你把情感运用在内，做决定时你运用个人价值观，也从别人的角度考虑。你往往是亲切、友善和充满关怀的合作，也支持别人；你具有超凡的眼光，不但能看到别人的潜能，更能以干劲和推动力去帮助别人把潜能发挥出来。你充满信心，向着自己的远大理想迈进，你的热忱往往能使别人与你并肩向前。

通过科学测评，专家认为我适合的领域有管理、教育、设计、咨询、培训、公共关系等。

（三）自我分析总结

通过上面的一系列科学测试，现在我对自己有了一个更全面、更深刻的认识，从中发现了许多不足之处，在以后的学习、工作中我会加以改正与弥补，扬长避短，争取将自己的能力发挥到极致。

（1）我的优点。

① 善于交往，能够以诚待人，有较强的亲和力。

② 对待事情一丝不苟，有足够的耐心和恒心。

③ 具备较强的组织和领导能力。

④ 能说会道，善于教育，说服别人。

⑤ 有较强的集体荣誉感，十分看重团队合作；做事能够看到事情的关键，能够纵观全局，并且时刻拥有自信与热情。

（2）我的缺点。

① 容易感情用事，不考虑后果。

② 知识面不够宽阔。

③ 缺乏社会经验。

④ 人脉关系薄弱。

（3）重审自己。有明确的目标，一旦确立，立即行动。自信面对每一天，努力培养自我的沟通能力和职业素养，努力学好学前教育专业知识，比别人先走一步。针对自己的不足，我需要多多阅读相关书籍，如《做好选择，赢在起点》《善良丰富高尚》等，使自己的心理素质和处理人际关系的能力得到进一步升华。

我的专业是电子信息技术，我深知我的专业与我的兴趣不太符合，但我希望在未来我能够学有所用，找到两者的最佳结合点，发挥我的最大优势。我喜欢小孩子，希望能够给小孩子带来无穷的欢乐，所以在未来的道路上，我会怀着心中的梦想——做一名儿童玩具设计师，不断努力，不断奋斗，希望在未来我能够用自己的双手给孩子们撑起一片蓝天。

第二部分　环境分析——用全面的眼光审视环境

（一）社会环境分析

1. 家庭环境分析

我出生在一个农村家庭，生活并不富裕，但父母对我从小就比较严格，很关心我的学业。他们总是教育我要树立好目标，然后为之奋斗。是他们教会我，做一件事就要坚持做下去；是他们教会我，做人要对得起自己的内心；是他们教会我，走自己的路，不要管别人怎么看、怎么说，只要自己坚信是对的，就为之努力，就算失败也没有关系。正是因为父母的影响教育，才会有今天这个积极、乐观、有责任感、敢担当的我。

2. 学校环境分析

学院现开设机械制图及计算机绘图、电工电子技术、气动与电气动技术、机械工程基础、机械加工技术、PLC技术、传感器与组态技术、电机与电气控制、MPS、FMS等课程，给我们提供了良好的实训机会，让我们把理论知识融入实际操作中，提高了我们的理论分析和动手能力。专业老师指导的兴趣小组经常组织大家利用电子电信专业特长去周边社区为居民修理电器、玩具、电子产品等。同时，学院还给我们开设了动漫制作、美术鉴赏、名画欣赏等选修课，拓大了我们的知识面，让我有了一定的美术功底。

此外，学院拥有云边英语社、爱心联盟社、风情器乐社、轮滑社等几十个社团组织，尤其是爱心联盟社，组织过多次献爱心活动，如去福利院为孤残儿童送问候、去育才小学助教等，这些活动培养了我的耐心、爱心和恒心。活动的开展不仅给我们提供了一个奉献爱心的平台，还让我们来自不同系别的人有了进一步的交流，使大家从陌生变得熟悉，扩大了我们的交际圈。

学院在第一学年就开设了就业指导课，让我觉得人生和做事一样，要有计划、有规划、有步骤，这样才能做到有备无患、尽善尽美。此外，学院还组建了创业模拟实训班，通过网上的模拟平台，可以应聘自己所求岗位或创建自己的模拟公司，使我们对将来所从事的行业有了更进一步的了解和掌握。

3. 社会环境分析

（1）中国经济现状。2010年第一季度我国GDP增长率为11.9%，高于其他主要经济体。金融危机过后，我国的经济复苏比其他国家都要快，主要归因于政府迅速而果断的刺激政策。此外，我国经济发展模式的转变也是一个推动因素。我国财富的积累依靠刚性的生产需求，并不是依赖虚拟的投资工具，所以经济所受到的打击并没有其他国家那么严重。作为推动国际经济复苏的一个重要角色，现在我国的一举一动都受到前所未有的关注，因此也有着前所未有的影响。在经济强劲复苏表面下，我国正在发生三大转变：① 从宽松的政策转向温和发展；② 将“中国制造”转型为“中国创造”；③ 从以固定资产投资推动的经济增长模式转型为靠个人消费拉动的经济发展。

（2）中国玩具制造业现状。我国是全球玩具第一大生产国。玩具业在我国制造业中占有一定地位，对世界玩具行业也具有一定影响。我国玩具行业是从20世纪80年代后发展起来的，70%以上还是来料加工和来样加工，自主开发和创新能力不强，能够以自创品牌出口的还为数不多,依附式发展导致我国玩具业利润低,处于该行业产业链最底端。

我国国内市场的玩具质量合格率仅为76.3%,还面临着严峻的知识产权保护和欧盟贸易壁垒等难题。而且国际石油价格不断攀升也会使得塑料原料价格大幅上扬,玩具生产成本增加,市场竞争加剧。东部沿海一些地区出现的电力供应紧张以及劳动力短缺问题,也制约着玩具行业发展。

① 生产概况。我国是世界上最大的玩具制造国和出口国,全球70%的玩具是在我国境内制造的。我国现有玩具企业2万余家,从业人员超过400万人,年产值1 000多亿元,产量占世界总产量的70%以上。其中,广州的产值达300亿元。2005年,全国玩具出口额达150多亿美元。广东、江苏、浙江、上海、山东和福建这五省一市历来是我国玩具最重要的生产和出口基地,占我国玩具年销售额的95%以上,其中广东占我国玩具年销售额50%以上,主要生产基地在深圳、东莞以及澄海地区。

玩具制造业在我国属于开放程度较高的行业。目前,三资企业仍占据行业的主导地位,取得全行业产品销售收入的65.8%和利润总额的62.7%。民营企业的经济效益则是行业内最好的。

国内市场的玩具约有3万多个品种,大部分适合4～8岁儿童,适合婴幼儿的玩具不多,适合成年人的玩具更少。残障儿童玩具市场有待开发。生产玩具用的塑料原料主要有ABS、PE、PVC、POM、EVA树脂、PA、不饱和聚酯、热塑性弹性体等,这些原料在我国的用量较大,而且增长潜力巨大。

② 消费状况。现在普遍认为,中国已经成为世界上第一玩具生产大国、第一大玩具出口国,也是潜在的玩具消费第一大国。据中国玩具和婴童用品协会数据显示,2017—2019年,我国玩具零售总额逐年增长。2019年玩具零售总额达759.7亿元,同比增长8%。据中国第七次全国人口普查结果:14岁以下人口2.5亿人,其中城市人口为1.6亿人,构成了庞大的玩具消费群体。城市儿童每年人均玩具消费额为35元,城市成年人平均为12元。大中城市的消费者普遍可接受的玩具价格在100元以下,但一些售价在1 000元以上的高档玩具同样有市场。在中国的玩具市场中,毛绒玩具和儿童车最为畅销,模型玩具、遥控玩具和塑胶玩具的销量持续看好。有34%的城市消费者选购电子玩具,31%选择智能型玩具,23%选择高档毛绒、布制玩具。农村消费者以传统的玩具类型为主,48%的农村消费者愿意购买电动玩具,28%愿意购买拼装玩具,24%愿意购买中、低档毛、布制玩具。

以下玩具将成为市场新宠:模型玩具、专利授权玩具(电影玩具、卡通玩具等)、玩偶、高科技玩具、益智玩具、互联网兼容玩具,以及适合成年人休闲娱乐的成人玩具。成年男士比较喜爱电脑智力型玩具,成年女士喜欢高档精美的装饰性玩具,如布娃娃、毛绒娃娃、木制玩具和小动物玩具等。中年人多会选购消遣性、轻度运动型玩具。老年人较喜欢各种观赏型玩具,如小动物玩具、玩偶等。

(3)中国玩具制造业的发展特点。目前我国玩具业发展呈现以下特点:

① 传统玩具向电子玩具过渡。玩具智能化成为玩具行业的发展新趋势。高科技智能化玩具不仅满足了儿童的好奇心，加强了孩子和玩具的互动，同时也激发了孩子的求知欲。玩具企业将计算机、电子、通信等领域内的先进技术“嫁接”到玩具产品中，突破了传统玩具的局限性，赋予玩具“听”“说”功能，与人进行互动。智能化玩具的形式多样、内容丰富、寓知于乐，可以与孩子们进行“情感”交流，进而培养孩子良好的习惯，并在愉悦中学习、体会生活，真正达到寓教于乐的目的。而且，玩具已经不是儿童的“专利”。据中国玩具协会统计，约64%的成人消费者表示有兴趣购买适合自己的玩具，估计成人休闲益智玩具市场每年市值约500亿元人民币。传统玩具的市场日趋下滑，益智类、成人类玩具的出口呈现增长趋势。

② 重视高端研发，走向“中国创造”。从“中国制造”走向“中国创造”，加强研发，推进自主品牌建设，成为挽救企业的另一法宝。在东莞哈一代玩具实业有限公司总经理肖森林眼中，玩具业与服装、鞋帽等东莞传统的制造业一样，都是劳动密集型产业，行业最后的发展前途取决于自主创新的能力有多强，“我很看好玩具行业，潜力很大，不过相比欧美发达市场来说，人家有几十年的经验了，我们需要及早迎头赶上”。肖森林认为，东莞的生产制造能力在全球也称得上是一流的，可谈到自主创新和品牌建设能力就比较无奈了，“现在来说，东莞玩具行业在品牌研发领域，肯定还是属于低端”。

国内电动玩具企业面临着如此多的困难，制约其发展的主要因素可以归结为质量不高和技术含量低。据此，我们不难找到解决难题的路径：研发符合安全和环保要求的产品；利用科技创新提高产品附加值，并向高档化迈进。

（二）职业环境分析

1. 玩具设计师的职位定义

玩具设计师是指从事玩具产品和玩具类儿童用具创意、设计、制作等工作的人员。玩具设计师作为玩具行业的灵魂人物，在玩具的外来加工到品牌的制作发展都起着不可替代的作用。一名玩具设计师需要学习包括美术设计、电子、机械制造等多方面的知识。目前国内有十余所高校设置了相关专业，学生需要经过一年到一年半的时间，才能取得初级玩具设计师资格，并可持续申请中、高级职称。

2. 玩具设计师的岗位要求

为了今后能够更好地清楚自己的努力方向，我特地了解了一名优秀的儿童玩具设计师所必须具备的基本素养和招聘条件。

(1) 基本素养。

① 有高尚的职业道德和职业修养，严于律己、作风正派；有高度的责任感和事业心；善于团结协作，能妥善处理与周围同事之间关系；积极主动开展工作，乐于助人，能与他人分享经验和成果。

② 有健康、良好的心理素养，同时具备创新精神和时尚嗅觉；做人以德为本，注重个人修养；有积极向上的心态，始终以饱满的热情对待工作；自信心强，能正确地对待成功与挫折、表扬与批评；能够了解社会需求，有较强的动手分析能力和创新精神；能够了解

儿童的心理和成长发展规律。

③ 有专业知识基础；能够掌握电子设计、美术设计、机械制造的专业知识；掌握玩具设计基础，工艺及材料的相关知识。

④ 有较强的学习能力和科研能力；有浓厚的学习兴趣，能够积极主动地自我学习和提高；掌握新的学习、研究方法，善于积累、学习、探索；善于不断地总结、提炼，设计出属于自己的特色产品。

(2) 招聘条件。

① 电子类、机电类相关专业及高中以上学历。

② 三年或以上玩具工作经验。

③ 熟练运用Protel及AutoCAD等软件。

④ 具有良好的英文书写和阅读能力。

⑤ 熟悉机械结构；熟悉模具开发跟进，包括模具设计。

⑥ 熟悉各种玩具的生产流程及工序控制。

⑦ 熟悉安全测试要求，确保产品质量及按时出货。

⑧ 熟悉生产及测试夹具设计、各种包装方法(如吸塑设计、布料的认识)。

⑨ 工作态度认真，能吃苦耐劳，有任心，沟通能力强。

3. 玩具设计师的具体工作内容

(1) 分析产品的外观和性能，进行打板、打样及工艺排料，手工制作产品样品或模型。

(2) 进行产品系列化开发和自主研发，绘制创意草图，设计功能模块，绘制设计图，编制生产工艺流程。

(3) 研究市场和产品流行趋势，制订产品整体设计方案，进行设计管理。

(4) 就业选择倾向。我想把我的职业目标实施地定位于苏州，目前在苏州我比较看好的两家玩具制造公司如下：

① 好孩子儿童用品有限公司。好孩子集团是中国最负盛名的专业从事儿童用品研发、制造和销售的企业集团，拥有世界最大的儿车厂、儿童自行车厂、电动车厂、汽车座厂、木制品厂、塑胶厂、铝合金厂及童装厂等。

② 娃娃乐儿童用品有限公司。昆山娃娃乐儿童用品有限公司是集研制、开发、设计、生产、销售于一体的儿童用品专业生产企业，中国注册商标是“娃娃乐”，于2007年7月开始创建，2008年2月顺利投产，年产能力20万台。昆山娃娃乐儿童用品有限公司现有数十位多年从事儿童用品研发的专业人员。该公司全面推行ISO9001：2000Z质量管理体系，从研制、开发到生产全过程都充分体现对儿童的关爱之心。

我希望在将来，能够通过自己的努力在其中一家公司实习，学习基本的打板、打样及工艺排料等工序，不断积累知识和经验。

4. 职位发展前景

玩具企业长期以来的“代工生产”模式弊端不断显露，也让不少企业从单纯的代工向自主产品研发转型，从而使得玩具设计师这类新兴职业人才越来越紧俏，因此玩具设计师这一职业的发展前景十分广阔。

（三）职业胜任力测评

我的职业胜任力（PR）测评结果如图3.5所示。

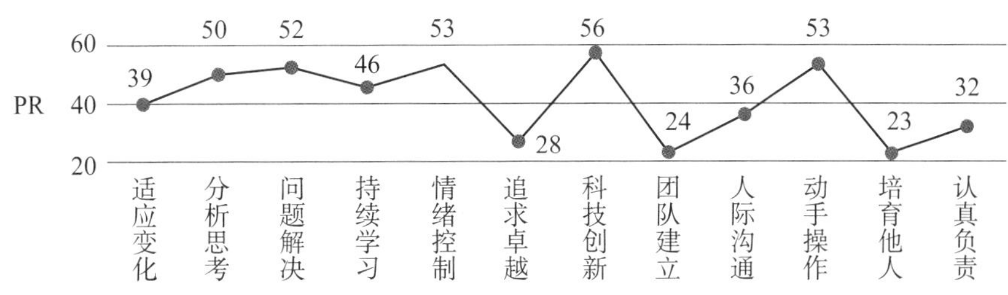

图3.5　胜任力（PR）测评

由图3.5可知：

胜任力（PR）≤30的有：追求卓越、团队建立、培育他人。

胜任力（PR）>50的有：分析思考、问题解决、情绪控制、科技创新、动手操作。

为了能够更清楚地看清自己所处的环境，我做出了如下总结：

我的优势：

（1）父母从小对我的培养。

（2）学校给我提供了一流的学习平台。

——对于我的优势，我要充分利用，发挥到极限。

我的劣势：

（1）与玩具设计专业的学生存在竞争压力。

（2）要充分掌握孩子的生理、心理特点难度较大。

（3）儿童玩具设计师进入门槛要求高。

——对于我的劣势，我要通过各种渠道尽全力弥补。

我的机会：

（1）苏州有100多家玩具制造企业。

（2）目前玩具设计师人才奇缺。

——对于我的机会，我要好好把握，先争取进入一家儿童玩具制造公司实习。

我面临的威胁：

（1）缺乏玩具设计的专门训练。

（2）玩具设计师的入门要求很高。

——对于我面临的威胁，我要通过自学、积累经验、参加培训等方式，排除万难，走向成功。

（四）环境认知小结

所谓"知己知彼，百战不殆"，通过对社会环境、行业环境、职业环境、个人环境的分析，我对周边环境有了更加清晰的认识，不再盲目地去看待这个社会，懂得理性地去思考，只有这样才能够适应环境，才能在这个社会立足。周边环境的分析让我更加坚定了我的梦想，我会一直带着我的信念不断前进。

第三部分 职业规划行动方案——用科学的方式诠释自己

（一）制订计划的SMART原则

（1）持久原则：我要时刻坚持自己的目标，为实现自己的目标，努力克服人生道路上的困难险阻，最终到达成功的彼岸。

（2）藐视原则：藐视一切困难，从长远上看没有什么问题是解决不了的，我不可以被困难吓倒，困难再大也是有限的。

（3）生存原则：一切的发展只能在基于现实的物质条件许可的范围内去实现，生存是第一位的，只有首先让自己生存下来，才能谈得上追求发展。

（4）立足点原则：对付创业失败，不在于设法追寻不失败，而在于实施立足点战略，让自己有能力应对失败，支撑自己渡过难关。

（5）集中度原则：不做消耗式的职业人生规划，也不应该没有规划，看到什么有利的条件就去追逐，最终什么都做不好。

（二）SWOT分析

表3.12是我对自己的SWOT综合分析结果。

表3.12 SWOT综合分析

内部因素	外部因素
S（优势）	O（机会）
（1）擅长沟通，思维敏锐，记忆力强，富有亲和力，语言表达能力强 （2）拥有很强的动手能力和电子专业技能，会修理简单的玩具 （3）永远保持童心，有爱心，能够时刻带给别人欢乐	（1）国家对制造业的重视 （2）中国是玩具第一生产大国 （3）儿童玩具设计师是一个新兴职业，社会需求量很大 （4）中国玩具制造业正飞速发展
W（劣势）	T（威胁）
（1）专业与理想职业稍有偏差，缺乏美术设计功底 （2）专业相关的社会经验不足，缺乏深入研究 （3）刚接触社会，人脉关系薄弱，对市场了解不够深入	（1）与玩具设计专业的学生存在竞争压力 （2）儿童玩具设计师要求很高

（三）职业规划路线

俗话说："每天成就一小步，成就人生一大步。"因此，为了实现我的最终目标，我将我的人生规划分成了一个个小目标，如图3.6所示。我希望，在未来我能够踏踏实实、一步一个脚印，通过不断努力来实现自己的最终职业目标。

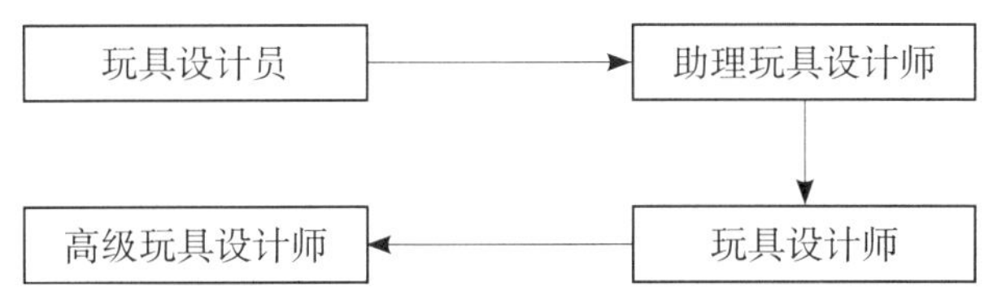

图3.6 我的职业目标

（四）未来宏图

1. 短期目标制订

（1）大学期间目标。

① 加强专业知识的学习，注重理论与实践相结合，不断提高自己的动手操作能力。

② 考取专业方面的相关证书，不断提升自己的专业水平。

③ 参加幼师基本技能培训班，争取在校期间考取幼师资格证。

④ 积极参加各种社团活动，如爱心联盟社、青年志愿者协会等。

（2）知识提升措施。

① 上课认真听讲，做到课前预习、课后巩固。遇到难题及时请教老师和同学，或者到图书馆查阅资料。每周日花两个小时回顾大一、大二的专业知识，打好基础。

② 利用业余时间读一些专业方面的科技创新类书籍，注重理论和实践相结合。

③ 每天晚上六点到八点到阅览室看学前教育自考相关书籍。

④ 每天早上六点起床早读，培养对英语的兴趣，积累单词，争取通过大学英语四、六级考试。

⑤ 每周六、周日参加学前教育基本技能培训班，争取在校期间考取幼师资格证。

⑥ 多登录学校网站，了解幼师招聘信息。

⑦ 通过网上、老师的咨询，获取更多有关毕业论文的要求，争取被评为优秀毕业生。

（3）能力提升措施。

① 积极参加爱心联盟社组织的每一次爱心支教活动，在和小朋友的接触交流中，了解熟悉幼儿的行为习惯，同时在活动中注意寻找与自己志同道合的朋友。

② 多看一些与幼儿相关的书籍和节目，从中掌握并探索幼儿的身心发展规律和学习特点。

③ 通过互联网学习玩具的构造、颜色搭配等知识，从中汲取经验。

④ 利用周末到苏州龅牙兔儿童情商乐园做兼职，了解儿童的行为习惯和家长的品牌选择倾向。

⑤ 参加职业培训，获得玩具设计师资格证。

2. 中期目标制订

（1）首次岗位的选择。毕业后我会选择在苏州实习，有以下两个方面的原因：

① 我在苏州读的大专，平时通过网络对苏州的玩具制造公司有一定的了解。

② 苏州是二线城市，消费水平相对较高。

我会从一名普通的实习生做起，时刻怀着一颗上进好学的心，不断吸取新的知识，同时,也要注重培养自己的独立创新能力;成为公司正式员工后会继续进修美术设计、电子、机械制造等多方面的知识,争取2年之内取得助理玩具设计师的资格证书;接下来,通过平时不断的积累,了解行业和产品的信息,参加培训,学习玩具设计基础、计算机辅助设计、材料及工艺相关知识,参与产品的系列化开发,绘制设计图,最后争取3～4年内取得玩具设计师从业资格证,真正实现我的职业梦想,成为新一代儿童玩具设计师。

(2)具体措施。我的中期目标的具体措施如表3.13所示。

表3.13 中期目标的具体措施

工作时间	职 位	学 习 途 径	努 力 成 果
第1～2年	普通职员	(1)向有经验的工作者不断学习,学习基本的打板、打样及工艺排料等工序; (2)不论多累,每天坚持做好总结和反思工作; (3)去游乐场所举办互动游戏,了解幼儿的行为习惯	(1)掌握幼儿的行为习惯和发展规律; (2)具备一名合格的玩具设计员应有的"四心":爱心、童心、耐心和信心
第3年	助理玩具设计师	(1)进修美术设计、电子、机械制造等多方面的知识; (2)不断向优秀的玩具设计师学习	(1)有一定的科研意识和科研能力; (2)工作得到领导的认可; (3)积累更多的人脉和资金
第4～5年	儿童玩具设计师	(1)了解行业和产品信息; (2)参加培训,学习玩具设计基础、计算机辅助设计、材料及工艺相关知识	能够参与产品的系列化开发,绘制设计图,创造自己的主打品牌

(五)职业规划行动方案总结

通过以上对自己目标的一个详细规划,我对未来更加充满信心。虽然人生的道路没有一帆风顺的,未来的一切都是未知数,但为儿童服务的理念已经深入我心。我坚信,只要心中拥有一颗不灭的太阳,就一定会到达成功的彼岸。

第四部分 评估调整——用自己的方式绽放自己

"计划赶不上变化",因此,一份合理科学的职业规划需要不断地评估和调整,我将从时间和内容上做出相应的评估,来确保我的发展路线与职业规划相一致。

(一)备用职业规划方案

方案一:如果我成功地成为一名玩具设计师,我会继续在玩具制造公司工作,不断积累经验,争取成为高级玩具设计师。

方案二:如果我拥有了一定的人脉和资金,我会组织自己的团队,创立自己的儿童玩具品牌。

方案三：如果我不能成为玩具设计师，我会从事玩具销售工作，但同时我会继续实现我为孩子奉献爱心的愿望，利用业余时间义务支教的形式来实现我的人生价值。

上述是实现我人生理想的三个职业规划方案，方案一是我的基础方案，方案二是我的理想方案，方案三则作为我的保险方案和曲线实现理想的方案。

（二）评估的时间

一般情况下，我会一个月做一次评估规划，并在年初制订具体计划，年末进行总结反思。每一阶段的计划将逐月修改，具体计划按照年、月、周细分，最后再进行调整或归纳。每月积极修正和核查策略和计划，保证目标有效实施。

在特殊情况下，如换工作或职位调动时，我会随时评估并进行相应调整，酌情缩短规划周期，做到事事有计划。

（三）规划调整的原则

1. 成功标准

我的成功标准是个人事务、职业生涯、家庭生活的协调发展。只要自己尽心尽力，能力也得到了充分发挥，每个阶段都有了切实的自我提高，即使将来我没有获得如预期中的结果，但我还是会继续向着目标努力奋斗。因为我坚信，美丽的人生需要不断地打拼，是金子总会发光的。

2. 差距

（1）社会经验和市场综合分析能力。

（2）作为管理者的能力和素养。

（3）没有达到预期的目标。

俗话说："当局者迷，旁观者清。"在计划实施的过程中我还要不断地听取他人的意见，以免犯下大错，也更有利于事业的发展、计划的实施。因为一件事情，看待的角度不一样，得到的认识也就不一样，所以我们要多多聆听别人的想法和意见。及时地听取、考虑、采纳别人的意见是每一个想获得成功的人的明智选择。

结束语

在我冷静地思考与分析、规划和定位后，我的职业生涯规划已经接近尾声，但我深刻地知道：做好计划固然好，但更重要的在于具体实施并取得成效。这一点时刻都不能忘记。任何目标，只说不做到头来都只会是"竹篮打水一场空"。然而，现实是未知多变的，定出的目标计划随时都可能受到各方面因素的影响，这一点每个人都应该有充分的心理准备。因此，在遇到突发因素、不良影响时，要注意保持清醒冷静的头脑，不仅要及时面对、分析所遇问题，更应快速果断地拿出应对方案，对所发生的事情，能挽救的尽量挽救，不能挽救的要积极采取措施，争取做出最好的矫正。

其实，我的心中还有一个美好的愿望，希望在未来能够创立一个很棒的玩具品牌，它能将平等、友谊、欢乐、温暖送到世界的每个角落，希望玩具让世界更美好！

水无点滴量的积累，难成大江大河。

人无点滴量的积累,难成大气候。

没有兢兢业业的辛苦付出,哪里来甘甜欢畅的成功喜悦?

没有勤勤恳恳的刻苦钻研,哪里来震撼人心的累累硕果?

只有付出,才能有收获。

未来掌握在自己手中。

写给大学生的话

大学生在大学到底要学习什么呢? 我们认为以下内容至关重要:

(一) 大学时期需要认真学习专业知识与技能

大学是一个传承与创造知识、文化的地方,是探求真理与未知的地方,因此你要学习知识,包括本专业的知识和技能、科学研究的知识和方法、分析问题的方法,虽然不是每个人上大学都要搞科学研究,但学好本专业,掌握专业、学术研究的方法和技能是受益终身的。如果你不喜欢自己的本专业,那你一定要想办法找到一个自己喜欢的专业学习。现在很多大学生连本专业是什么、学什么、做什么都没搞清楚就随意说自己不喜欢,这是很不负责的表现。

(二) 大学时期需要培养独立的人格并学会思考

如果你问很多成功人士,他们在大学里学到了什么,他们都会告诉你“学到了一种思维方式,一种如何学习的方法”,其实这就是培养独立人格的内容。独立人格的前提是独立思考、独立分析、独立学习。那么,思维科学、逻辑学、创造学等就是你要学习的内容了。平时多做思维练习,遇到问题时多追问几个为什么,首先看自己是否清楚,能否解决,不要一遇到问题就去求助别人。相信自己可以面对和解决问题是独立思考的关键。其实,大学里又有多少问题是你遇到但自己又不能解决的呢? 只要你多问一个为什么,多坚持一分钟,多尝试一个方法,可能就把难题解决了。当然,实在不能解决的问题,还是需要寻求他人帮助的。

(三) 大学时期需要塑造和发展个人品格

学会做人,学会做一个有正义感的人,学会做一个平凡的人,学会做一个好人,学会做一个对社会有意义的人,学会做内心中真正的自己等,这些都是大学对个人品格、个性的培育内容。因此,你要多向平凡的人、优秀的人学习,多积淀自己的人文素质,多学习人文科学与社会科学,让自己的存在变得有意义,活出自己的精彩与快乐;要发现、开发和管理自己的性格、兴趣、能力等,要学习礼仪、道德等为人处世的方式,要走正路,合理合法地发展和培养自己。

(四) 大学时期需要为社会服务并创造价值

大学有服务社会、创造社会价值的功能,那么你也要培养自己为社会服务、创造价值的能力。服务社会体现在呈现、分析、解决社会问题上,因此你的发挥范围和方式很多。例如,做一个关于农民工讨薪的调查,去养老院做义工,提出解决青少年上网成瘾问题的一些方法等，只要是社会大众的问题都可以。在分析、解决问题时，一方面你可以锻炼自己的能力，如沟通、调查、信息搜集、访谈等能力；另一方面你还可以了解社会，服务社会，加强自己的社会责任感。

第四章

求职材料准备

本章导读

求职材料是高校毕业生推销自己、与用人单位取得联系的实物准备。向用人单位投递求职材料是毕业生“投石问路”最常用的办法，一份好的求职材料不仅能充分显示一个求职者对求职的态度，反映其所具备的能力，也体现了所在学校对其在校期间综合表现的认可，因此精心准备一套内容翔实、格式规范、富有个性、针对性强、设计美观的求职材料，对求职择优是至关重要的。

第一节　求职简历

学习目标

(1)了解求职简历的相关要求。

(2)能够独立撰写一份求职简历。

一、制作简历的基本原则

简历是对个人学历、经历、特长、爱好及其他有关情况所做的简明扼要的书面介绍。简历是有针对性地自我介绍的一种规范化、逻辑化的书面表达。对应聘者来说，简历是求职的“敲门砖”，它向未来的雇主表明自己拥有能够满足特定工作要求的技能、态度、资质和自信。成功的简历就是一件营销武器，它向未来的雇主证明自己能够解决他的问题或者满足他的特定需要，因此确保能够得到会使自己成功的面试。撰写一份成功的简历我们应该遵循以下原则：

(一) 十秒钟原则

当你的简历写完以后，是不是能够在十秒钟内看完所有你认为重要的内容？一般情况下，简历的长度以A4纸1页为限，简历越长，被认真阅读的可能性越小。高端人才有时可准备2页以上的简历，但也需要在简历的开头部分有资历概述。

（二）清晰原则

清晰的目的就是要便于阅读。就像制作一份平面广告作品一样，简历排版时需要综合考虑字体大小、行和段的间距、重点内容的突出等因素。

（三）真实性原则

不要试图编造工作经历或者业绩，谎言不会让你走得太远。大多数的谎言在面试过程中就会被识破，更何况许多大公司（尤其是外企）在提供Offer前会根据简历和相关资料进行背景调查。但真实性并非就是要把我们的缺点和不足和盘托出，可以选择突出哪些内容或忽视哪些内容，要知道优化不等于掺假。

（四）针对性原则

假如A公司要求你具备相关行业经验和良好的销售业绩，你在简历中清楚地陈述了有关的经历和事实并且把它们放在突出的位置，这就是有针对性。不仅仅是简历，在写求职信以及感谢信的时候，针对性都是十分重要的原则。

（五）价值性原则

使用语言力求平实、客观、精炼，篇幅视工作时间限为1～2页。工作年限5年以下，通常以1页为宜；工作年限在5年以上，通常为2页。注意提供能够证明工作业绩的量化数据，同时提供能够提高职业含金量的成功经历。独有经历一定要保留，如在著名公司从业、参与著名培训会议论坛、与著名人物接触的经历等，将最闪光的点提炼出来即可。

（六）条理性原则

要将公司可能雇用你的理由，用自己过去的经历有条理地表达出来。个人基本资料、工作经历（包括职责和业绩）、教育与培训这三大块为重点内容，其次重要的是职业目标、核心技能、背景概论、语言与计算机能力、奖励和荣誉。

（七）客观性原则

简历上应提供客观的证明或者能佐证资历、能力的事实和数据。例如，“2020年因销售业绩排名第一获得公司嘉奖”和“在某参展活动中表现出良好的组织能力获得赞扬”，后者的客观性明显比前者弱。另外，简历要避免使用第一人称“我”。

二、简历的主要内容

一般来说,简历应包括以下四个部分内容:

(1)个人基本情况。应列出自己的姓名、性别、年龄、籍贯、政治面貌、学校、系别及专业,婚姻状况、健康状况、身高、爱好与兴趣、家庭住址、电话号码等信息。

(2)教育经历。应写明曾在某某学校、某某专业或学科学习以及起止时间,并列出所学主要课程及学习成绩,在学校和班级所担任的职务,在校期间所获得的各种奖励和荣誉等信息。

(3)工作资历情况。若有工作经验,最好详细列明,首先列出最近的资料,然后详述工作单位、日期、职位、工作性质等内容。

(4)求职意向。即求职目标或个人期望的工作职位,表明你通过求职希望得到什么样的工种、职位,以及你的奋斗目标,可以和个人特长等合写在一起。

一份个人简历撰写出来以后,应该认真检查,看是否符合以下几个特点和要求:

(1)积极表现出自己的优点、专业特长。

(2)简洁有序。

(3)注重语言技巧,表述力求突出个性、避免平铺直叙。

(4)用词妥当,无虚假内容,通俗易懂、言语诚恳,自信,适当自谦。

(5)版面清晰,纸张干净,语法准确,无错别字。

三、撰写简历应注意的问题

撰写个人简历需要注意以下问题:

(一)精心设计

个人简历可能需要你花上较多的时间思考,不是简单地提笔就写,需要仔细审视自我,了解单位,明白应聘的岗位和单位的需要。一般情况下,一份简历以一两页的篇幅为好。繁忙的人事主管往往会对超过两页的求职材料感到不耐烦。起草简历时,初稿可以长一点,把所有的相关内容都写上,然后进行删改,仔细推敲每一个词、每一块内容,把特别有用的内容留下来,用最简洁的语言表达出来。

(二)有的放矢

写简历之前,你得先站在用人单位的角度想一想:用人单位每个月支付工资招聘员工,目的是什么?搞清楚这个问题以后,才能做到有的放矢。要写出自己的特点、特长以及特别的经历。针对要应聘的单位、职位,要强调你有哪些技能、能力、资质、经历能够满足单位的需要,能够给单位带来什么样的利益。所选经历应为最近五年内发生的,应该与应聘职位尽量相关，独特的经历应该保留。

（三）实事求是但也要扬长避短

你所提供的一切信息必须是真实、可信的，没有把握的不写，否则可能会成为面试中的问题，但同时也要采取扬长避短的原则。个人简历里面的内容，必须实事求是，绝不能虚构，但这并不是说，在个人简历上你要把所有有关你的事情都写上去。简历的主要作用是让用人单位了解你胜任某项工作的资格，所以与之无关的、对自己不利的内容完全可以不在简历上出现。例如，简历是否贴照片，应考虑应聘的工作要求以及自身条件来做恰当安排。有的工作，如公关、秘书，比较注重相貌，一般来说应当贴上照片；有的工作，如科研、设计岗位等不太注重相貌，一般可以不贴照片；但是，如果你确实有漂亮的五官、潇洒的风度，最好不要被埋没，可以在个人简历上贴上自己的近照。

简历的作用是推销自己，表现自己，你有什么特长，尽量在简历上表现出来，让用人单位发现你的价值。切忌过于谦卑，不好意思向别人陈述自己的优点和成绩。如果你不说清楚你能干什么，那又有谁会知道你是一个有用的人才呢？所以，在简历中，不仅要列举你所干过的工作，更应该强调你能干某项工作的技能以及你所取得的成就证书。

（四）其他要求

（1）要仔细检查已成文的个人简历，绝对不能出现错别字、语法和标点符号方面的低级错误。最好让文笔好的朋友帮你审查一遍，因为别人比你自己更容易检查出错误。

（2）个人简历最好用A4标准复印纸打印，字体最好采用常用的宋体或楷体，尽量不要用花里胡哨的艺术字体和彩色字体，排版要简洁明快，切忌标新立异，排得像广告一样。当然，如果你应聘的是排版工作则是例外。

（3）要记住你的个人简历必须突出重点，它不是你的个人自传，与你申请的工作无关的事情尽量不写，而对你申请的工作有意义的经历和经验绝不能漏掉。

（4）要保证你的简历使招聘者在30秒之内，即可判断出你的价值，并且决定是否聘用你（简历200～300字即可）。

（5）要切记不要仅仅寄你的个人简历给你应聘的公司，附上一封简短的应聘信，会使公司增加对你的好感，提高成功率。

（6）要尽量提供个人简历中提到的业绩和能力的证明资料，并作为附件附在个人简历的后面。一定要记住是复印件，千万不要寄原件给招聘单位，以防丢失。

（7）一定要用积极的语言，切忌用缺乏自信和消极的语言写你的个人简历。最好的方法是在你心情好的时候编写你的个人简历。

（8）个人资料里的联系方式一定要齐全，包括手机号码、宿舍固定电话、暂住或家庭地址、E-mail等等，方便招聘单位第一时间通知你参加面试或发布面试结果。

（9）简历照片不宜太花哨，以一至两寸的彩色半身职业近照为佳，男士穿白衬衫、单色领带和黑色西装外套；女士可穿带衣领的白色或浅色衬衫加单色小西装或者外套，以便给HR（人力资源、人事）一个好的第一印象。

（10）不要写上对薪水的要求。很多学生都对简历上该不该写对工资、待遇的要求存在疑惑，一般的人力资源经理都认为简历上写上对工资的要求要冒很大的风险，最好不写。

四、撰写外文简历

（一）英文简历

作为优秀的英文简历首先要有内涵，一份个人简历制作得再唯美精致，没有什么内涵就不具有个人简历的真正价值。而所谓有内涵的个人简历，要求在个人简历中有足够的信息。个人简历中的信息所包含的内容也很多，能够将信息写得完整，并能够凸显自身的优势，就是优秀的个人简历标准之一。以下是英文简历的写作要素和基本原则。

1. 写作要素

1）个人资料（Personal data）

Name（姓名），注意大小写，姓和名的第一个字母大写，如Yang Xiaolang（杨小朗）。Address（通信地址），从小到大写，如“345 Waihuan Road, University Town, Guangzhou”（广州市大学城外环路345号），应聘外企务必要写清“中国”，不能只写城市名。Postal-code（邮政编号），邮编的标准写法是放在省市名与国名之间。Phone number（电话号码），写法很有讲究，中国人名片中的电话经常写得不清楚、不专业，以下几点须注意：

（1）前面一定加地区号，如北京区号：86–10。因为你是在向外国公司求职，你的简历很可能被传真到伦敦、纽约，他们不知道你的地区号，也没有时间去查，如果另一位求职者的电话有地区号，招聘者很可能先和这个人沟通。另外，国外很流行“user friendly”，即想尽办法给对方创造便利，尤其是在找工作时更要加深这一意识。

（2）8个号码之间加一个“–”，如6505–2266。这样，认读拨打起比较容易，否则第一次打可能会看错位。

（3）区号后的括号和号码间加空格，如（86–10）6505–2266。这是英文写作的规定格式，很多人忽略了，甚至不知道。

（4）写手机号或者向别人通报手机号时，也有一定的规范，要用“3–4–4原则”。有人习惯6个、5个地念，这样会造成两个结果：一是字数越多越不容易记全，甚至出错，降低效率；二是念得太快，不便记忆。

（5）传真号尽量不要留办公室的，以免办公室的同事都知道你想跳槽。如果家里有传真号，最好告诉对方，万一他找不到你，可以发几个字，比较快；将来对方发聘书或材料时，也比较方便。不要等到将来再给，我们应该培养“user friendly”的意识，处处方便对方。

（6）国外很流行留言电话，有人为找工作，专门去买留言电话。中国人甚至包括很多其他亚洲人，都不习惯使用留言电话，但随着国际商业文化交流的增多，愿意在电话中留言的人越来越多了，留言技巧也越来越高了。

一般来说，在打印版简历中写上以上这四项基本信息（座机号、手机号、传真号、留言电话号）就已足够。

2）教育经历（Education）

教育经历包括学历（Educational history）、教育程度（Educational background）、知识背景（Knowledge background）、所学课程（Courses taken）、专业课程（Specialized courses）、进修课程（Refresher course）、脱产培训（Off-job training）、计算机能力（Computer skills）及掌握情况等。在书写学历时，把学校和专业（研究所）的名称与起止时间、学位写清楚，从低的学历开始，一直写到最高学历为止。如果你的成绩突出，也可以附上说明。

3）应聘职位（Job objective）

应聘职位在公司的招聘信息中已经注明，只要把相应的职位写上即可。

4）实习经历（Intern experience）

大家要记住，不论是中文简历还是英文简历，都要遵循倒序的原则，也就是说，距离最近的经历写在前面，依次往后写。此外，实习经历一般都包含时间、工作单位、职位、职责与业绩等。

5）课外活动（Extracurricular activities）

在学历中写出你在校园里参加的各种课外活动，可以让雇主看到你的才能、爱好、修养、成熟和健康状态。课外活动主要包括两部分：一是学生组织活动，例如，担任校学生会主席（president of college student council）；二是参赛经历，如参加“挑战杯”全国大学生商业计划大赛（participated in “challenge cup”, the national business planning petition of college students）。

6）获奖纪录（Rewards）

在校期间曾经获得奖学金、三好学生、优秀团员、优秀干部等荣誉和奖项，均可列出。例如：XX年，获校级一等奖学金（won the first class scholarship of university in XX）。

7）技术资格与特别技能（Technical qualification and special skills）

例如：XX年获会计资格书（got an accountant qualification certificate in XX）。熟练使用计算机语言COBOL, basic, Pascal（Familiar with computer language: COBOL, basic, Pascal）。

2. 基本原则

1）勇于表现个人风格，不要拘泥于形式

英文简历没有所谓的固定形式，你必须衡量自身以及职务需求，打造最能凸显优势的内容呈现方式，并且格式要自行设计。往往履历本身的整体独创性也会是列入评分的项目之一。以所附的模板为例，有时候你可能不一定要写出技能以及专长（Professional qualities）这个项目，而是用经历概要（Summary）来加以代替，这些都完全取决于你自己的弹性。

2）文章以条例编排为最高原则

主试者可能每天要看的履历上百封，停留在一份履历的时间一般就10～20秒。因此，建议将文章内容以条例方式呈现，让主试者在短短的时间内能马上抓住履历的重点。

3）尽量控制在一张纸的分量

一份厚厚的简历对忙碌的人事主管来说会是个可怕的梦魇。因此，即使有再辉煌的事迹值得陈述，也不如多费一点心思设计你的版面，以不超过两张纸为原则。

4）搭配求职信

求职信兼任着自我推荐的角色，是英文履历不可或缺的搭档，有了它，你的履历将威力倍增。另外，在撰写履历以及求职信时，建议参考你个人工作经历的长短以及是否有职业上的转型等来做一些重点调整。

5）不需要附上照片

除非应征的公司有所要求，否则英文简历一般并不需要贴上照片。

为了突出自己的优势，简历要素的选择是因人而异的，要求也不仅仅局限于此。此外，在写简历时，一定要注意表达的准确性，投递之前可以请教学校的英文老师、外国朋友，或者专业的简历服务机构。为了获得一份好的工作，怎么精心准备都不为过。

（二）日文简历

“日文简历”也称“日文履历书”（日文：日本語履歴書），这应该是每一个日语专业的毕业生都应该准备的。准确地道的日文简历一定会让你在众多求职者中脱颖而出。但是，因为不太熟悉日本人的习惯和用词方法，就连很多学日语的学生都不太会写日文履历书。下面详细讲解日语履历书的写作方法。

1）日付【日期】

履历书上的日期，写公元纪年、日本年号均可，但要注意整张履历书上需要填写日期的地方形式一定要统一。

2）ふりがな【假名】

在正式的日文履历书中，姓名一栏除了要写上自己的名字之外，还要为汉字注释上假名。给汉字注假名究竟是用平假名还是片假名，需视所使用的履历书中的要求而定。如果表格中要求填写“ふりがな”，那就要填平假名；如果要求填写“フリガナ”，那就是填写片假名。这一点一定要注意。

3）写真【照片】

履历书中贴的照片一定要用三个月内拍摄的照片。是使用彩照还是黑白照片，要根据公司的要求来。如果照片是打印的，一定要保证图像清晰、色彩正常；要贴整齐，不要有折痕。照片的质量尽量高一些，最好到专门的照相馆拍摄，避免使用普通快照。照片要求长36～40 mm，宽24～30 mm。拍照时服装要整洁，套装效果更好，只用上半身照。如此强调照片的重要性，是因为照片是给面试官的第一印象，马虎不得。在日本，还要求求职者在照片的背面写上名字和出生年月，以防照片不小心剥落。

4）住所【住所】

履历书中的住所一栏是不能省略的，而且要尽量详细，甚至包括邮编和所住房间的号码。

5）学歴【学历】

学校名称是不能省的，不能填学校的简称，要填写正式名称。这里涉及时间的写法，整张简历的时间写法要保持一致。

6）免許、資格、スキルなど【许可证（一般指驾照）、各种资格证书、技能证书】

证书要按照所取得的日期顺序排列。同时，为了让自己的履历更突出，你也可以将现在正在学习的技能及到达的水平记录在这一栏中。

7）自己ＰＲ【自我推荐】

履历书中的自我推荐一栏要讲明自己有怎样的长处，可以和求职企业联系起来，讲明自己被企业录取后会发挥怎样的作用。

8）志望動機【志愿动机】

“志愿动机”其实就是你选择该企业的理由。在履历书的“志愿动机”一栏中，要写上对自己的现状和志向的思考，以及对所投企业的业务、方向性以及未来发展的想法，并明确地表达自己的求职意向。在认真调查工作内容以及自己的事业追求的基础上，明确该工作和自己优势及志向的交叉点。

这一栏很重要，因为每一名面试官都对求职者的求职动机很感兴趣，写得好，自然能给对方留下深刻印象。这也是面试时的必考题目之一，一定要认真思考、认真填写。

课外拓展

简历范文

个人简历一

基本资料：

姓　　名：×××

目前所在地：广州	户口所在地：梅州
婚姻状况：未婚	年　　龄：23岁
联系方式：略	通信地址：略

电子邮件：xxx@qq.com

求职意向：

人才类型：普通求职

应聘职位：文员、收银员、出纳、会计、审计

工作年限：0	职　　称：无职称
求职类型：全职	可到职日期：随时
月薪要求：6 000～8 000元	希望工作地区：广州深圳东莞

工作经历：

公司名称：深圳佳泰科技有限公司

公司起止年月：2019.02—2019.05

担任职务：会计

工作描述：负责编制公司的各项日常费用、客户货款、产品报价等明细账

负责制作、管理会计凭证，进行账务处理、核算

负责利润成本核算，员工工资的结算以及固定资产的管理

离职原因：实习结束

公司名称：

起止年月：2018.02—2018.05

担任职务：审计专员（实习生）

工作描述：负责抽查会计凭证，审核凭证，核对、收集、处理数据

负责编辑相关科目的底稿（银行对账单、应付账款、固定资产等编辑）

负责协助年度审计报告的编辑

离职原因：实习结束

教育背景：

毕业院校：×××大学　　　　最高学历：本科

获得学位：双学士　　　　毕业日期：20××.07.01

所学专业一：食品科学与工程　　　　所学专业二：工商管理

主修会计课程：初级财务会计，中级财务会计，经济法，财务管理，统计学等

选修会计课程：成本会计，管理会计，审计学，出纳实务等

语言能力：

外语：英语良好

工作能力及其他专长

个人技能：大学英语四级（具备听说读写能力）

熟练使用Excel，PowerPoint办公室软件以及用友、金蝶等财务软件

具备3个多月会计师事务所实习经验和3个多月公司财务会计实习经验

在校的活动表现：

担任职业生涯与规划协会秘书部部长

担任班上学习委员

参加广东省青年志愿者协会举办的义工活动

长期担任中小学生的家庭教师，学生成绩提高很快，获得了家长们的一致肯定

获奖情况：

获得学业优秀奖学金二等奖（3次）

获得优秀学生奖学金二等奖（2次），三等奖（1次）

获得国家励志奖学金

被评为校级优秀班干(1次),优秀青年志愿者(1次),积极分子(4次)

详细个人自传:

我在大学四年中,学习上勤奋刻苦,严学历真,工作上认真负责。虽然我的本专业不是金融会计类,但是我对审计、会计这行非常感兴趣,在课外我花了大量时间学习会计等相关课程,而且我还主修了工商管理这个专业,这个专业的学习让我接触到许多财务会计方面的知识。我曾在广州宏建会计师事务所实习,并在其他公司做过会计工作,在实战中我更加深入地体会到了会计工作的内涵,学到了许多东西,积累了宝贵的账务处理经验。

(资料来源:瑞文网)

个人简历二

English Resume

Foreign Trade staff; Translator; English Assistant

PERSONAL

English Name: *** Gender: Female

Health: Excellent Marital Status: Single

Birth date: 0709, 1995 Residence: Gong an Hubei

Height: 165cm Major: Business English

Email: Lucky***999@sina.com Mobile: 1356023****

Current address: Xinghua Building, Huangshi East Road, Baiyun District, Guangzhou

EDUCATION

◆ Sept. 2020~Jan. 2022 College of Continuing Education of Guangdong University of Foreign Studies majoring in Business English

◆ Sept.2016~Jun. 2018 College of Continuing Education of Dalian University of Foreign Languages majoring in English

◆ Curriculum: Included International Trade Practice, Business English Translation, Foreign Trade Correspondence, Advance English, The Survey of English Countries, Business English Listening and Speaking, Etc.

◆ Certificate: Received Band 4 Test for English Major (TEM4); Cambridge Business English Certificate (BEC Vantage)

WORK EXPERIENCE

★ Oct.2019~Aug.2020 Being in charge of the customer service in Dalian Dongfang Logistic Co, Ltd.

★ Jun.2019~Sept.2020 Foreign Teacher Assistant in Dalian Future Training School

★ Apr.2014~Jul.2017 Salesman in Dalian Longxing electronic Co, Ltd

SKILLS

Good command of listening, spoken, reading and written English; Proficient in international trade practice and business writing

Mastering Office Automatic Software (Word Excel and PowerPoint)

HABBIES

Climbing mountain; Reading; Traveling and Surfing on the internet

SELF ASSESSMENT

I am a conscious, honest and sociable person with team spirit as well as easy-going personality, having strong sense of responsibility, and being capable of doing a position with a certain degree of pressure.

(资料来源：优文网)

个人简历三

履歴書　　　　年　月　日

<table>
<tr><td>フリガナ</td><td colspan="2"></td><td rowspan="3" colspan="2">【写真を貼る位置】
写真を貼る場合
1. 縦：36 ～ 40 mm
横：24 ～ 30 mm
2. 本人単身胸から上
3. 表面のりづけ</td></tr>
<tr><td>氏名</td><td colspan="2"></td></tr>
<tr><td colspan="2">年　月　日生
（満　　歳）</td><td>男・女</td></tr>
<tr><td>フリガナ</td><td colspan="2"></td><td colspan="2">電話</td></tr>
<tr><td>現住所</td><td colspan="2">〒</td><td colspan="2">メール</td></tr>
<tr><td>フリガナ</td><td colspan="2"></td><td colspan="2">電話</td></tr>
<tr><td>連絡先</td><td colspan="3">〒（現住所以外に連絡を希望する場合のみ記入）</td><td>メール</td></tr>
</table>

年	月	學歷・職歷(各別にまとめて書く)

記入
上の　1. 鉛筆以外の黒の筆記具で記入。2. 数字はアラビア数字で、文字は崩さず正確に書く。
注意

年	月	學歷・職歷(各別にまとめて書く)

年	月	免許・資料

<table>
<tr><td rowspan="3">志望の動機、特技、自己PRなど</td><td colspan="2">通勤時間
約時間　分</td></tr>
<tr><td colspan="2">扶養家族(配偶者を除く)
人</td></tr>
<tr><td>配偶者
有・無</td><td>配偶者の扶養義務
有・無</td></tr>
</table>

本人希望記入欄(特に給料、職種、勤務時間、勤務地、その他についての希望などがあれば記入)

第二节　其他求职材料

学习目标

（1）了解求职信等其他求职材料的相关知识与要求。

（2）能够独立制作其他求职材料。

一、求职信

（一）求职信的概念

求职信是求职者写给用人单位的信，目的是让对方了解自己、相信自己、录用自己，它是一种私人对公并有求于公的信函。很多求职者没有写求职信（Cover letter）的习惯或根本不知道求职信的重要性。求职信就是用文字语言推销自己，是简历的一个重要组成部分。

（二）求职信的格式要求

1. 标题

求职信的标题通常只有文件名称，即在第一行中间写上“求职信”三个字。

2. 称谓

称谓是对受信人的称呼，写在第一行，要顶格写受信者单位名称或个人姓名。单位名称后可加“负责同志”；个人姓名后可加“先生”“女士”“同志”等。在称谓后写冒号。求职信不同于一般私人书信，受信人未曾见过面，所以称谓要恰当，郑重其事。

3. 正文

正文要另起一行，空两格开始写求职信的内容。若正文内容较多，要分段写。

第一，写求职的原因。首先简要介绍求职者的自然情况，如姓名、年龄、性别等。接着要直截了当地说明从何渠道得到有关信息以及写此信的目的。例如：“我叫李民，现年22岁，男。是一名财会专业的大学本科毕业生。从报上我看到贵公司需招聘一名专职会计人员的消息，不胜喜悦。以我的水平和能力，不揣冒昧地毛遂自荐，相信贵公司定会慧眼识人，使我有幸成为贵公司的一名会计人员。”这段是正文的开端，也是求职的开始，介绍有关情况要简明扼要，对所求的职务态度要明朗，而且要吸引受信者有兴趣将你的信读下去，因此开头要有吸引力。

第二，写对所谋求的职务的看法并对自己的能力做出客观公允的评价，这是求职信的关键内容。要着重介绍自己应聘该职位的有利条件，特别突出自己的优势和闪光点，以使对方信服。例如：“我于2021年7月毕业于东北财经大学会计专业。学习成绩优秀，在省级会计大奖赛中，获得'能手'嘉奖(见附件)，在《海南金融杂志》上发表过多篇学术论文(见附件)。我在有关材料上看到过关于贵公司的情况介绍，我喜欢贵公司的工作环境，钦佩贵公司的奋斗精神，也很赞赏贵公司在经营、管理上实行的一整套规章制度。这些均体现了在当前改革开放的经济大潮中，贵公司的超前意识。我十分愿意到这样的环境中去努力拼搏，乐意为贵公司贡献我的学识和力量。我相信，经过努力，我一定能做好我的本职工作的。"写这段内容，语言要中肯，恰到好处；态度要谦虚诚恳，不卑不亢，达到见字如人的效果。要给受信者留下深刻印象，进而使其相信求职者有能力胜任此项工作，因此这段文字一定要有说服力。

第三，向受信者提出希望和要求。例如："希望您能为我安排一个与您见面的机会"或"盼望您的答复"或"敬候佳音"之类的语言。这段属于信的收尾阶段，要适可而止，不要啰唆，不要苛求对方。

4. 结尾

另起一行，空两格，写表示敬祝的话，如"此致"之类的词，然后换行顶格写"敬礼"或"祝工作顺利""事业发达"等词语。这两行均不加标点符号，不必过多寒暄，以免画蛇添足。

5. 署名和日期

写信人的姓名和成文日期要写在信的右下方。姓名写在上面，成文日期写在姓名下面。姓名前面不必加任何谦称的限定语，以免有阿谀之感，或让对方轻看你的能力。成文日期要年、月、日俱全。

6. 附件

有说服力的附件是对求职者能力鉴定的有力凭证，所以求职信的附件是不可忽视的组成部分。附件可在信的结尾处注明。例如：附件1. ××× 2. ××× 3. ×××……然后将附件的复印件单独订在一起随信寄出。附件无须太多，但必须有分量，足以证明你的才华和能力。

二、推荐表

"推荐表"是"毕业生双向选择就业推荐表"的简称，是学院向用人单位推荐毕业生的书面材料，主要包括基本情况、学业情况、本人简历、本人特长、爱好、社会表现及社会活动能力、在校奖惩状况、本人就业意愿、学校推荐意见、备注等信息。一般企业都会仔细查看这份资料，正规的大企业在正式录用时还会让你提交推荐表的原件。

《毕业生双向选择就业推荐表》的各项内容要用黑色钢笔或签字笔认真、如实地填写，字体要工整、清晰。《毕业生双向选择就业推荐表》内容填写须注意如下几点：

(1)姓名：要求填写工整，必须与身份证上姓名相一致。

(2)毕业专业：即在校主修专业，如旅游管理、计算机应用技术等。

(3)政治面貌：如中共党员、中共预备党员、共青团员、群众等。

(4)学制：根据实际情况填写，如五年学制的填写五年，四年学制的就写四年。

(5)E-mail：清楚、工整填写，注意数字"0"与字母"O"之间的区别。

(6)专业与技能等级证书：填写已取得证书的名称与级别，包括其他职业资格水平证书的名称。

(7)任职情况、社会实践、奖惩情况：填写在校期间的相关情况，尽量注明相应的时间或学期。

(8)个人简历：要客观、诚实、简练。

(9)其他要求：学生填写的所有内容由系、部进行认真严肃的核查；系、部意见由学生所在系、部的相关老师填写；学生在校期间所有成绩由教务处统一打印并加盖公章，成绩单手写无效。

三、其他材料

其他材料是指简历中所列的各种奖励、证书等凭证，是要告诉对方自己所列事项有凭有据。因此，你需要准备好学习成绩单、英语证书、计算机证书、荣誉证书、奖学金证书、职业资格证书、社会实践证明等各种材料的原件及复印件。主要包含有以下几类：

(一)提供与上一家用人单位解除或终止劳动关系的证明文件

如果求职者能提供离职证明文件，可推知该求职者已离岗；该求职者在上一家单位是按照公司规定合理解除或终止劳动关系的，是负责任的行为。从法律角度看，可以规避法律责任，明确无多重劳动关系，企业可以放心用人。

(二)各类身份、履历、技能等证件

(1)身份证复印件一份。

(2)最高学历证书复印件一份(毕业证书、学位证书)。

(3)最高英语等级证书复印件一份(如四级、六级、托福、雅思等)。

(4)计算机技能证书复印件一份(如C语言、C++等)。

(5)自备笔以备填写应聘单位要求的履历表，并附上一张一英寸照片。

(6)各类上岗证书、技能培训证书复印件一份(如人力资源三级师证书、焊工证书等)。

(7)驾照、小语种语言等级证书复印件一份(有要求的企业需准备)。

(8)成绩单复印件、各种荣誉证书各一份(应届生准备)。

(三)求职单位对外公布职位的职位描述和任职资格

(1)求职者可根据职位描述和任职资格进行单位筛选，初步锁定目标单位。

(2)可打印或书写求职单位的职位描述和任职资格要求，随身携带，面谈时也可带上。

(3)针对目标单位的职位要求衡量自身条件及优劣势。

(4)可针对这类职位要求提炼自己在工作中可能会遇到的问题，提前思考。

（5）在最后问答时，也可问及职位相关的问题。

（四）健康证明

提交入职体检报告（部分行业要求提供，如酒店、餐饮等）。

当然，并不是所有的简历都必须附上厚厚的一摞资料，而是要在明确企业及职位要求的基础上，有选择地附上相关资料。

课外拓展

自荐信

尊敬的领导：

您好！

很高兴您能在百忙之中抽出时间来阅读我的自荐信。我是一名待业的大学生，就读于×××省×××市×××学院，属经济与管理学院，所选专业是全国已呈热潮形式的电子商务专业，我将于2021年7月份毕业参加工作，值此锻炼机会来临之际，特向贵单位自荐，在此很感谢您抽出时间来审阅我的简历！

我一直很关注贵公司的招聘信息。我了解到贵公司是一个很有发展前景、朝气蓬勃、充满活力的大集体，有良好的工作氛围和企业文化，很强的专业性知识，是我一直渴望的工作场所。我很乐意，也很期望能到贵公司工作，为贵公司的兴盛繁荣尽自己的一份微薄之力！

在大学的几年时间里，我不断地提高自身的文化素质和思想道德修养，积极参加各项社会实践活动，努力提高自身的综合素质。虽不敢说自己已收获了累累硕果，但是自信自己还是掌握了一定的专业知识和管理知识，积累了很多的实际经验。本人工作责任心强，勤恳踏实，有一定的创新精神，也十分注重良好的团队合作精神和集体观念，具有高度的合作性和纪律性，适应环境的能力较强。

作为一名学生干部，我更注重自己能力的培养。“乐观、执着、拼搏”是我的航标，“在险滩处扯起希望的风帆，在急流中凸显勇敢的性格”是我的人生信条。由我创意并组织的多次大型活动得到了老师的认可、同学的赞许，使我以更饱满的热情投入新的挑战之中，向着更高的目标冲击。

在即将走上社会岗位之时，我毛遂自荐，企盼着以满腔的真诚和热情加入贵公司，领略贵公司文化之魅力，一倾文思韬略、才赋禀质为贵公司效力。

此致

敬礼

自荐人：×××

2021年6月15日

课外拓展

简历挑错活动

为了让大家检验一下自己对简历水平的评审能力，请你在10分钟之内从同学的初版简历中挑出尽可能多的失误之处。

这个活动为了让大家检验一下自己对简历的评审能力，帮助参与者明确简历要素，提高简历制作水平。大家要明白写完简历并不意味着大功告成，简历完成后要不断地仔细修改，因为有错别字或语法错误的简历，通常是最容易被刷下来的。

阶段1：

每个参与者从给定简历中挑出13个失误之处，时间为5分钟。

阶段2：

每个参与者和同伴讨论他们的失误之处，时间为10分钟。

阶段3：

组织者结合简历要素及制作要求进行讲解，时间为10分钟。

如果你不能在规定时间里将错误全部挑出来，表明你的简历写作能力有待提高，你自己在写作简历中恐怕也会犯同样甚至更多的错误。有经验的招聘经理能在5分钟之内就挑出所有错处，招聘公司对你的取舍也将不言而喻。

第三节 简历投递

学习目标

（1）了解简历投递的基本技巧。

（2）学会有效投递求职材料。

一、简历投递的技巧

（一）选用常见且稳定的电子邮箱

不建议使用学校内部邮箱或其他小服务商提供的邮箱系统，以免简历“夭折”在发送的路上。发完简历后，过几分钟再查看一遍邮箱，看是否有退信，若有，查明原因后再重新发送。

（二）忌只用附件形式发送简历

只发附件很可能让HR对你的简历视而不见，因为在邮箱爆满时，打开附件不仅是对耐心的极大考验，还要承担电脑感染病毒的风险。建议先将简历贴人正文，再添加附件作为补充，以便HR保存和归档。

（三）对心仪岗位可以隔周重复投递

很多HR表示，虽未谋面，但是从投简历的方式中也能“识人”。若在几分钟之内，连续发出两份以上相同的简历：谨慎有余，自信不够，若无特别，不作考虑；在最近一段时间内连续发出一份相同的简历：看重这份工作及应聘单位，若条件符合，可重点考虑。另外，建议错开“高峰”，把握好投递时间。

（1）避开招聘信息发布后的前两天（投简历的最高峰），以免你的简历因HR邮箱爆满而被忽略。

（2）不要在晚上7～10点投递，这时你的简历很容易淹没在成堆的垃圾邮件中。

（3）不要在下午5点，也就是下班前投递，这时阅读率非常低，因为HR也要准备下班回家了。

（4）最佳时间；早上7～8点，下午1～2点，这时既能避开投递高峰，又能让HR在上班第一时间就看见你的简历。

二、简历投递的方式

（一）向目标公司的人力资源部门投递简历

目标公司对外招聘人才都会贴出招聘启事，而其招聘的部门一般都是人力资源部门。个人投递简历要在目标公司处于招聘时期。人力资源部门每天有很多工作要忙，如果不是在招聘期间，基本上是不收个人简历的，而求职者贸然去投递，会引起对方的反感，反而起不到效果。

（二）在企业招聘会上投递简历

招聘会是求职的一个非常好的平台，不过在招聘会上却很少有成功的，主要是因为招聘会上往往所招的岗位很有限，或者求职者自己不是很满意，也或者是竞争对手太多。针对招聘会上，求职者可以多做一些个人简历，可以是统一的，也可以是有针对性的，然后投递给不同的企业。

（三）在网上投递个人简历

网络投递个人简历也是一个非常有效的方式，很多求职者都喜欢这个渠道。网络渠道投递电子版简历，尤其要注意简历如果是下载的模板，一定要记得更改投递者信息。

（四）通过手机App投递简历

手机App投递简历是一种十分便捷且高效的方式，能够随时随地获取求职信息。目前市场上运用较广泛的求职App有智联招聘、前程无忧、51Job、58同城、Boss直聘等。

课外拓展

如何撰写一份有针对性的简历

请你根据自己的求职目标，撰写一份有针对性且具个性化的求职简历。

作业说明：请你参考本模块相关内容，写一份完整的简历。

HR眼中优秀简历与普通简历的区别如表4.1所示：

表4.1 优秀简历与普通简历的区别

项目	普通版	优秀版
校徽和校名	大部分有	无
标题	“简历”和“Resume”	自己的名字
相片	大部分有	无
个人信息	全面。有的像人口普查表，有的则像征婚启事	简单。三行搞定最主要的信息，包括联系地址、电话、E-mail等
求职目标	大部分无	一般都有
教育背景	加上很多课程名和奖励情况	加少量相关课程名称，奖励单独一项进行介绍
工作经验	较多，基本是一堆事情的堆积，没有轻重之分，也不对其进行详细描述	有主次之分，最多不会超过4项，且每份工作都能详细描述
获奖情况	一部分有，一部分没有，以罗列较多，没有归纳、没有分析	基本都有，除了描述以外还有对该奖项的归纳、分析和交代
个人特长	罗列较多，没有突出自己的独特之处，自己不太会的也列上	选择性很强，不会随便写，够一定水准的才写上去
页数	2页甚至更多	1页
性格特点、爱好	描述具体且很多	有选择地介绍
低级错误	较多，包括拼写、语法、时态错误以及字体、字号不统一等	极少
真实度	常常会造假	不造假（具体形式可参考课程中提供的优秀简历样例）
精确度	较低，多用文字表达	较高，多用数字表达

（续表）

项　目	普　通　版	优　秀　版
纸张	纸张过轻、颜色不统一	80克以上白色纸张，比较讲究
文字	不规范，字体、字号不统一	规范，统一字体、字号
排版	较乱，不讲究	一丝不苟，十分讲究
打印	不整齐，彩色喷墨打印	整齐，黑色激光打印
文字风格	平铺直叙，大段描述	言简意赅，分点交代
直观印象	杂乱无章，无主次之分	精美舒畅，有重有轻

将自己的简历与上述标准对照，看看你的简历是否优秀。

第五章 面试准备

本章导读

虽然小高在找工作之初，网投了很多家单位，但只有一家单位的跨境电商运营岗给了他面试机会。作为一名电子商务本科生，小高没有营销学的理论知识和实际经验，销售能力方面受到HR的质疑，加上回答提问时他没有控制好语速，手势过多，条理不明，给HR留下不太好的印象。当HR问他英语口语如何时，小高迟疑了一下，坦诚地说："还可以，但是仍然需要加强。"此话一出，HR露出迟疑的表情，又问："假如我们接到一个客户的订单，接下来该怎么办？"面对这个从来没有思考过的问题，小高不知道该说些什么。

为什么这么多单位都不接纳小高？为什么HR的问题小高都不能给出令人满意的答案？找工作，面试需要做些什么准备呢？本章我们就来探讨如何有效地为面试做准备。

第一节　笔试技巧

学习目标

（1）了解就业信息的搜集、整理与运用方法。

（2）了解笔试的基本情况。

（3）掌握笔试的相关技巧，用科学的方法应对笔试。

一、笔试概述

笔试是复试中一种与面试对应的测试，是用以考核应聘者特定的知识、专业技术水平和文字运用能力的一种书面考试形式。这种方法可以有效地测量应聘人员的基础知识、专业知识、管理知识、综合分析能力和文字表达能力等素质及能力水平。

笔试在招聘中有相当大的作用，尤其是在大规模的招聘中，它可以快速地把应聘者的基本情况了解清楚，然后划分出一个基本符合需要的界限。笔试适用面广，费用较少，可以大规模地运用。常见的笔试类型一般可以分为以下三种。

（一）专业考试

专业考试主要是检验应聘者担任某一职务时是否能达到要求的专业知识水平和相关的实际能力。对于研究生，有些用人单位不考专业知识，只看本科生、研究生的学习成绩和学习内容。有些特殊的用人单位要进行专业考试。例如，外资企业、外贸企业要考应聘者外语，水平公检法机关录用干部要考法律知识。

（二）智力测试

智力测试主要测试应聘者分析和观察问题的能力、综合归纳能力、思维反应能力等。

（三）技术测试

技术测试主要测试应聘者处理问题的速度和效果，检验对知识和技能的运用能力。这类笔试主要针对研发型和技术类职位，这类职位的特点是：对于相关专业知识的掌握要求比较高，题目主要涉及工作需要的技术性问题，专业性比较强。这类考试的结果和同学们大学几年的学习成绩密不可分。要成功应对这类考试，需要坚实的专业基础。

笔试主要有七种：多项选择题、是非题、匹配题、填空题、简答题、回答题、小论文。每一种笔试题型都有它的优缺点，如小论文以长篇文章表达对某一问题的看法，并表达自己所具有的知识、才能和观念等。该题型的优点：易于编制试题，能测验书面表达能力，易于观察应聘者的推理能力、创造力及材料概括力；缺点：评分缺乏客观标准，命题范围欠广博、不能测出应聘者的记忆能力。其他笔试形式的优点：评分公正、抽样较广、免除模棱两可及取巧的答案，可以测出应聘者的记忆力，试卷易于评阅；缺点：不能测出应聘者的推理能力、创造力及文字组织能力，试题不易编制，答案可以猜测。

二、笔试技巧

笔试从某种角度来说，能更深入地考察毕业生的综合素质。毕业生平时的知识积累程度，对知识是否真正理解和掌握等，通过笔试能得到较好的体现。用人单位的出题方式远比学校灵活多样，且更侧重于能力，而不是单纯的知识掌握。因此，在参加笔试之前，毕业生应对此进行深入的了解，掌握笔试的技巧，做到知己知彼，以达到事半功倍的效果。

（一）了解笔试内容，做到心中有数

笔试的内容一般分为三种：文化考试、专业知识考试和专业技术能力考试。文化考试是为了检验毕业生的实际文化程度。用人单位为了直接掌握毕业生的文化水平，往往采取笔试的方法进行考查，题目类型以活题较多。例如，对文科学生要求运用某一原理或某一历史知识分析某一问题；对理工科学生要求运用某一专业知识解决某一实际问题。考查毕业生文化基础是否扎实，文字表达能力水平如何等。

专业知识考试的题目专业性很强。例如，外国企业招聘雇员要考外语；科研机构招聘人员要考动手能力；国家机关招聘公务员要考行政管理方面的知识。这些年参加国家公务员甲种考试的人数最多，这是一种录用非领导职务的一般公务员时实行的面对社会的公开竞争性考试。

专业技术能力考试是为了检验毕业生的实际工作能力或专业技术能力，这种考试往往在特意设置的工作环境中进行。例如：

（1）阅读一篇文章，写读后感。

（2）自编一份请求报告和会议通知。

（3）听取5个人的发言，写一份评价报告。

（4）某公司计划在5月份赴日本考察，写出需做哪些准备工作。

（5）针对一个科研题目，写出科研论文的详细大纲。

（二）了解笔试重点，掌握笔试方法

用人单位的笔试重点是常用的基础知识，因此在笔试时要注意以下四点：

1. 学以致用，理论联系实际

求职考试较为强调用学过的知识来解决实际问题，具有很强的实用性。换句话说，现在的应聘考试主要是考核应聘者对知识的运用能力。因此，在复习过程中必须始终突出一个“用”字，通过各种实践，把学得的知识运用到工作实际中去解决各种具体的问题。

2. 提纲挈领，系统掌握

在知识与能力这两者中，知识无疑是基础。没有扎实的基础知识，也就无从谈什么能力的培养和提高。掌握知识的一个有效方法就是把零散的知识系统化。应聘笔试往往范围大、内容广，存在着一定的随意性和盲目性，因此，凡是与求职有关的一些知识，如文史知识、科技知识、经济知识、法律知识和一般的计算机知识等，均要系统地复习一遍。

3. 多读多炼，提高阅读能力

提高阅读能力对扩展知识面和回答应聘考试的各类问题很有益处。要提高阅读能力，首先得坚持进行阅读实践。知识的获得主要依靠传授；能力的提高则必须通过实践。复习时经常做些阅读训练，有助于阅读能力的提高。在做阅读训练时，一定要做到“眼到”和“心到”，特别是“心到”，即对每个问题都仔细揣摩，认真思考，分析比较，综合归纳，努力提高自己的阅读能力。

4. 敏锐思考,提高快速答题能力

为了适应招聘考试中的题量,还应该培养自己快速阅读、快速思维和快速答题的能力。因为现代阅读观念不只着眼于信息的获取,而且还特别重视速度,所以在准备笔试的时候一定要提高做题速度。

(三) 了解笔试目的,运用综合能力答题

对毕业生进行笔试,不仅考查文化、专业知识,还考核心理素质、办事效率、工作态度、修辞水平、思维方法等。所以毕业生在参加笔试时,要认真审题,将自己的认识水平、知识水平和能力水平通过笔试较好地显示出来。

(四) 保持良好的身心状态

求职过程中的笔试毕竟不同于学校的考试,临考前要注意以下几点:

(1) 适当减轻思想负担,不要给自己施加过大的压力,否则适得其反。

(2) 笔试的前一天要注意休息,保证充足的睡眠,避免考试时精神不振,影响正常思维。

(3) 适当参加一些文体活动,使高度紧张的大脑得到放松休息,以充沛的精力去参加考试。

三、笔试应注意的问题

(一) 时间管理

要有策略地做题,先做擅长的,保证答题速度和正确率。

(二) 心理调节

有的时候我们可能会受到同考场内其他人的影响,如有人早交卷等,这个时候,我们要注意调节自己的心理,不要紧张、慌张,相信自己一定能够答好题目。

(三) 听从安排

应当在监考人员的安排下就座,而不要选择座位,更不要抢座位。如果因特殊情况,座位确实有碍自己考试需要调整时,一定要有礼貌地向监考人员讲清楚并得到其谅解。若实在不能调换,也应理解其工作的难处。

(四) 遵守规则

在落笔之前,一定要听清楚监考人员对试卷的说明,不要仓促作答,不要跑题、漏题或文不对题;更不能有不顾考场纪律、我行我素的行为,如未经许可携带手机等通信工具,擅自翻阅字典等。

（五）写好姓名

做题前一定要先将自己的姓名等要求填写的个人信息写清楚，以免百密一疏，白白地做一回“无名英雄”。

（六）卷面整洁

答卷时应注意卷面整洁、字迹清晰、行距有序、段落齐整、版面适度（即从对方阅卷装订方便出发，试卷上下左右边缘应该留出一些空隙而不要“顶天立地”）。因为求职过程中的笔试不同于在校时的考试，“醉翁之意不在酒”，有时用人单位并不特别在意应聘者考分的稍许高低，而是从中观察考生是否具有认真的态度、细致的作风，从而决定录用意向。

（七）行为举止得当

防止一些可能被视作舞弊的行为或干扰考试的现象出现。诸如偷瞄别人的试卷，藏匿被考试单位禁止的参考材料，与旁人嘀咕等。另外，口中念念有词，把试卷来回翻得哗哗作响，用笔击打桌面，唉声叹气，抓耳挠腮，经常移动身体或椅子显出烦躁不安等举动是不会为自己带来任何好处的。

（八）主动上交手机等通信工具

应聘者参加笔试，一定要注意手机等通信工具的处理，应按照监考人员的要求，关掉手机放在包里或直接交给监考人员保管，否则手机等通信工具响起来时，你会不自觉地去看，造成作弊的嫌疑或给用人单位留下一个不严谨的印象，影响笔试的成绩或效果。

第二节　面试技巧

 **学习目标**

（1）了解面试的基本情况。

（2）掌握面试的技巧，用科学的方法应对面试。

一、面试概述

面试，是一种通过精心设计，以交流和观察为主要手段，以了解应聘者素质及相关信息为目的的测试方式。面试是用人单位选聘录用人才的重要方法和必不可少的步骤，是供需双方相互加深了解的必要途径。面试不仅可以考核求职者的知识水平，而且可以面对面地观察求职者的仪态、气质、口才、应变能力和某些特殊技能等。面试既是应试者的第一个机会，也是用人单位对应试者的第一次评估，是双方能否一拍即合的最佳机会，因此，需对面试予以足够的重视，做好充分准备。

面试有很多形式，依据面试的内容和要求，一般常见的有以下几种形式。

（一）结构化面试与非结构化面试

根据面试的结构化（标准化）程度，面试可以分为结构化面试、半结构化面试和非结构化面试三种。结构化面试是指面试题目、面试实施程序、面试评价、考官构成等方面都有统一明确规范的面试。半结构化面试是指只对面试的部分因素有统一要求的面试，如规定有统一的程序和评价标准，但面试题目可以根据面试对象随意变化。非结构化面试是对与面试有关的因素不作任何限定的面试，也就是通常没有任何规范的随意性面试。

常见的正式面试一般为结构化面试，公务员录用面试即为结构化面试。结构化包括三个方面的含义：一是面试过程把握（面试程序）的结构化。在面试的起始阶段、核心阶段和收尾阶段，主考官要做些什么、注意些什么、要达到什么目的，事前都会相应策划。二是面试试题的结构化。在面试过程中，主考官要考察应试者哪些方面的素质，围绕这些考察角度主要提哪些问题，在什么时候提出，怎样提，在面试前都会做好准备。三是面试结果评判的结构化。从哪些角度来评判应试者的面试表现，等级如何区分，甚至如何打分等，在面试前都会有相应规定，并在众考官间统一尺度。

在非结构化的面试条件下，面试的组织非常“随意”。关于面试过程的把握、面试中要提出的问题、面试的评分角度与面试结果的处理办法等，主考官事前都没有精心准备与系统设计。非结构化面试颇类似于人们日常非正式的交谈。除非面试考官的个人素质极高，否则很难保证非结构化面试的效果。目前，非结构化的面试愈来愈少。

（二）单独面试与集体面试

根据面试对象的多少，面试可分为单独面试和集体面试。

单独面试是指主考官个别地与应试者单独面谈。这是最普遍、最基本的一种面试方式。单独面试的优点是能提供一个面对面的机会，让面试双方较深入地交流。单独面试又有两种类型：一是只有一个主考官负责整个面试过程。这种面试大多在较小规模的单位录用较低职位人员时采用；二是由多位主考官参加整个面试过程，但每次均只与一位应试者交谈，公务员面试大多属于这种形式。

集体面试又叫小组面试，指多位应试者同时面对面试考官的情况。在集体面试中，通常要求应试者进行小组讨论，相互协作解决某一问题，或者让应试者轮流担任领导主持会议、发表演说等。这种面试方法主要用于考察应试者的人际沟通能力、洞察与把握环境的能力、领导能力等。

无领导小组讨论是最常见的一种集体面试形式，一般是在不指定召集人、主考官也不直接参与的情况下，应试者自由讨论主考官给定的讨论题目。题目一般取自拟任工作岗位的专业需要，或是现实生活中的热点问题，具有很强的岗位特殊性、情景逼真性和典型性。在讨论中，众考官坐于离应试者一定距离的地方，不参加提问或讨论，通过观察、倾听为应试者评分。

（三）压力性面试与非压力性面试

根据面试目的的不同，可以将面试区分为压力性面试和非压力性面试。

压力性面试是将应聘者置于一种人为的紧张气氛中，让应聘者接受诸如挑衅性的、非议性的、刁难性的刺激，以考察其应变能力、压力承受能力、情绪稳定性等。在典型的压力性面试中，考官以穷究不舍的方式连续就某事向应聘者发问，且问题刁钻棘手，甚至逼得应聘者穷于应付，考官通过这种“压力发问”方式逼迫应聘者充分表现出对待难题的机智灵活性、应变能力、思考判断能力、气质性格和修养等方面的素质。

非压力性面试是在没有压力的情景下考察应聘者有关方面的素质。

（四）一次性面试与分阶段面试

根据面试的进程来分，可以将面试分为一次性面试和分阶段面试。

一次性面试，是指用人单位对应试者的面试集中于一次进行。在一次性面试中，面试考官的阵容一般都比较“强大”，通常由用人单位人事部门负责人、业务部门负责人及人事测评专家组成。在一次面试的情况下，应试者是否能面试过关，甚至最终是否被录用，就取决于这一次面试的表现。面对这类面试，应试者必须集中所长，认真准备，全力以赴。

分阶段面试又可分为两种类型：一种叫“依序面试”，一种叫“逐步面试”。

依序面试一般分为初试、复试与综合评定三步。初试的目的在于从众多应试者中筛选出较好的人选。初试一般由用人单位的人事部门主持，主要考察应试者的仪表风度、工作态度、上进心、进取精神等，将明显不合格者予以淘汰。初试合格者则进入复试。复试一般由用人部门主管主持，以考察应试者的专业知识和业务技能为主，衡量应试者对拟任工作岗位是否合适。复试结束后再由人事部门会同用人部门综合评定每位应试者的成绩，确定最终合格人选。

逐步面试一般是由用人单位的主管领导、处（科）长以及一般工作人员组成面试小组，按照小组成员的层次，由低到高的顺序，依次对应试者进行面试。面试的内容依层次各有侧重，低层一般以考察专业及业务知识为主，中层以考察能力为主，高层则实施全面考察与最终把关。逐步面试实行逐层淘汰筛选，越来越严。应试者要对各层面试的要求做到心中有数，力争每个层次均留下好印象。在低层次面试时，不可轻视大意，不可骄傲马虎，在面对高层次面试时，也不必胆怯拘谨。

（五）常规面试、情景面试与综合性面试

根据面试内容设计的重点不同，可将面试分为常规面试、情景面试和综合性面试等三

类面试。

常规面试就是我们日常见到的、主考官和应试者面对面以问答形式为主的面试。在这种面试条件下，主考官处于积极主动的位置，应试者一般是被动应答的姿态。主考官提出问题，应试者根据主考官的提问做出回答，展示自己的知识、能力和经验。主考官根据应试者对问题的回答以及应试者的仪表仪态、身体语言、在面试过程中的情绪反应等对应试者的综合素质状况做出评价。

在情景面试中，突破了常规面试考官和应试者那种一问一答的模式，引入了无领导小组讨论、公文处理、角色扮演、演讲、答辩、案例分析等人员甄选中的情景模拟方法。情景面试是面试形式发展的新趋势。在这种面试形式下，面试的具体方法灵活多样，面试的模拟性、逼真性强，应试者的才华能得到更充分、更全面的展现，主考官对应试者的素质也能做出更全面、更深入、更准确的评价。

综合性面试兼有前两种面试的特点，而且是结构化的，内容主要集中在与工作职位相关的知识技能和其他素质上。

（六）鉴别性面试、评价性面试和预测性面试

依据面试的功能可以将面试分为鉴别性面试、评价性面试和预测性面试。

鉴别性面试，是指依据面试结果把应聘者按相关素质水平进行区分的面试；评价性面试则是对应聘者的素质做出客观评价的面试；预测性面试是指对应聘者的发展潜力和未来成就等方面进行预测的面试。

（七）目标参照性面试和常模参照性面试

依据面试结果的使用方式，可以将面试区分为目标参照性面试和常模参照性面试。

目标参照性面试，是指面试结果须明确应聘者的素质水平是否达到某一既定的目标水平，通常分为合格与不合格两种；而常模参照性面试，则是根据面试结果对应聘者按素质水平高低进行排序，从而进行优胜劣汰决策的面试，结果往往分为若干档次。

二、面试准备

（一）知识储备

当你在求职材料海选中幸存下来后，随之而来的便是面试这一关。由于事先你并不能确定自己能去哪家单位，而不同单位的考试考查的侧重点不同，因此有针对性地做好充分的面试准备就相当重要，这有助于你在面试时发挥出自己的最佳水平。

面试的前期准备当然包括大学四年的积累，因此要在各个时期做好相应的规划，提前承接职场就业的压力，争取在大四的就业寒潮中，寻找到自己的职业暖春。从大一到大四都应该有自己的职业生涯规划，每个年级都有不同的侧重点。

一年级为试探期，要初步了解职业，特别是自己未来所想从事的职业或自己所学专业

对口的职业，提高人际沟通能力。具体活动包括多和师哥师姐们进行交流，多参加学校的活动，增加交流技巧等。

二年级为定向期，最好能在课余时间长期从事与自己未来职业或本专业有关的工作，通过英语和计算机的相关证书考试，并开始有选择地辅修其他专业的知识充实自己。

三年级为冲刺期，因为临近毕业，所以目标应锁定在提高求职技能、搜集公司信息并确定自己是否要考研上。希望出国留学的学生，可多接触留学顾问，参与留学系列活动，准备TOEFL、GRE考试，注意留学考试资讯，向相关教育部门索取简章参考。

四年级为分化期，找工作的找工作、考研的考研、出国的出国，不能再犹豫不决。大部分学生的目标应该锁定在工作申请及成功就业上，要积极利用学校提供的条件，了解就业指导中心提供的用人公司资料信息，强化求职技巧，进行模拟面试等，尽可能地在做出较为充分准备的情况下进行实战演练。

除了四年的厚积薄发，在就业、面试前的准备同样相当重要，也有一些技巧可循。具体如下：

1. 就业信息的搜集、整理与运用

就业信息作为求职的重要依据，是求职者就业和择业的基础和起点，关系到求职择业能否最终实现。就业信息指的是求职者利用各种渠道获悉在一定的时空和条件限制下招聘单位的人才需求信息及与此相关的情况，是经求职者理解、加工处理后用以作为择业参考的消息、知识、资料与情报，主要包括就业政策与形势、就业法规、就业途径、行业信息、用人信息等。

“知己知彼，百战不殆”，在求职过程中，谁搜集的信息越及时、越全面、质量越高，谁的视野就越开阔，求职的主动性、把握性就越强。因此，毕业生在开始求职之旅时，首要环节就是关注就业信息，并且逐步培养对就业信息的搜集、整理加工、储存以及运用的能力，为成功求职做好充分的准备。

1）就业信息的搜集

一个人对于自己要面试的单位一无所知是很严重的问题。当面试官问到你相关问题时，你一脸茫然，一问三不知，不单单表现出你对于这场面试的不重视，也表现出了你对这个职位、这个公司的不重视，更严重的是，让人觉得你不是个脚踏实地、做事有准备的人。所以，无论是什么职位，你只要提出了申请并赢得了面试机会，都应该好好地去珍惜和准备。这不单单是对别人的尊重，也是对自己的尊重和对自己负责，给自己一个交代。就业信息的形式、内容及传播途径多种多样、纷繁复杂，想要科学有效地获取所需要的信息绝非易事。因此，要科学地掌握如下获取就业信息的方法：

（1）“行业优先”获取法。这种获取信息的方法强调了行业特性。毕业生获取的信息主要以自己所倾向的某个行业为主，围绕选定的行业获取相关的企业信息、行业现状及发展前景等。

（2）“地域优先”获取法。这种获取信息的方法体现了地域特性。毕业生获取的信息以自己所倾向就业的地域为主。在以地域为主要参考进行信息的搜集时，毕业生可以从以下几个层面考虑：第一个层面，可以将地域粗略划分为诸如“东部”“西部”“沿海”“内陆”等不同地区；第二个层面，可以将地域划分得更细一些，比如可以按照东北、西北、华北、华中、华南等地理区域进行划分，也可划分成江浙地区、江淮地区等；第三个层面，可以把择业区域具体到省份或中心城市，如有些毕业生在择业时就把自己的目标定位成“入沪”“进京”等非常有限、非常具体的一线城市。

（3）“志趣优先”获取法。这种获取信息的方法突显了毕业生的特长和爱好等主观意志，体现了当代年轻人张扬个性、关注自我感受的特点。毕业生在获取就业信息时充分考虑自己的志趣，而不以行业或地域为重。例如，有的毕业生希望自己将来能够从事管理工作，有的毕业生希望自己将来能够创业经商，那么他们在获取就业信息时就会更加关注企业管理和市场营销等方面。

（4）“一网打尽”获取法。这种获取信息的方法充分保证了所获信息的全面性。采用这种方法获取信息时，可以将各种信息尽可能多地搜集起来，先不考虑行业、地域和个人的志趣，然后按照一定的标准进行筛选。

这四种获取就业信息的方法各有利弊，采用前三种方法获取信息时，针对性比较强，有可能利用有限的精力和时间获取到对自己有用的信息，但是存在着信息面窄的不足，难免有失偏颇。采用第四种方法获取的信息广泛，但由于涉及面太广，分拣和甄别有用信息会很浪费时间和精力。但若能将这四种方法有机地结合起来，互为补充，效果会更好，毕业生可根据自己的实际情况加以选用。

在掌握获取就业信息方法的同时，也要知道获取这些信息的渠道，通常包括以下几个方面：

（1）学校毕业生就业工作机构。基于历年的工作实践，学校毕业生就业工作机构同国家和地方各主管部门以及社会各界保持着广泛而密切的联系，获得信息的针对性、准确性、可靠性均较强，并有一定的指导性，是毕业生获取就业信息的重要渠道。一般而言，各个学校的毕业生就业工作机构都有相对固定的就业信息发布渠道，毕业生可以按照学校的指导，经常或定期浏览学校毕业生就业信息网、就业信息发布栏、就业信息简报等，获得一定的就业信息。

（2）其他社会就业机构。为了适应毕业生就业制度改革的需要，全国县以上各级政府一般都设立了毕业生就业指导机构，有的是教育部门主管，有的是人事部门分管非师范院校毕业生、教育部门分管师范院校毕业生。这些主管部门的主要职责就是制定所辖区的毕业生就业政策，向毕业生发布本地区企事业及用人单位招聘信息，为毕业生就业提供各种咨询与服务。他们每年都要通过各种形式为毕业生提供各种真实、可靠的就业信息。

（3）各地人才市场及就业洽谈会。各级地方政府除了设立专门的毕业生就业指导机构外，还专门设立了人才市场，定期组织人才交流会，毕业生可以通过人才市场随时掌握第一手的用人信息。同时，各地各部门还在毕业生就业的高峰期举办各种类型、各种层次的双向洽谈会，由于这些洽谈会是专门针对毕业生组织的，所以相对于人才市场定期组织的人才交流会而言，针对性更强，毕业生和用人单位都有较强的目的性，获得成功的可能性比较大。

（4）互联网。随着网络经济的迅猛发展，网上已经逐渐进入我们生活的每个角落，对处于时代和科技前沿的广大毕业生而言，借助互联网查阅和交流信息，已经成为一种再普通不过的事情。目前，基于互联网的毕业生就业服务和人才招聘市场从起步逐步走向成熟，包括高校、企业在内的各级各类毕业生就业或人才招聘服务机构都已经在网上建立了自己的网站，向毕业生提供就业指导和就业信息服务，有的已经实现了网上招聘。毕业生不仅可以自由地从互联网上取得各种职业信息，而且还能利用互联网把自己的求职材料放到网上。不过，由于计算机网络的信息点多、涉及面广等原因，毕业生要注意筛选网络上用人单位的招聘信息，切忌“眉毛胡子一把抓”。在就业高峰期，要养成经常上网查询信息的习惯。

（5）新闻媒体。报刊、广播、电视等媒体以其信誉度高、传播速度快、涉猎面广、易于为大众接受等特点，成为各类企事业单位或组织介绍企业现状、发展前景和人才需求的重要工具，特别是各高校的就业专题网站、公众号等都会在大学生求职过程中发布大量用人单位的需求招聘信息。各地的城市晚报也都开辟了人才需求信息和招聘广告的专栏。毕业生若经常关注这些新闻媒体，即可获得大量有用的就业信息。但是，报纸、杂志篇幅有限，无法深入了解招聘公司的背景及相关信息，且多数单位要求你必须先寄送求职材料，谢绝来访。此外，报纸上的招聘广告也不排除虚假信息，涉世未深的毕业生要尤其注意。

（6）社会实践和毕业实习。毕业生在求职择业过程中一个很大的障碍是供求双方缺乏了解，而毕业生在校期间所从事的社会实践和毕业实习等活动，是毕业生了解用人单位，并让用人单位了解自己的很好途径。毕业生在参加社会实践和毕业实习时，应该力求做到与选择就业单位和确立就业意向相挂钩，注意了解你所去的企业各方面的情况，并且在社会实践和毕业实习过程中有突出的表现。如果你各方面表现非常突出，社会实践和毕业实习极有可能成为你择业成功的难得机遇。

（7）各种社会关系。每个人都是纷繁社会关系网中的一个结点，人们间的互相联络是交流各种信息的纽带，要善于利用这种信息传播途径。相关的研究表明，大约有65%的人是通过自己的社会关系找到工作的。亲朋好友的介绍，使你的成功概率大幅度提高，这种社会关系包括自己的父母、亲戚、朋友、同学、校友，也包括自己本专业的老师等。

本专业的教师和班主任比别人更清楚你适合到什么单位就业，而且他们往往在科研协作、兼职教学、学生实习实践中与对口单位有着广泛的接触。他们一方面对行业领域有了解和研究（有些老师甚至在专业领域有一定影响），另外一方面对你的性格、职业倾向和职业能力也有一定的了解，老师的推荐可能是最适合你的，且成功率也较高。

要经常跟校友保持联系，因为校友大都在对口单位工作，对所在单位的情况了如指掌，通过他们可以获得许多具体、准确的信息。家长和亲友对你的就业更为关心，他们与社会的方方面面有联系，常常是帮你找到工作最有力的后盾。

（8）其他渠道。除了上述集中获得就业信息的途径外，还有很多其他可以利用的途径。例如,通过中介机构获取就业信息,通过在媒体发布自己的求职信息从而达到反向获取就业信息的目的,直接到用人单位走访获得就业信息等,都是非常有效、值得考虑的。选择哪一种或几种途径并不是最重要的,重要的是要有意识地、科学地搜集和利用信息,这个寻找机会的过程本身就是很好的职业训练与锻炼提高过程。

2)就业信息的整理

就业信息的整理就是对搜集到的就业信息进行加工、分析、综合、归类、过滤,从中筛选出适合自身需求的有用信息,作为求职的重要依据和基本前提,更好地为自己的求职择业决策服务。就业信息的整理是就业信息全部工作的核心。它是对搜集到的原始信息在数量上加以浓缩,在质量上加以提高,在形式上加以变化,使之真正有利于自己、符合自己的职业目标和需求,亦即去粗取精、去伪存真、由此及彼、由表及里的改造制作过程。

就业信息整理包括以下过程:

(1)鉴别获取的信息。信息既蕴藏着机会,也可能潜伏着陷阱:有时无比珍贵,有时却是堆“垃圾”。鉴别信息,首先要确定信息的可靠程度,对于不可靠和心里不踏实的信息要通过各种信息渠道和知情人士去核实;其次,要鉴别信息的内容是否齐全,特别是发现自己所想知道的细节不清楚时,要抓紧时间进行一番实际考察,或旁敲侧击地询问,或通过其他渠道了解,还可以在应聘时向主聘人提出。总之,要等信息基本准确之后再做决定,这步工作做好了才能保证随后的工作按照正确的方向进行下去。相反,这步工作判断错误,则会让求职过程一开始就处于被动状态,很可能对自己的心理和行为带来许多负面影响。

(2)按照自我标准将信息排序,把握重点。在信息加工之前,先给自己草拟一个职业选择提纲,确定择业标准,再按照标准进行初选,即去粗取精,去伪存真,对剩下的信息进行再一次的分析和处理。要对所掌握的信息进行比较和选择,思考自己的性格、兴趣、特长与哪个单位更匹配,哪个单位更符合自己的职业生涯规划目标,从中选出重点。对重点单位的内部信息要进行深入细致的分析,分析它需要的人才特点,它对人才的使用方向,以及该单位未来发展的前景等。在把握这些情况以后,毕业生再根据自己的实际情况和用人单位的要求,有针对性地设计自己的应聘材料,从而提高应聘的成功率。

(3)善于挖掘潜在信息。许多信息的价值往往不是浮在表面的,必须经过深入挖掘才能发现。例如,根据有些单位的现状,可能还难以判断、预测单位和自己今后的发展,有些单位虽然目前条件差一些,但从长远看是有前途的,能够给人才较大的发展空间,这就要求毕业生既要站在高处,从长远的、大局的方向看职业、单位的发展趋势,又要留意信息的细枝末节,由表及里地挖掘信息的内涵价值。有时,还需要有一些专业知识和经验。例如,可从单位的组织结构发现其管理模式和运作机制,从单位的人事、财务报表情况分析它的人力资源状况和经济状况,从单位历年的招聘岗位和人数的变化了解它的经营方向变化。

(4)及时反馈信息。在变化大、节奏快的时代下,就业信息传播速度快、共享程度高,毕业生得到的信息仅仅代表着一种可能的机会,而且充满着竞争,机会稍纵即逝。因此,毕业生获取信息后，一定要尽快分析处理并向信息发布者反馈信息。早动手未必一定能得到这个岗位，但反应迟钝肯定就会失去这个岗位。

整理就业信息时应注意以下问题：

（1）从众行为。即缺乏主见，人云亦云，别人说哪里好就往哪里跑，别人往哪里走，就往哪里去。

（2）轻信行为。即一味盲从，认为亲友告诉的信息就一定可靠，报刊上的信息就是百分之百的准确，因而未做筛选就做出选择。

（3）模棱两可，举棋不定。即陷入大量信息的旋涡中不能自拔，在眼花缭乱的信息面前，左思右想，犹豫不决，其结果只能是"竹篮子打水一场空"。

（4）急于求成。有的毕业生由于缺乏社会经验，到了人才市场就心慌意乱，怕找不到单位，因而一旦抓住信息，不经深思熟虑就匆忙做出决定；有的不慎重，在没有广泛搜集信息的情况下便作出决定，而当获取新的信息后，又推翻自己已作出的决定。

整理就业信息还需要掌握如下技巧：

（1）建立个人就业信息管理库。因为毕业生就业信息常处于随机状态，时断时续，时多时少，收集到的信息也是五花八门、各式各样，毕业生如不进行有效的信息管理，收集到的信息就会如一团乱麻，让人晕头转向，给自己造成许多麻烦，以致顾此失彼，错过许多机会。一些毕业生不想做信息处理的工作，总认为现在时间太紧张，就业信息抄下来及时行动就行了，没有必要再去做这项工作；还有一些毕业生则是不会做信息整理，平时懒散惯了，做事情本来就缺少条理性，在整理就业信息时更是杂乱无章。其实，建立一个简单的个人就业信息管理库非常必要，也很容易。毕业生也可以根据自己的情况加以修改和完善。

（2）寻求个人就业信息咨询"智囊团"。毕业生从小到大，一直处在学校环境中。由于缺乏社会经验，在对就业信息进行分析和处理时难免主观幼稚，有失偏颇。因此，毕业生在处理信息时也要"民主决策"，最好是有一个自己的就业信息咨询"智囊团"。当然，这并不是要毕业生正儿八经地去请一批人来担任自己的就业参谋，而是要求毕业生在处理搜集到的业信息，特别是对一些自己没有把握、自己不能判断的信息进行抉择时，要有意识地主动去请教能提供帮助的人，如就业指导老师、辅导员、家长、已参加工作的师兄、老乡等。你有意识地经常去请教这些人，征求他们的意见，他们实际就成了你的义务智囊团。"兼听则明，偏信则暗""三个臭皮匠，顶个诸葛亮"，因此，心高气傲、涉世未深的大学生在就业时应多方听取有工作经验的过来人的意见，特别是在辨别信息的真假、鉴别单位的优劣、选择适合自己将来发展的单位等问题上，他们将会为你提供非常有益的指导。

（3）对虚假信息进行"反侦察"。虚假信息令人深恶痛绝，但又防不胜防。如何有效地识别和排除这些虚假信息呢？除前面已经讲到的方法外，还有一招就是"以其人之道，还治其人之身"。也就是毕业生在面对一条自己很感兴趣，但又感到无法确定、害怕上当的信息时，不妨给对方发一条关于自己的虚假信息，故意贬低自己，把自己塑造成一个毫无可爱之处的平庸之辈。这样的信息发出去之后，用人单位如果还对你热情有加，那十有八九属于“别有用心”之类，应当“宁可放弃百次机会，也不让骗子得逞一次”，坚决地将它排除在视野之外。

2. 就业信息的运用

如何运用经过处理后的就业信息，找到适合自己的工作岗位呢？主要有如下三个途径：

（1）及时运用有价值的信息去选择适合自己的工作。每个人都要善于应用信息，根据职业的要求与自己具备的条件，两者对照以后，选择适合自己的最佳岗位，这是你搜集和整理信息的最终目的。

（2）根据职业信息的要求及时调节自己的知识、技能结构，提高自己的工作能力，弥补原来的不足。例如，发现自己哪方面的课程、知识不足，就主动去学习；发现自己哪方面的技能欠缺，就赶紧参加必要的训练，主动学习和掌握相应的技能。

（3）及时输出对他人有用的信息。有些信息对自己不一定有用，可是对他人十分有用，遇到这种情况，不要抓住这些信息不放手。拒不输出对他人有效的信息，这是一种极大的浪费，也是一种不良心理的表现，是不足取的。其实，你能主动输出对他人有用的信息，不仅是对他人的帮助，而且他人的顺利就业自然也使你减少了一个竞争者。同时，这样做还增加了与他人交流信息、增进友谊的机会，说不定你也会从他人手中获得对自己十分有益的信息。

（二）礼仪得当

1. 着装得体

面试当天，衣着打扮要整齐、干净、自然大方，最好是穿休闲的职业装，如单位有具体要求，就按要求去穿着。女性最好化淡妆，这是基本的职场礼仪。提前十分钟到达面试地点，观察四周的环境，调整自己的心态，保持良好平和的心态很重要。整理衣装，给人留下大方得体的印象。

就服饰而言，应聘者在去参加求职面试前，必须精心选择自己的服饰。那就是服饰要与自己的身材、身份相符，表现出朴实、大方、明快、稳健的风格。在面试时，着装应该符合时代、季节、场所、收入的程度，并且要与自己应聘的职业相协调，能体现自己的个性和职业特点。若应聘的职位是机关工作人员、管理人员或教师、律师等，打扮就不能过于华丽，而应选择庄重、素雅、大方的着装，以显示出稳重、严谨、文雅的职业形象；若应聘的职位是导游、公关、服务员等职位，则可以穿得时尚、艳丽一些，以表现热情、活泼的职业特点。一般说来，服饰要给人以整洁、大方、得体的感觉，穿着应以保守、庄重一点为好，不要追求时髦，浓妆艳抹。尤其是女性，如果衣着过于华丽，项链、耳环、戒指都戴上，这样会给用人单位一种轻浮的印象，影响面试的成绩。此外，如果衣服的面料、品牌都挺好，却不洗不熨，不按正确的方法穿着，也容易给人一种精神不振的感觉。

女士着装通常以整洁美观、稳重大方为总原则，服饰的款式、色调应该尽量做到与自身的年龄、气质、职业协调一致。套裙、套装是通用、稳妥的女士着装，会使人看起来显得优雅而自信，给对方留下良好的印象。在求职面试中，切忌穿太过紧身、性感、个性、暴露的服装，不要穿超短裙。特别是夏天，内衣的颜色应与外套协调一致，否则会让人感到不雅致，这是求职之大忌。在颜色的选择上，深色调的套装十分稳妥安全。

男士穿西装也是较为稳妥安全的选择。春、秋、冬季，男士面试时最好穿正式的西装，夏天要穿长袖衬衫，系领带，不要穿短袖衬衫或休闲衬衫，还要注意穿着西装的礼仪。首先，在颜色的选择上，求职者最好穿深色的西服，传统的灰色、深蓝色都是不错的选择，给人稳重、忠诚、朴实的印象。其次，西装要大方得体，与衬衫协调搭配。在领带的选择上，领带的色调、图案应配合衬衣和西装。至于领带的长短，以刚刚超过腰际皮带为好。西裤注意不要太窄，要保留有一定的宽松度；也不宜太短，以恰好可以盖住皮鞋的鞋面为好。鞋袜的搭配在西装穿着上也非常重要，西服、正式套装必须穿皮鞋，皮鞋的颜色以黑色、深咖啡色或深棕色为宜。黑色皮鞋适合于各色服装和各种场合。袜子最好是选择纯深色的，黑、蓝、灰都可以。注意脸部的清洁，一定要刮干净胡须，头发梳理整齐。查看领口、袖口是否有脱线或污浊的痕迹。

2. 遵守时间

守时是现代交际时效观的一个重要原则，是作为一个社会人要遵守的起码的礼仪。面试中最忌的是不守时，因为等待会使人产生焦急烦躁的情绪，从而使面谈的气氛不够融洽。有专家统计，求职面试迟到者获得录用的概率只有相当于不迟到者的一半。可见，守时这礼仪在面试中的重要性。因此，面试时千万不能迟到，而且最好能够提前十分钟到达面试地点，以有充分的时间调整好自己紧张的情绪，也表示求职的诚意。假如依照约定的时间匆匆前往，对方也许在等候你，那样就显得你欠礼貌、欠诚意，同时还容易使你情绪紧张而影响面试效果。遵守时间有时还会有这样一种含义，即要遵守事先约定的面试时限。有时招聘者主动提出只能谈多长时间，有时需要你主动问可以谈多长时间，无论何种情况，求职者都一定要把握好时间，以体现你的时间观念和办事效率。

3. 表情自然，举止文明

进门时，不要紧张，要有礼貌，先敲门，得到允许后再进入，面带微笑。在对方没有请你坐下时切勿急于坐下；请你坐下时，应说声“谢谢”；坐下后要保持良好的坐姿，主动打招呼“您好，我是某某”。如果是对方主动约自己面谈，一定要感谢对方给自己这样一个机会；如果是自己约对方面谈，一定要表示歉意，说声“对不起，打扰您了”；等等。面谈时要真诚地注视对方，表示对他的话感兴趣，交谈时语言要简单明了，不要夸夸其谈，要让人感受到你的自信。要从谈话中让领导感觉到你很喜欢这份工作，也能胜任这个职位。

4. 保持安静

在等候面试时，不要到处走动，更不能擅自到考场外面张望。求职者之间的交谈也应尽可能地降低音量，避免影响他人应试或思考。最好的办法就是抓紧时间熟悉可能被提的问题，积极做好应试准备。

5. 注意“听”与“说”的学问

有名大学毕业生到一家编辑部去求职，主编照例同他谈话。开始一切都很顺利，由于对他第一印象很好，主编后来就拉家常式地谈起了自己在假期的一些经历，大学生走了神，没有认真去听。临走时，主编问他有何感想，他回答说："您的假期过得太好了，真有意思。"主编看了他好一会儿，最后冷冷地说："太好了？我摔断了腿，整个假期都躺在医院里。"可见，善于聆听，是面试成功的又一个要诀。那么，怎样听人说话才能取得对方的好感呢？首先，要耐心。对对方提起的任何话题，你都应耐心倾听，不能表现出心不在焉或不耐烦的神色，要尽量让对方兴致勃勃地讲完，不要轻易打断或插话。其次，要细心。具备足够的敏感性，善于理解对方的"弦外之音"，即从对方的言谈话语中找出他没能表达出来的潜在意思，同时要注意倾听对方说话的语调和说话的每一个细节。再次，要专心。专心的目的是要抓住对方谈话的要点和实质，因此，你应该保持饱满的精神状态，专心致志地注视对方并有表示听懂或赞同的声音或动作；如果对方提出的问题本身很明确，但你却没有完全理解，那么你可以以婉转真诚的语言提出不明确的部分，对方会进一步解释的。这样既能弄清所问的要点和实质，又能给对方以专心致志的好印象；最后，要注意强化。要认真琢磨对方讲话的重点或反复强调的问题，必要时你可以进行复述或提问，如"我同意您刚才所提的……""您是不是说……"重复对方强调的问题，会使对方产生"酒逢知己千杯少"的感觉，往往会促进情感的融洽。

"听"有学问，"说"同样有学问。成功的对话是一个相互应答的过程，自己每一句话都应是对方上一句话的继续，并给对方提供发言的余地，还要注意巧妙地引导话题，如当所谈内容与求职无关，而对方却大谈特谈时，你可以说"这件事很有意思，以后一定向您请教。现在我有个问题不明白……"，从而巧妙地转移了话题；或者以"您认为某项工作应具备哪些素质？"引出双方感兴趣的话题。再次，谈话要动之以情，处处表现情真意切，实实在在。不要海阔天空，华而不实，更不能虚情假意，说假话、空话。另外，人们在紧张的情况下，往往讲话的节奏会加快，这不利于进行情感交流，因此，谈话时应掌握节奏，必要时可用机智、幽默、风趣的语言使双方都放慢谈话的节奏。

6. 尊重对方，善解人意

取得招聘者的好感必须尊重对方，善解人意。在求职时往往有这种情况：招聘者的资历或学历、职称、年龄等可能不如求职者，此时千万不能妄自尊大。如果一旦流露出不尊重对方的表情，处处显示出优于对方的情绪，引起了对方的反感，往往会将面试搞砸。

（三）心理准备

由于面试成功与否关系到求职者的前途，所以大学生面试时往往容易产生紧张情绪，有的大学生可能还由于过度紧张导致面试失败。紧张是应聘者在考官面前精神过度集中的一种心理状态，初次参加面试的人都会有紧张感觉，那么怎样能在面试时克服、消除紧张呢？

1. 掌握主考官的心理

实际上，面试也是供需双方心理上的较量。作为应聘者来说，了解对方的心理特征，做到"明明白白他的心"，就能变被动为主动。因此，适当学习些心理学，掌握面试考官的基本心理特征，有准备、有针对性地参加面试，对提高应聘的成功率是大有好处的。面试考官有三个基本心理特征应聘者应当掌握，即考官最初印象形成、录用压力下的考官心态和考官对非言语信息的关注。

考官最初印象的形成对应聘者的面试结果是至关重要的。国外有学者研究后得出结论：至少有85%的考官在面试真正开始前，已根据应聘者的应聘资料对其产生了最初的印象。最初印象还包括考官刚见到你时对你形成的印象，这对面试的过程和结果都有着十分重要的作用。如果考官对你的最初印象是消极影响，那么根据心理学的原理，你要改变这种印象将是很困难的，你需要付出多倍的努力才可能转变考官印象。了解了考官的这一心理特征，我们就应当认真注意自己的形象和言行举止，尽可能让自己的缺点和不足被优点和特长掩盖。千万不要因为自己的穿着打扮、面试开始时的一举一动而给考官留下糟糕的印象。

雇佣压力是指考官面临完成招聘任务的压力。在现行的面试中通常是三个应聘者录用其中一个，当然也有例外。考官的雇佣压力对应聘者来说是个机会。有人曾做过实验：将人力资源经理分成两组，告诉其中的一组，他们离完成招聘任务的指标还相差很远；而对另一组的人说，他们已快完成招聘任务了。结果，被告知离招聘任务相差甚远的那组，对应聘者面试的评价要远高于另外一组。当然，应聘者较难知道考官的雇佣压力，但是，在面试中考官完全可能无意识地流露出这种情绪。由于急于完成某职位的招聘任务，考官可能无意识地用暗示来表现这种情绪，甚至主动引导应聘者正确回答问题。例如，他们会说："在外语上，你应该没有什么问题吧？""根据你的经历，你在组织协调方面可能不成问题吧？"等等。在大部分情况下，暗示不会这么赤裸裸，而是会有点隐晦。例如，考官认为你的回答正确时，他会面露微笑，或轻轻地点头。不失时机地把握考官的雇佣压力，及时地领会暗示，并沿着这条路走下去，你就可能达到目的。

考官对非言语信息的关注不仅是指应聘者的穿着打扮，而更强调的是求职者在应聘时的眼神和面部表情。有研究表明，那些善于用眼神和面部表情，甚至简单的小动作来表现自己情绪的应聘者，成功率远高于那些目不斜视、笑不露齿的人。有一项对52名人力资源专家进行的实验：让这些专家通过观看以前进行过的面试录像决定请谁来参加第二轮面试。这些专家被分成两组，一组观看的是一个有许多眼神交流、显得精力旺盛的应聘者的录像，结果26个专家中有23人邀请这个应聘者再次参加面试；另一组专家观看的是一个很少有眼神交流，表现得没有多少活力的应聘者的录像，结果26个专家中没有一个人请他参加下一轮面试。由此可见，了解考官的心态还是有很大作用的。

2. 认清自己

除了了解主考官的心理之外，应聘者还要对自己有个清醒的认识。有人会认为自己对自己是最了解的，其实未必。生活中，我们经常看到一些大学生高傲自大，自以为学习成绩好就什么都行，这种盲目自信的人其实是没有自知之明的。工作和社会生活远比单纯的学习复杂得多，而且强中更有强中手，你还面临着许许多多强有力的竞争对手，刚开始谁都不能保证自己一定能够被录用，所以抱有这种心态的人通常是不会给考官留下太多好印象的。与此相反，那些对自己的能力比较自卑、老是担心自己会被淘汰下来的学生，也会影响其在面试现场的发挥。所以，调整自己的认识、更清晰地认识自己也是很关键的。那么如何认识自己呢？首先，要了解自己的人生目标、兴趣爱好、就业倾向等方面的情况。一般大专院校都会为毕业生聘请专家学者，辅导社会新人如何在社会上求职，并分析个人专业及志向，因此可充分运用这一渠道，为求职预先做好准备。或者多与家人及有社会经验的亲友沟通并交换意见，听取他们的建议并衡量个人志愿。面试前要反复看个人的推荐材料，熟记于心，这样在自我介绍时才可以从容应对，不至于出现推荐材料的内容自己不熟悉的情况。若你仍无把握，可在面试前组织部分同学，做一次面试前的“彩排”或“演习”，这样有助于你进一步掌握有关材料，增强面试的自信心。其次，对照应聘职位的要求，正确看待自己的长处与差距。第三，在上述分析的基础上，正确把握自己的心态，积极地去应对考官可能提出的问题，既不要目空一切，也无须自暴自怨。

3. 克服几种不良的心理状态

1）迎合心理

“迎合心理”也称“逢迎心理”，具有这种心理的人特别注意别人对自己的看法，把别人对自己的评价视为高于一切。在和别人打交道时，一味乞求得到别人的好感，甚至不惜放弃自己的原则，轻易改变自身的观点，唯恐招致对方的不满。这种人由于对自己没有一个比较稳定而客观的评价，因而易于使自己受到各种外界因素的影响。

具有较强逢迎心理的人往往极力在各种场合为自己塑造一个人见人爱的形象。但是，他们的资本不是自身的真才实学及良好的仪表风度，而是逢迎的表情和语言。这种人在面试中常常会不失时机地向主考官恭维几句，在回答问题时也往往顺着主考官的弦外之音进行，希望以此来博得主考官的好评。事实上，在大多数情况下，这种做法的结果往往适得其反，非但不能得到考官的“恩宠”，而且还会减损他们对于应聘者真实素质的评价，因而是不可取的。

2）羞怯心理

每个人都存在程度不同的羞怯心理，只是那些性格较内向、平时不太喜欢社交的人表现得更加明显。但是，较强的羞怯心理往往会对一个人的事业产生一定的影响。在羞怯心理的支配之下，由于心情紧张的缘故，个人呈现出极不自然的面部表情或姿态，说话不能平稳地进行，因而在一定程度上妨碍了自身真实水平的发挥。

羞怯心理产生的实质原因在于信心不足。其中包括对于自身的外部形象、内在的素质及能力缺乏自信，而这又导致优柔寡断的个性。在面试中，羞怯心理较强的应聘者往往比较在意自己的一言一行，尽量使之符合以前所学的各种规范和要求，目的是给考官留下一个较好的印象。但由于过分专注于自身举止与言语的选择与表现，无法集中精力解答问题，会在一定程度上影响自身能力的正常发挥。一旦意识到自己的表现没有达到预期要求，应聘者便会产生一种自责心理，与之相伴随的是心情更趋紧张，由此而形成一个恶性循环，最后应聘者只能带着诸多遗憾离开考场。因此，对于需要参加面试的人来说，事先有意识地加强社交方面的训练是很有必要的。

3）自卑心理

自卑是一个人在性格上一种较为严重的缺陷，指个人由于某种生理或心理的缺陷而产生的轻视自己的心理，主要表现为忧郁、悲观和孤僻。自卑感较强的人往往多愁善感、自惭形秽，觉得自己一无是处，各方面都不如别人。为了不使自己的自尊心受到伤害，往往实行自我封闭，不愿同别人进行较多的接触和交往。

自卑感较强的人一般都无法顺利地通过面试这一关口。在面试过程中，这类人往往会将自己与考官在多方面进行对比，尤其是习惯于拿自己的短处同对方的长处比，因而越比就越没信心，自卑感也就越强。其实，他也希望能够给考官留下一个较好的印象，却又不相信自己能够做到，于是导致在面试中出现种种窘态和难堪，如脸红、出冷汗、喉头战栗、发音吐字不清等。在这种状况下，应聘者的真实水平是无法发挥出来的。

4）侥幸心理

由于面试（特别是面谈法）的题目带有较大的偶然性，面试也不像笔试那样有统编教材用作应考准备，所以有些应聘者总是寄希望于侥幸取胜，或希望能抽到好题，或寄希望于考官的网开一面等。心存侥幸的应聘者在面试前一般不做太充分的应考准备，常常是只做一些猜题押宝工作，聊以自慰，这显然是很难获得好成绩的。

克服不良面试心理的方法：一是端正认识。应聘者应该正确认识包括面试在内的整个考试的意义，不要把它当成自己的唯一出路，须知“条条大路通罗马”。二是自我评价。应聘者既应看到自己的不足和毛病，更应实事求是地评估自己的优点和长处，既不要盲目自卑，也不要妄自尊大。三是情景表演。设计一些面试题目和答案，模拟面试考场，找一个人与你进行情景表演，注意分析、总结模拟经验。

4. 调节自己的情绪

一般来说，应聘者走进面试现场面对考官时，心理压力会大大增加。如果不善于进行心理调节，就会出现心理失控，影响正常应对发挥。我们常常看到，有的应聘者很有才学，但他们的心理素质太弱，一走进严肃的面试现场心跳就加快，甚至不能自已。因此，调整好自己的情绪确实是很重要的，沉稳的心态、平静的心情、积极自信的态度是你面试成功的重要保证。思想上有太多顾虑不仅不利于你在面试中的发挥，而且连你的正常生活都会受到不良影响。有些人在一些关系到自己命运的大事发生时往往会产生焦虑，面试在有些大学生的心里也是一件大事，所以会出现焦虑情绪，特别是在临近面试的那一两天，这种焦虑会加剧，引起各种生理心理反应，通常表现在以下几个方面：

（1）身体方面：头晕、头疼、出汗、口干、呼吸短促、胸部闷痛、脉搏异常、身体虚弱、食欲不振、疲劳、失眠等。

（2）认知方面：感觉迟钝、注意力不集中、产生幻觉、健忘、妄想、噩梦、白日梦等。

（3）情感方面：忧虑、心烦、畏惧、焦虑不安、感情脆弱、情绪低落、唉声叹气、容易发怒等。

(4)个性方面：急躁、退缩、冷漠、敏感、以自我为中心等。

如果出现上述焦虑引起的身体及心理不适，可以通过以下方法消除这些焦虑反应：

(1)积极的心理暗示。当感到自己很担心面试中表现会不如别人时，不妨想想："考不好顶多就是失去这份工作罢了，何必在一棵树上吊死呢？我还可以去做很多选择，车到山前必有路嘛。只要自己尽力了，也就无怨无悔了，仅担心又有什么用呢？何况很多事情本来就不是自己能决定的，'谋事在人，成事在天'"。你这么来考虑问题时，反而在心理上放松了，从而更有利于充分发挥自己的聪明才智。当你担心自己可能相貌不好时，不妨想想自己的优点，如个性良好、为人诚实、有多种才能，等等。当你担心自己思维反应不是很快时，想想你可能比别人更加勤快。人的一生本来就是一场全方位的竞赛，只有发现了自己劣势的人才有机会弥补不足，并最终取得优势。

(2)深呼吸法。对于临近面试时的焦虑，可以通过深呼吸法加以调整。做法是首先闭上嘴巴，舌顶上腭，咬紧牙齿；然后将空气通过鼻腔慢慢地吸入，想象空气被吸到了肚脐位置，屏住呼吸数到三；最后将空气通过鼻腔慢慢地呼出，屏住呼吸数到三。重复上面的步骤数次，即可使紧张的情绪得以放松。

(3)想象法。当自己体验到长时间的焦虑，感到身体和心理都有些疲劳，特别是眼睛感觉到疲劳的时候，可以运用这种方法。具体做法：

首先，闭上眼睛，用手掌将眼睛捂住，但是不要压迫、按摩、揉搓眼球，使眼睛能够有效地离开光线；然后，头脑中想象一个使自己感到愉快的景象或事件，将眼睛依次顺序地移动到这一景象或事件的各个部位。例如，想象自己看到了北京的北海公园，首先想象看到了近处的湖岸，再看到了湖面，湖面上有游船、白塔，然后看到湖边的树木，最后看到远处的景山。在运用这个方法时，眼睛的移动是十分重要的。只需要几分钟，就可以身心放松了。无论什么时候自己感到焦虑都可以使用这个方法。

以上简单介绍了调节焦虑情绪的两种方法，但要从根本上改变自己的不良情绪状态，还需要从思想认识上下功夫，端正自己对该职位面试的认识，摆正自己的位置，以积极的心态去应对。

三、面试技巧

在参加各类面试时，除了展现我们的专业才能外，还必须掌握一些面试技巧，其中，交谈技巧、礼仪技巧可以帮助你给面试官留下很好的印象。

(一) 交谈技巧

1. 保持适当的距离

一般一米以内的距离是熟悉的人或朋友之间的亲密交谈，所以面试时和面试官保持一米以外的距离，可以让自己感到有安全感，不至于太紧张。当然，也不要太远，一般要在3米以内，否则听不清对方在说什么。

2. 谈话时不要四处张望

眼睛是心灵的窗户，四处张望会让人不安。让对方看到你的眼睛很重要，目光要集中在对方的眼睛上。如果感到紧张，可以把目光集中在对方的两个内眼角到眉心的上三角的位置，或者集中在上嘴唇中心的下三角形上。为了更好地理解说话人的意思，注视讲话者的眼睛时，不要紧紧地盯着或是斜着看，偷瞄一眼也是不可以的。

3. 要认真听对方提出的问题，不要打断对方讲话

要认真听对方提出的问题，最好略加思考后再有条理地作答，不可想到哪说到哪。如果碰巧和对方同时开口，立即停下来，让对方先说，对方说话时不要插嘴，插嘴是很不礼貌的。

4. 不要随便反驳

不要随意反驳对方，当然，如果对方明显错了，可以有策略地表达自己的观点。如果对方对你提出批评，千万不要生气，也许是面试官检验你在这方面的修养，可以心平气和地说出自己的想法，与对方寻求共同点。

5. 不要过于谦虚

面试时不能和对方顶撞，但这并不意味着你要放低自己，盲从对方的观点。说话时最重要的是要真诚、坦率，并对对方表示尊重。

（二）礼仪技巧

一个人的形象在求职应聘中起着举足轻重的作用。无论你的求职信写得如何出色，招聘者还是在见到你的那一刻才对你产生真正的第一印象。

1. 时间观念是第一道题

守时是职业道德的一个基本要求，提前10～15分钟到达面试地点效果最佳，可熟悉一下环境，稳定一下心神。提前半小时以上到达会被视为没有时间观念，但在面试时迟到或是匆忙赶到却是致命的。如果你面试迟到，那么不管你有什么理由，都会被视为缺乏自我管理和约束能力，即缺乏职业能力，给面试者留下不好的第一印象。而大公司的面试往往一次要安排很多人，迟到了几分钟，就很可能永远与这家公司失之交臂了，因为这是面试的第一道题，不仅你的分值会被扣掉，后面的你也会因状态不佳而发挥失常。

如果路程较远，宁可早到30分钟，甚至一个小时。城市很大，遇上堵车的情形很普遍，对于不熟的地方也易迷路，早到比较从容。但早到后不宜提早进入办公室，最好不要提前10分钟以上出现在面谈地点，否则聘用者很可能因为手头的事情没处理完而觉得很不方便，外企的老板往往是说几点就是几点，一般绝不提前。当然，如果事先通知了许多人来面试，早到者可提早面试或是在空闲的会议室等候，那就另当别论。对面试地点比较远，地理位置也比较复杂的，不妨先跑一趟，熟悉交通路线、地形，甚至事先搞清洗手间的位置，这样你就知道面试的具体地点，同时也了解路上所需的时间。

但招聘人员是允许迟到的，这一点一定要清楚。对招聘人员迟到千万不要太介意，也不要太介意面试人员的礼仪、素养，如果他们有不妥之处，你应尽量表现得大度开朗一些，

这样往往能使坏事变好事。若招聘人员一迟到,你的不满情绪就流于言表,招聘人员对你的第一印象就会大打折扣,甚至导致满盘皆输的结局。因为面试也是一种人际沟通能力的考察,你得体、周到的表现,自然是有百利而无一害的。

2. 进入面试单位的第一形象

到了办公区,最好径直走到面试单位,而不要四处张望,甚至被保安盯上。走进公司之前,口香糖和烟都收起,因为大多数的面试都无法接受你在公司嚼口香糖或吸烟。手机关闭,或者调至静音状态,避免面试时造成尴尬局面,同时也分散你的精力,影响你的成绩。一进面试单位,若有前台则开门见山说明来意,经指导到指定区域落座;若无前台,则找工作人员求助,这时要注意用语文明,开始的“你好”和被指导后的“谢谢”是必说的,这代表你的教养。一些小企业没有等候室,就在面试办公室的门外等候,当办公室门开时应有礼貌地说声“打扰了”,然后向室内考官表明自己是来面试的,绝不可贸然闯入。如有工作人员告诉你面试地点及时间,应当表示感谢。不要询问单位情况或向其索要材料,你也无权对单位作以品评。不要驻足观看其他工作人员的工作,或在落座后对工作人员所讨论的事情或接听的电话发表意见或评论,以免给人肤浅嘴快的印象。

3. 等待面试时表现不容忽视

进入公司前台,要把访问的主题、有无约定、访问者的名字和自己名字报上。到达面试地点后应在等候室耐心等候,并保持安静及正确的坐姿。如果此时有的单位准备了公司的介绍材料,应该仔细阅读以了解其情况。也可自带一些试题重温,千万不要来回走动显得浮躁不安,也不要与别的面试者聊天,因为这可能是你未来的同事,甚至决定你能否入职的人,你的谈话对周围的影响是你难以把控的,这也许会导致你应聘的失败。更要坚决避免的是,在接待室恰巧遇到朋友或熟人,就旁若无人地大声说话或嚼口香糖、抽烟、接电话等。

4. 与面试官的第一个照面

(1)把握进屋时机。如没有人通知,即使前面一个人已经面试结束,也应该在门外耐心等待,不要擅自走进面试房间。自己的名字被喊到,就有力地答一声“是”,然后再敲门进入,两三下是较为标准的。敲门时千万不可敲得太用劲,以里面听得见的力度就好。听到里面说“请进”后,要回答“打扰了”再进入房间。开门、关门尽量轻,进门后不要随手将门关上,应转过身去正对着门,用手轻轻将门合上,再回过身来将上半身前倾30度左右,向面试官鞠躬行礼,面带微笑地问候一声“你好”,彬彬有礼而大方得体,不要过分殷勤、拘谨或谦让。

(2)专业化的握手。面试时,握手是最重要的一种身体语言。专业化的握手能创造出平等、彼此信任的和谐氛围。你的自信也会使人感到你能够胜任而且愿意做任何工作。这是创造好的第一印象的最佳途径。怎样握手、握多长时间这些都非常关键。因为这是你与面试官的初次见面,这种手与手的礼貌接触是建立第一印象的重要开始。不少企业把握手作为考察一个应聘者是否专业、自信的依据,所以在面试官的手朝你伸过来之后,就握住它,要保证你的整个手臂呈L形(90度),有力地摇两下,然后把手自然地放下。握手应该坚实有力，有“感染力”，双眼要直视对方，自信地说出你的名字。即使你是位女士，也要表示出坚定的态度，但不要太使劲。不要用两只手，用这种方式握手在西方公司看来不够专业。而且，手应当是干燥、温暖的。如果他伸出手却握到一只软弱无力、湿乎乎的手，这肯定不是好的开端。如果你刚刚赶到面试现场，用凉水冲手，使自己保持冷静。如果手心发凉，就用热水温一下。长时间地握面试官的手，偶尔用力或快速捏一下对方的手，这些动作说明你过于紧张，而面试时太紧张，表示你无法胜任这项工作；轻触式握手显出你很害怕而且缺乏耐心，在面试官面前应表现出你是个能干的、善于与人相处的职业者；在对方还没伸手之前，就伸长手去够面试官的手，表示你太紧张和害怕面试者会认为你不喜欢或者不信任他们。

(3)无声胜有声的形体语言。加州大学洛杉矶分校的一项研究表明，个人给他人留下的印象，7%取决于用词，38%取决于音质，55%取决于非语言交流。非语言交流的重要性可想而知。在面试中，恰当使用非语言交流的技巧，将为你带来事半功倍的效果。除了讲话以外，无声语言是重要的公关手段，主要有手势语、目光语、身势语、面部语、服饰语等。无声语言通过仪表、姿态、神情、动作来传递信息，它们在交谈中往往起着有声语言无法比拟的效果，是职业形象的更高境界。形体语言对面试成败非常关键，有时一个眼神或者手势都会影响到整体评分。例如，面部表情的适当微笑，就显现出一个人的乐观、豁达、自信；服饰的大方得体、不俗不妖，能反映出大学生风华正茂，有知识、有修养、有活力、有魅力，它可以在考官眼中形成一道靓丽的风景，增强你的求职竞争力。

(4)如钟坐姿显精神。进入面试室后，在没有听到“请坐”之前，绝对不可以坐下，等考官说“请坐”时才可坐下，坐下前应道声“谢谢”。坐也有讲究，“站如松，坐如钟”，面试时也应该如此。良好的坐姿是给面试官留下好印象的关键要素之一。求职者坐姿的基本要求是端庄、文雅、得体、大方。具体要求如下：入座时要稳要轻，不可猛起猛坐使椅子发出声响。女士入座时，若着裙装，应用手将裙子稍向前拢一下。男士双手掌心向下，自然放在膝盖上，两膝距离以一拳左右为宜。女士可将右手搭在左手上，轻放在腿面上。坐时不要将双手夹在两腿之间或放在臀下，不要将双臂端在胸前或放在脑后，也不要将双脚分开或将脚伸得过远。坐于桌前应该将手放在桌子上，或十指交叉后以肘支在桌面上。入座后尽可能保持正确的坐姿，如果坐的时间长，可适当调整姿态以不影响坐姿的优美为宜。坐椅子时最好坐满三分之二，上身挺直，这样显得精神；保持轻松自如的姿势，身体要略向前倾。不要弓着腰，也不要把腰挺得很直，这样反倒会给人留下死板的印象，应该很自然地将腰伸直，并拢双膝，把手自然地放在上面。有两种坐法不可取：一是紧贴椅背坐，显得太放松；二是只坐在椅边，显得太紧张。这两种坐法，都不利于面试的进行。要表现出精力和热忱，松懈的姿势会让人感到你疲惫不堪或者漫不经心。切忌跷二郎腿并不停抖动，不要将两臂交叉在胸前，更不能把手放在邻座椅背上，或有玩笔、摸头、伸舌头等小动作，容易给人一种轻浮做作、有失庄重的印象。

(5)眼是心灵的窗户。面试一开始就要留心自己的身体语言，特别是自己的眼神。对面试官应全神贯注，目光始终聚焦在面试人员身上，在不言之中展现出自信及对对方的尊重。眼睛是心灵的窗户，恰当的眼神能体现出智慧、自信以及对公司的向往和热情。注意眼神的交流，这不仅是相互尊重的表示，也可以更好地获取信息，与面试官的动作达成默契。正确的眼神表达应该是：礼貌地正视对方，注视的部位最好是考官的鼻眼三角区（交区），目光平和而有神，专注而不死板。如果有几个面试官在场，说话的时候要适当用目光扫视一下他人以示尊重；回答问题前可以把视线投在对方背面墙上，约两三秒钟做思考，不宜过长，回答问题时应该把视线收回来。

（6）微笑的表情有亲和力。微笑是自信的第一步，也能为你消除紧张。面试时要面带微笑，亲切和睦、谦虚诚实、有问必答。面带微笑可增进你与面试官的沟通，会百分之百地提高你的外部形象，改善你与面试官的关系。有赏心悦目的面部表情者，应聘的成功率远高于那些目不斜视、笑不露齿的人。不要板着面孔，苦着一张脸，否则不能给人以最佳的印象，争取到工作机会。听对方说话时，要时有点头，表示自己听明白了，或正在注意听。同时也要不时面带微笑，当然也不宜笑得太僵硬，一切都要顺其自然。表情呆板、造作、大大咧咧、扭扭捏捏，都是一种美的缺陷，破坏了自然的美。

（7）适度恰当的手势。说话时做些手势，加大对某个问题的形容力度，是很自然的，可手势太多也会分散人的注意力，需要适度配合表达。中国人的手势往往特别多，而且大都一个模样，尤其是在讲英文的时候，习惯两个手不停地上下比划，或者单手比划，这一点一定要注意。平时要留意外国人的手势，了解中外手势的不同；另外，注意不要用手比划一二三，这样往往会滔滔不绝，令人生厌。而且中西方手势中，一二三的表达方式也全然不同，用错了反而造成误解。交谈很投机时，可适当地配合一些手势讲解，但不要频繁耸肩，手舞足蹈。有些求职者由于紧张，双手不知道该放哪儿，而有些人过于兴奋，在面谈时舞动双手，这些都不可取。不要有太多小动作，这是不成熟的表现，更切忌抓耳挠腮、用手捂嘴说话，这样显得很紧张，不专心交谈。很多中国人都有这一习惯，为表示亲切而拍对方的肩膀，这对面试官很失礼。

（8）优雅潇洒的走姿。走姿是站姿的延续动作，是在站姿的基础上展示人的动态美。无论是日常生活中还是社会场合，走路往往是最吸引人注意的体态语言，最能表现一个人的风度和魅力。

行走时头部要抬起，目光平视对方，双臂自然下垂，手掌心向内，并以身体为中心前后摆动。上身挺拔，腿部伸直，腰部放松，腿幅适度，脚步宜轻且富有弹性和节奏感。

男士应抬头挺胸，收腹直腰，上体平稳，双肩平齐，目光直视前方，步履稳健大方，显示出男性刚强雄健的阳刚之美。

女士应头部端正，目光柔和，平视前方，上体自然挺直，收腹挺腰，两脚靠拢而行，步履匀称自如，轻盈，端庄文雅，含蓄恬静，显示女士庄重而文雅的温柔之美。

5. 怎样让面试官重视你

个人自我介绍是面试实战非常关键的一步，因为众所周知的“前因效应”影响，这2～3分钟面试前的自我介绍，将是你所有工作成绩与为人处事的总结，也是你接下来面试的基调，考官将基于你的材料与介绍进行提问。因此，自我介绍将在很大程度上决定你在各位考官心里的形象，形象良好才能让面试官重视你。

（1）气质高雅与风度潇洒。面试时招聘单位对你的第一印象最重要。你应仪态大方得体，举止温文尔雅，而要想树立起自己的良好形象，就肯定要借助各种公关手段和方法。各种公关手段主要有言词语言公关、态势语言公关和素养公关。这些公关手段又包括数种方法，如幽默法、委婉法等，还应掌握一些公关的基本技巧。只有在了解有关公关的常规知识之后，才能顺利地、成功地树立起自己良好的形象。如果你能使一个人对你有好感，那么也就可能使你周围的每一个人甚至更多的人都对你有好感。往往是风度者稳操胜券，仪态平平者则屈居人后。

在人际交往中，人们常常用“气质很好”这句模糊其意的话来评价对某个人的总体印象，似乎正是其模糊性才体现出较高的概括力。然而，一旦要把这个具体的感觉用抽象的概念做解释，就变得难以表达了。其实，言谈举止就反映内在气质。从心理学的角度来看，一个人的言谈举止反映的是他（她）的内在修养，如一个人的个性、价值取向、气质、所学专业。不同类型的人会表现出不一样的行为习惯，而不同公司、不同部门也就是在面试中通过对大学生言谈举止的观察，来了解他们的内在修养、内在气质，并以此来确定其是否是自己需要的人选。面试能否成功，是在应聘者不经意间被决定的，和应聘者的言谈举止有很大关系，而这些内在素质都会在平时的言谈举止中流露出来。

如果说气质源于陶冶，那么风度则可以借于技术因素，或者说有时是可以操作的。风度总是伴随着礼仪，一个有风度的人，必定知道礼仪的重要性，既彬彬有礼，落落大方，又顺乎自然，合乎人情，外表、内涵和肢体语言的真挚融合为一，这便是现代人的潇洒风度。每个人都有自己的形象风格，展现自我风格的另外一个重要因素便是自信，通过自信体现出一种独特的自然魅力，自我风采。

（2）语言是一门艺术，包含着丰富的内涵。一个语言艺术造诣较深的人需要多方面的素质，如具有较高的理论水平，广博的知识，扎扎实实的功底。如果说外部形象是面试的第一张名片，那么语言就是第二张名片，它反映了一个人的文化气质和内在涵养。谦虚、诚恳、自然、亲和、自信的谈话态度会让你在任何场合都受到欢迎，动人的公共语言、艺术性的口才将帮你获得成功，面试时要在现有的语言水平上，尽可能地发挥口才作用。

6. 面试的后续礼仪

凡事要有始有终，许多求职者只留意应聘面试时的礼仪，而忽略了应聘后的善后工作。面试结束并不意味着求职过程的结束，也不意味着求职者就可以袖手旁观，以待聘用通知的到来，还有一些必备的面试后续礼仪需注意，而这些步骤也能加深别人对自己的印象。

（1）及时退出考场。当主试官宣布面试结束后，求职者应有礼貌地道谢，及时退出考场，不要再补充几句，也不要再提问题。如果你以为确有必要，可以事后写信说明或回访，不能在面试后拖泥带水影响其他人的面试。

（2）不过早打听结果。一般情况下考官组每次面试结束后都要进行讨论和投票，然后送人事部门汇总，最后确定录用人选。录用结果可能要等3～5天，求职者在这段时间内一定要耐心等候消息，不要过早打听面试结果，否则会给用人单位一种浮躁、不够稳重的感觉。

（3）学会感谢。面试结束后，即使对方表示不予录用，也应通过各种途径表示感谢。如果是电话相约面试的，可再打一个电话表示感谢；如果是托熟人相约面试的，可通过熟人表示感谢；如果是写信相约的，则可再写一封简短热情的信表示感谢，使自己的求职善始善终。请注意，面试后表示感谢是十分重要的，它能显示你的个人修养。

（4）做好两种思想准备。参加面试，往往是自己在被单位挑选的时候或被录用，或被淘汰，无论结果如何都要有所准备。面试后的一段时间内最好不要外出游玩，必须外出时最好向招聘单位说明，以表示你的诚意。

（5）查询结果。一般来说，如果在面试两周后或在主考官许诺的通知时间到了还没有收到对方的答复，可以发信息或打电话给招聘单位或向人事询问，公司是否已做出了决定。应聘中不可能个个都是成功者，若在竞争中失败了，不要气馁，这一次失败了还有下一次机会，关键是必须总结经验教训，找出失败的原因，并针对这些不足重新做准备，谋求下一次的成功。

四、面试禁忌

（一）忌握手无力，靠面试者过近

中国人见面问候的方式是握手，面试时与主试者应恰如其分地轻轻一握，不要有气无力地被动握手，给对方一种精力不足、身体虚弱之感。落座后应与对方保持合适的距离，不能过分靠近对方，逼视对方，更不能以姓名称呼主试者，而应时时表现出你对他们的尊敬。

（二）忌坐立不安，举止失当

面试时绝不能做小动作，如摇头晃脑、频频改变坐姿，更不能嚼口香糖、抽烟。主试者可能示意你可以抽烟，但最好谢绝他的好意。主试者的“宽宏大量”是暴露应聘者弱点的最佳武器之一。在整个面试过程中，注意不要让自己的小毛病浮出水面，不要又是挠头皮、抠鼻孔，又是挖耳朵，或跷起二郎腿乱抖。对于女士而言，动作更应得当，任何轻浮的表情或动作都可能会让招聘人员对你不满。

（三）忌言语离题

有的求职者讲话不分场合，不看对象，让主试者听得莫名其妙。例如，说些俗不可耐的笑话，谈及家庭和经济方面的问题，讲些个人生活的小道消息，或任意对面试室的家具和装修评头论足。主试者可没有时间猜测你真正想表达的是什么。

（四）忌说得太急

忌因迫不及待想得到这份工作，急着回答自己没听清或没有理解透彻的问题，而不是有礼貌地请对方再说一遍或再次说明；忌不加解释就自称掌握了某种技术，何处培训、何时参加、何人教授一律避而不答，令人生疑，正所谓“欲速则不达”。

（五）忌提问幼稚

在向考官提问时要考虑自己提的问题是否有价值或者主考官是否已经回答过或解释过。不要提一些很不成熟的问题，如“办公室有空调吗？”“你知道某某主任在哪里吗？”

（六）忌反应迟钝

聆听主考官讲话并非单纯用耳朵，还包括所有的器官，不仅用头脑，还得用心灵。如果对方说话时你双眼无神、反应迟钝，这已让考官对你失去信心，不论你将来如何推销自己，一切都基本上是徒劳。

（七）忌做鬼脸

顽童做鬼脸，人们往往觉得其天真可爱，而且在平时人们的表达中也经常用到“鬼腔”。但是，在面试中，夸张的鬼脸会使主试者认为你过于造作、善于伪装、会演戏。另外，表达恶意的鬼脸容易令对方觉得你是没有礼貌的、无教养的。

课外拓展 1

面试常见问题及回答思路

面试过程中，面试官会向应聘者发问，而应聘者的回答将成为面试官考虑是否接受他的重要依据。对应聘者而言，了解这些问题背后的逻辑至关重要。下面对面试中经常出现的一些典型问题进行整理，并给出相应的回答思路。你无须过分关注分析细节，关键是要从这些分析中“悟”出面试的规律及回答问题的思维方式，达到“活学活用”的目的。

问题一：“请你自我介绍一下。”

回答思路：这是面试的必考题目。介绍内容要与个人简历相一致；表达方式尽量口语化；要切中要害，不谈无关、无用的内容；条理要清晰，层次要分明；事先最好以文字形式写好背熟。

问题二：“谈谈你的家庭情况。”

回答思路：问题对于招聘单位了解应聘者的性格、观念、心态等有一定的作用。回答对要简单地罗列家庭人口，强调温馨和睦的家庭氛围，强调父母对自己教育的重视，各位家庭成员的良好状况，家庭成员对自己工作的支持以及自己对家庭的责任感。

问题三：“你有什么业余爱好？”

回答思路：业余爱好能在一定程度上反映应聘者的性格、观念、心态，这是招聘单位提这个问题的主要原因。最好不要说自己没有业余爱好，也不要说自己有庸俗的、令人感觉不好的爱好；最好不要说自己的问题仅限于读书、听音乐、上网，否则可能令面试官怀疑应聘者性格孤僻；最好能有一些户外业余爱好来“点缀”你的形象。

问题四：“你最崇拜谁？”

回答思路：最崇拜的人能在一定程度上反映应聘者的性格、观念、心态，这是面试官提这个问题的主要原因。不宜说自己谁都不崇拜，不宜说崇拜自己，不宜说崇拜一个虚幻的或是不知名的人，也不宜说崇拜一个明显具有负面形象的人；所崇拜的人最好与自己所应聘的工作能“搭”上关系；最好说出自己所崇拜的人的哪些品质、哪些思想感染着自己、鼓舞着自己。

问题五：“你的座右铭是什么？”

回答思路：座右铭能在一定程度上反映应聘者的性格、观念、心态，这是面试官提这个问题的主要原因。不宜说那些易引起不好联想的座右铭，不宜说那些太抽象的座右铭，不宣说太长的座右铭；座右铭最好能反映出自己的某种优秀品质，例如：“只为成功找方法，不为失败找借口。”

问题六：“谈谈你的缺点。”

回答思路：不宜说自己没缺点，不宜把那些明显的优点说成缺点，不宜说出严重影响所应聘工作的缺点，不宜说出令人不放心、不舒服的缺点；可以说出一些对于所应聘工作“无关紧要”的缺点，甚至一些表面上看是缺点，从工作的角度看却是优点的缺点。

问题七：“谈一谈你的一次失败经历。”

回答思路：不宜说自己没有失败的经历，不宜把那些明显的成功说成是失败，不宜说出严重影响所应聘工作的失败经历；所谈经历的结果应是失败的；宜说明失败之前自己曾信心百倍、尽心尽力；说明仅仅是由于客观原因导致失败，失败后自己很快振作起来，以更加饱满的热情面对以后的工作。

问题八：“你为什么选择我们公司？”

回答思路：面试官试图从中了解你求职的动机、愿望以及对此项工作的态度。建议从行业、企业和岗位这三个角度来回答。例如：“我十分看好贵公司所在的行业，我认为贵公司十分重视人才，而且这项工作很适合我，相信自己一定能做好。”

问题九：“对这项工作，你有哪些可预见的困难？”

回答思路：不宜直接说出具体的困难，否则可能令对方怀疑应聘者能力不行；可以尝试迂回战术，说出应聘者对困难所持有的态度。例如：“工作中出现一些困难是正常的，也是难免的，但是只要有坚忍不拔的毅力、良好的合作精神以及事前周密而充分的准备，任何困难都是可以克服的。”

问题十：“如果我录用你，你将怎样开展工作？”

回答思路：如果应聘者对于应聘的职位缺乏足够的了解，最好不要直接说出自己开展工作的具体办法，可以尝试采用迂回战术来回答。例如：“首先听取领导的指示和要求，然后就有关情况进行了解和熟悉,接下来制订一份近期的工作计划并报领导批准,最后根据计划开展工作。"

问题十一:"与上级意见不一致,你将怎么办?"

回答思路:一般可以这样回答:"我会给上级以必要的解释和提醒,在这种情况下,会服从上级的意见。"如果面试你的是总经理,而你所应聘的职位有另外一位经理,这位经理当时不在场,可以这样回答:"对于非原则性问题,我会服从上级的意见,对于涉及公司利益的重大问题,我希望能向更高层领导反映。"

问题十二:"我们为什么要录用你?"

回答思路:应聘者最好站在招聘单位的角度来回答。招聘单位一般会录用这样的应聘者:基本符合条件、对这份工作感兴趣、有足够的信心。例如:"我符合贵公司的招聘条件,凭我目前掌握的技能、高度的责任感和良好的适应能力及学习能力,完全能胜任这份工作。我十分希望能为贵公司服务,如果贵公司给我这个机会,我一定能成为贵公司的栋梁!"

问题十三:"你能为我们做什么?"

回答思路:基本原则上"投其所好"。回答这个问题前应聘者最好能"先发制人",了解招聘单位期待这个职位所能发挥的作用。应聘者可以根据自己的了解,结合自己在专业领域的优势来回答这个问题。

问题十四:"你是应届毕业生,缺乏经验,如何能胜任这项工作?"

回答思路:如果招聘单位对应届毕业生提出这个问题,说明招聘单位并不真正在乎"经验",关键看应聘者怎样回答。对这个问题的回答最好要体现出应聘者的诚实、机智、果敢及敬业。例如:"作为应届毕业生,在工作经验方面的确会有所欠缺,因此在读书期间我一直利用各种机会在这个行业里做兼职。我也发现,实际工作远比书本知识丰富、复杂;但我有较强的责任心、适应能力和学习能力,而且比较勤奋,所以在兼职中均能圆满完成各项工作,从中获取的经验也令我受益匪浅。请贵公司放心,学校所学及在职的工作经验使我一定能胜任这个职位。"

问题十五:"你希望与什么样的上级共事?"

回答思路:通过应聘者对上级的"希望"可以判断出应聘者对自我要求的意识,这既是一个陷阱,又是一次机会。最好回避对上级具体的希望,多谈对自己的要求。例如:"作为刚步入社会的新人,我应该多要求自己尽快熟悉环境、适应环境,而不应该对环境提出什么要求,只要能发挥我的专长就可以了。"

问题十六:"您从前一家公司离职的原因是什么?"

回答思路:最重要的是应聘者要使招聘单位相信,应聘者在过往单位的"离职原因"在该招聘单位里不存在。避免把"离职原因"说得太详细、太具体,不要掺杂主观的负面感受,如"太辛苦""人际关系复杂""管理太混乱""公司不重视人才""公司排斥我们某某的员工"等,但也不能躲闪、回避,如"想换环境""个人原因"等;不能涉及自己负面的人格特征,如不诚实、懒、缺乏责任感、不随和等;尽量使解释的理由为应聘者个人形象添彩。例如:"我离职是因为这家公司倒闭了。我在公司工作了三年多，有较深的感情。从去年开始，由于市场形势突变，公司的局面急转直下。到眼下这一步我觉得很遗憾，但还要面对现实，重新寻找能发挥我能力的舞台。”同一个面试并非只有一个答案，而同一个答案并不是在任何面试场合都有效，关键在于应聘者掌握了规律后，对面试的具体情况进行把握，有意识地揣摩面试官提出问题的心理背景，然后投其所好。

课外拓展 2

模拟面试

面试时，招聘官经常会提出的一些相似的问题，讨论一下，如果是你，你会怎样应对？

[案例1]模拟面试

应试者：一位从事技术工作的女士。

面试官：爱立信（中国）人力资源部副总裁。

面试过程：

问：你以前在哪里工作？

答：我在一家公司做技术支持。

问：进入公司的目的？

答：喜欢技术支持，因为我具有这个能力。

问：你有什么成绩呢？

答：做了上海的一个方案，且在各个部门有很好的协调能力。

问：周围的同事、朋友怎么评价你呢？

答：待人诚恳。

反问：您问我这个问题的目的是什么呢？

答：看你在工作中的沟通能力……做技术支持的，当然应该有技术方面的能力，但合作是最重要的一点。

面试官点评：这位小姐很敏锐，但作为应试者，不应该反问面试官提出问题的目的。如果为了显示主动性，可以在最后问问面试官自己在以后的面试中应注意什么。再有，讲故事特别重要，把自己最得意的成绩、做得最好的项目详细说出来，像这样一句话概之，不令人信服，印象也不会深刻。

[案例2]模拟面试

应试者：应聘中华英才网销售人员的一位男士。

面试官：中华英才网CEO。

面试过程：

问：请用三句话来介绍自己、评价自己。

答：① 干劲冲天。② 一定给你挣钱。③ 善于和同事合作。

问：对个人制订的五年目标是？

答：做一个职业经理人。

问：对我们公司了解吗？

答：在上学的时候经常上这个网，我认为是人力资源网站中做得最好的。

面试官点评："对自己的评价"，是在测试他的表达能力和思维能力，是否在他的脑子里有一种思维方式；"五年以后如何定位"，是看他做事情的目的性；问"对公司是否了解"，在于了解他是否对我们公司真正了解、真心感兴趣。在国外，如果不了解这个公司，你连去都不要去。我们很多人把面试过程看得很紧张，深层原因就是不了解。如果你了解这家企业，你完全可以在面试中变被动为主动。不用了解很深，只要在面试时，表现出对这家企业的兴趣就可以了。要把握一个平衡，不要以辞藻来堆砌你的才能，而要通过故事来表达此意。最后一点，面试时不紧张是好的，但也不能自由得无拘无束。我见过一位从名校毕业的MBA，技能和知识都足够，但他从进门的第一分钟到出门的最后一刻，都是双手抱肩，头后躺在椅子上，这样子叫我怎么录用他呢？

[案例3]模拟面试

应试者：一位清华大学的硕士研究生

面试官：思科系统（中国）网络技术有限公司亚太区经理

面试过程：

问：应聘什么职位？

答：技术支持。

问：有一个10人的软件项目，因为经济光景不好，预算要减掉一半，但上司还要求你做得更好。你怎么办？

答：最重要的是企业的文化和人情味。朋友对我的评价是有困难的时候，总喜欢找我。作为一个项目负责人，我可以通过自己影响他人。我相信他们会支持我在这种情况下做好项目。

面试官点评：预算砍掉一半，你没有说不能做，说明你有一定的能力，但你的回答很难看出你的技巧。能感觉到你人情味很重，关心下属，譬如你可能不会因为预算减半而裁员，但可能对生意并不是很敏感。其实，更好的答案应该是："老板，我可以做得更好，但我是否可以帮助您来解决那个使我的预算要减掉一半的危机？"至于具体如何去做，应该和你的老板去商量。另外，面试时一定要注意自己的形象。例如，面试时手机不要响，万一响了要说"对不起"，然后挂掉，而不是一边说"对不起"，一边接电话。

课外拓展3

常用的就业信息网站如表5.1所示。

表5.1 常用的就业信息网站

网站名称	网址
中国高校毕业生就业服务信息网	http://www.myjob.edu.cn/
中国招聘求职网	http://www.528.com.cn/
网大就业热线	http://www.job.netbig.com/
中国国家人才网	http://www.newjob.com.cn/
中国大学生就业网	http://www.jiuye168.com/
高校毕业生求职中心	http://www.cgcc.net/
中国财经人才网	http://www.cjhr.net/
前程无忧	http://www.51job.com/
中华英才网	http://www.chinahr.com/
应届生	http://www.yingiesheng.com/
全国高校毕业生就业信息网	http://www.gradent.edu.cn/
中国大学生就业网	http://www.china-university.com/
中国校园网	http://www.54youth.com.cn/
中国人才网	http://www.chinatalent.com.cn/
北京人才交流网	http://www.birc.com/
上海人才交流信息网	http://www.51opportunity.com/
中关村科技园区海淀园数字园区	http://www.zhongguancun.com.cn/
苏州人才网校园招聘	http://www.szrc.cn/szrc/bys/Default.aspx

第六章

就业程序与权益保护

本章导读

某大学毕业生张某用学校发的协议书与湖南A单位签了约，又擅自用考取研究生同学的协议书跟湖南B单位签约。B单位协议书已到学校盖章，该生后反悔，想去A单位，不得已，只好向B单位谎称学校要其将协议书取回补办手续，并保证什么时间之前一定办好。单位相信他，将协议书还给了他，而他本人一拿到协议书即到学校谎称是该单位欺骗了他，解决不了户口将其退回，要求学校在A单位协议书上盖章。学校为谨慎起见，出面与B单位联系，得知该生有不诚信的行为，对其做出严肃批评，并责令其向B单位道歉，请求谅解。谁知该生声称B单位没有任何证据（即协议书不在手），B单位一气之下，一个电话告到学校：状告该生欺骗单位又欺骗学校，道德品行败坏，希望学校给予严厉处分，否则将会影响学校的声誉。

毕业生张某的行为违约了吗？他是在行使解除协议的权利吗？他的行为有哪些危害呢？

第一节　权利与义务

学习目标

了解大学毕业生的权利与义务。

一、大学毕业生就业权利

经过多年的改革发展，我国已逐步建立起了“实行政府管理，学校推荐，学生和用人单位双向选择”的毕业生就业机制和“不包分配，竞争上岗，择优录取”的原则。与之相配套的有关法律、法规、规定也日趋完善，一个开放、竞争、规范、有序的毕业生就业市场正逐步建成。作为毕业生就业市场的一个重要构成要素——毕业生的主体地位也日益凸显起来。

《中华人民共和国劳动法》(以下简称《劳动法》)第三条规定："劳动者享有平等就业和选择职业的权利、取得劳动报酬的权利、休息休假的权利、获得劳动安全卫生保护的权利、接受职业技能培训的权利、享受社会保险和福利的权利、提请劳动争议处理的权利以及法律规定的其他劳动权利。"

（一）自主择业权

就业与不就业的权利，如申请自费出国的毕业生毕业时可以申请不就业；自主选择就业方式的权利；职业选择决定权。

（二）平等待遇权

用人单位在录用毕业生的过程中，应坚持公开、公平、公正的原则，一视同仁。但在当前，毕业生的公平待遇权受到很大的冲击，也最为毕业生所担忧。由于各项配套措施滞后，完全开放公平的就业市场尚未真正形成，用人单位录用毕业生在不同程度上存在不公平、不公正的现象，如女生就业难仍然是困扰其就业的一大问题。因此，公平受录用权是毕业生最为迫切需要得到维护的权益。

（三）接受就业指导、就业服务权

大学生有权接受学校的就业指导和就业服务。学校应成立专门机构，安排专门人员对毕业生进行就业指导，包括向毕业生宣传国家关于毕业生就业的有关方针、政策；对毕业生进行择业技巧的指导；引导毕业生根据国家、社会需要，结合个人实际情况进行择业，使毕业生通过接受就业指导，准确定位，合理择业。当然，随着毕业生就业完全市场化，毕业生也将由从学校接受就业指导而转为主动到市场寻求和接受一些社会上合法机构有益的就业指导。

（四）自荐权和被荐权

大学毕业生有权向有需求的用人单位进行自我推荐或接受学校的推荐。学校应广泛地向用人单位推荐毕业生，并坚持优生优荐的原则，发挥学校推荐的导向作用。

（五）信息知晓权

就业信息是毕业生择业成功的前提和关键，只有在充分占有信息的基础上，才能结合自身情况选择适合自身发展的用人单位。毕业生获取信息权，应包括以下三方面含义：

(1)信息公开。即所有用人信息向全体毕业生公开，如长沙市已建立高校毕业生需求登记制度，凡需录用高校毕业生的用人单位，须到长沙市高校毕业生就业指导中心和有关高校办理信息登记，由市高校毕业生就业指导中心通过高校向毕业生发布用人需求信息，任何单位和个人不得隐瞒、截留需求信息。

（2）信息及时。即毕业生获取的信息必须是及时、有效的，不能将过时的无利用价值的信息传递给毕业生。

（3）信息全面。毕业生有权获得准确、全面的就业信息，以便对用人单位有全面的了解，从而做出符合自身要求的选择。

（六）享受国家规定的待遇权

大学毕业生就业后，其工资标准和福利待遇按国家有关规定执行，工龄从报到之日计算。毕业生报到后，用人单位应根据工作需要和毕业生所学专业及时安排工作岗位。到非公有制单位就业的毕业生，其档案按国家有关规定进行管理，工资待遇由毕业生与用人单位协商确定，但工资标准原则上应不低于国家规定。此外，毕业生还应享有自谋职业和自主创业及享受相应优惠政策的权利、支边及享受相应的优惠政策的权利。

患有疾病学生应有的权利：《普通高等学校毕业生就业工作暂行规定》第36条规定："学校应在派遣前认真负责地对毕业生进行健康检查，不能坚持正常工作的，让其回家休养。一年内治愈的（须经学校指定县级及以上医院证明能坚持正常工作的）可以随下一届毕业生就业；一年后仍未治愈或无用人单位接收的，档案材料转至家庭所在地，按社会接待人员办理。"毕业生报到后，发生疾病不能坚持正常工作的，应按在职人员有关规定处理，不得把上岗后发生疾病的毕业生退回学校。

（七）申请调整改派权

符合下列条件之一的毕业生，可以提出申请改派：

（1）因家庭发生不可预知的困难需要回家庭所在地就业的。

（2）符合国家、省有关政策导向，流向合理的。

（3）接收单位因不可抗拒的原因（如单位倒闭、破产或被兼并等）无法接收毕业生的。

（4）国家政策照顾对象情况发生变化的。

（5）毕业生就业主管部门下达调整分配计划的。

（6）其他经批准要求改派的。

（八）解除协议权

当履行协议后毕业生的权益或人身自由、人身安全受到用人单位严重侵害时，毕业生可以主动提出解除协议。《劳动法》第32条规定："有下列情形之一的，劳动者可以随时通知用人单位解除劳动合同：在试用期内的；用人单位以暴力、威胁或者非法限制人身自由的手段强迫劳动的；用人单位未按照劳动合同约定支付劳动报酬或者提供劳动条件的。"

（九）申诉权

《劳动法》第77条规定："用人单位与劳动者发生劳动争议，当事人可以依法申请调解、仲裁，提起诉讼，也可以协商解决。”第79条规定：“劳动争议发生后，当事人可以向本单位劳动争议调解委员会申请调解；调解不成，当事人一方要求仲裁的，可以向劳动争议仲裁委员会申请仲裁。当事人一方也可以直接向劳动争议仲裁委员会申请仲裁。对仲裁裁决不服的，可以向人民法院提起诉讼。”第83条规定：“劳动争议当事人对仲裁裁决不服的，可以自收到仲裁裁决书之日起15日内向人民法院提起诉讼。一方当事人在法定期限内不起诉又不履行仲裁裁决的，另一方当事人可以申请人民法院强制执行。”此外，《合同法》第128条也规定：“当事人可以通过和解或者调解解决合同争议。当事人不愿和解、调解或者和解、调解不成的，可以根据仲裁协议向仲裁机构申请仲裁……当事人没有订立仲裁协议或者仲裁协议无效的，可以向人民法院起诉，当事人应当履行发生法律效力的判决、仲裁裁决、调解书，拒不履行的，对方可以请求人民法院执行。”

（十）求偿权

毕业生、用人单位签订协议后，任何一方不得擅自毁约。例如，用人单位无故要求解约，毕业生有权要求对方严格履行就业协议，否则用人单位应对毕业生承担违约责任，支付违约金。毕业生有权利要求用人单位进行补偿，即向违约方要求承担违约责任，获得赔偿的权利。

（十一）其他权利

毕业生享有国家和省规定的与就业有关的其他权利。近年来，国家和各省、市相继出台了有利于毕业生就业的政策法规。高校毕业生应多关注最新的政策，了解在就业中应享有的权利，这对于就业有很大的好处。

二、大学毕业生就业义务

毕业生在享有国家规定的权利的同时，还必须履行一定的义务。

（一）执行国家就业方针、政策和规定的义务

毕业生应服从国家需要，在国家宏观政策指导下自主择业，为国家社会主义事业和现代化建设服务。教育部毕业生就业政策的就业原则：“毕业生在国家就业方针政策指导下，依据《全国普通高等学校毕业生就业工作暂行规定》，教育部直属高校的毕业生，由教育部负责在全国范围内安排就业；国务院部委所属高校毕业生，原则上在本系统、本行业内安排就业；地方所属高校的毕业生由各地方负责，原则上在本地区内安排就业。教育部规定定向生、委培生按合同就业；国家招生计划内招收的自费生（含电大、函授普通专科班）毕业后自主择业；委托培养、定向等毕业生按合同就业；师范类毕业生原则上在教育系统内就业。”

（二）向用人单位实事求是介绍个人情况的义务

大学毕业生在向用人单位进行自我推荐、自我介绍和接受考察时，有义务全面地、实事求是地反映个人情况，以利于用人单位的选择，不得夸大其词、弄虚作假。

（三）严格履行就业协议的义务

《合同法》第八条规定："依法成立的合同，对当事人具有法律约束力。当事人应当按照约定履行自己的义务，不得擅自变更或者解除合同。依法成立的合同，受法律保护。"

（四）遵守学校有关规定的义务

按时离校，文明离校，办理相关离校手续，如归还公物、清偿债务等。不履行义务的毕业生应当受到应有的处理。

随着毕业生就业工作逐步走向规范化、制度化和法制化，毕业生应该增强依法就业的意识，认真遵守国家有关毕业生就业的方针、政策、规定，自觉履行应尽义务，并学会拿起法律武器维护自己的应有权利。

实践项目

案例分析

小张是湖南某理工科院校的应届毕业生，2019年4月份进入湖南一家信息科技公司实习，因为表现优秀，5月份公司出资派他到省外进行了2个月的网络技术培训，然后与他签订了就业协议书，并在就业协议书的备注栏内约定："经公司出资培训后，要为公司服务3年（服务期），如违约，须承担2万元的违约金。"7月份，小张正式到公司上班，双方开始签订劳动合同。在正式的劳动合同里，他发现约定的合同期只有1年，和就业协议书中的3年服务期不同。小张产生了疑惑："一年合同期满后，我可以离开公司吗？还是必须要服务期满才能离开？"

讨论与分享

【想一想】若小张一年合同期满后离职，需承担违约责任吗？

课外拓展1

大学生应该了解的《劳动合同法》

2008年1月1日，《中华人民共和国劳动合同法》（以下简称《劳动合同法》）正式实施，《劳动合同法》有哪些特点？对我们大学生就业有哪些影响呢？

(1) 在校大学生不能订立劳动合同。在校大学生不具有劳动者主体资格，不具备劳动身份，所以不能与用人单位签订劳动合同。如果为单位提供有偿服务，可以与对方在协商一致的基础上签订在校生实习协议，明确约定协议义务来保护自身的利益。

(2) 建立劳动关系应当订立书面劳动合同。订立书面劳动合同有三种情况：一是在建立劳动关系时即用工的同时订立；二是在建立劳动关系后即用工后一个月内订立；三是在建立劳动关系前即用工之前订立。君子约定、口实承诺不管用，工资、奖金、福利等重要约定，一定要写在合同里。

(3) 学历、简历造假则合同无效。在向用人单位投递简历时，简历内容一定要真实。因为用人单位一旦发现你的简历有“水分”，他们有权随时解除劳动合同，且不需要支付经济赔偿或补偿金。虽然不影响你拿到工资，但是因此给用人单位造成损失的，用人单位还是有权要求赔偿损失。所以，不要为了让简历好看而编造实习经历、奖学金及获奖经历或者随便给自己填写学生会主席等头衔。在向用人单位介绍自己的情况时，有权“无可奉告”。了解用人单位的真实情况也是你的一项重要权利，当然也是非常必要的，不过要注意方式方法，巧妙周旋。

(4) 非全日制用工。非全日制工作指的是平均每日工作不超过4小时、平均每周工作不超过24小时的用工形式。例如，有些单位有保洁人员、电梯工等非全日制工作岗位。切记，这与你在校时的兼职完全是两回事。

(5) 合同签订时间。自你为用人单位工作那天起即建立劳动关系，应从上班起1个月内签订书面合同，否则自第2个月起用人单位应支付双倍工资。若是1年内都没有签劳动合同，自第2年起，劳动者有权要求与用人单位签订无固定期限劳动合同。

(6) 试用期长短。以一定工作任务为期限的劳动合同，或者劳动合同期限是3个月以下的，不能约定试用期；3个月以上不满1年的，试用期不得超过1个月；劳动合同期限1年以上不满3年的，试用期不得超过2个月；3年以上固定期限和无固定期限的劳动合同，试用期不得超过6个月。试用期包含在劳动合同期限内。劳动合同仅约定试用期的，试用期不成立，该期限为劳动合同期限。签合同的时候，一定要审之又慎。

(7) 试用期工资。试用期工资不得低于单位同岗位最低档工资或合同约定工资的80%，且须不低于当地最低工资标准。

(8) 试用期合同不能多次签订或单方面延长。同一用人单位与同一劳动者只能约定一次试用期，用人单位也不能以应聘大学生“表现不好”而单方面延长试用期。

(9) 劳动合同要有工作地点范围的限制。用人单位不能在合同期内，以工作需要为名，随意将你调派到外地分公司或者以出差为名让你长期派驻外埠工作。

(10) 用人单位必须为员工缴纳社会保险。如果招聘的时候用人单位对你说是否上保险需要领导批准或协商，或者根据你的工作表现来决定，这是不符合《劳动合同法》规定的。

(11) 试用期解除合同。试用期解除合同，劳动者需要提前3天通知单位，口头通知就可以，不需要书面通知。用人单位在试用期辞退劳动者，不仅要合法，还要说明理由，除非被证明不符合录用条件，否则不能无故辞退。劳动者试用期辞职，不需要向单位交纳任何费用。

(12) 合同期内解除合同。劳动者合同期内辞职不需要单位同意，但要提前通知用人单位。合同期内解除合同，切记两点：一是至少提前30天通知，二是通知必须采用书面形式，不能发E-mail或打电话通知。

（13）不用担心违约金。用人单位不能再以解决户口为由，与你签订长期服务协议，并约定一旦提前离职要收取高额的违约金。在合同期内辞职，只有两种情况需向用人单位缴纳违约金：一种是用人单位为劳动者提供了专业技术培训，另一种是违反了竞业限制约定。专业技术培训可以理解为提高个人特定职业技能的培训，比如单位出资选送劳动者出国深造，或者报销在职进修学费，都属于专业技术培训的范围。不过，这些专业培训一定要由专业机构进行，为用人单位开了发票才能有效。拓展训练、一般的岗前培训、企业文化培训不是专业培训，不能约定违约金，即使约定了也是无效的。另外，竞业限制约定并非可以限制所有员工，其人员仅限于用人单位的高级管理人员、高级技术人员和其他熟悉用人单位商业秘密的人员。竞业限制期限最长不得超过两年，且用人单位须在竞业禁止期限内按月支付补偿金。大学生毕业刚进入社会，基本不会成为被限制的对象。

（14）无故拖欠工资可维权。员工通过劳动获取劳动报酬是神圣不可侵犯的权利，称为获报酬权。无故拖欠工资，是指用人单位生产经营正常，无正当理由超过规定付薪时间未支付劳动者工资。因此，通常情况下，用人单位没有按时支付工资，无故拖欠，可以到劳动争议仲裁机关申请仲裁。如仅涉及拖欠工资争议，并且由用人单位写下欠条，劳动者还可以凭借此条直接向人民法院起诉。

（15）无固定期限劳动合同不等于“铁饭碗”。无固定期限劳动合同，只是说用人单位和劳动者没有约定明确的终止劳动合同的时间，企业对于无固定期限劳动合同和固定期限劳动合同的解除权是一致的。所以，不要以为签了无固定劳动期限合同，就可以高枕无忧了，企业仍然有权利解雇。

（16）在A公司工作，与B公司签合同要慎重。若给你的合同上，“用人单位”是别的公司或者是该公司的下级单位，那么要看仔细，看合同上的“用人单位”是否有派遣资质，如没有，这实际是一种变相的劳务派遣。如有劳务派遣资质，实际上就是和合同上所谓的“用人单位”建立劳动关系，不是和实际用人单位建立劳动关系，可能会有风险，签订需谨慎。

随着《劳动合同法》的实施，大学生朋友要郑重行使自己的劳动权，保护自己合法的劳动权益，更好地实现择业就业。

（资料来源：《中国大学生就业》，2008年第7期）

课外拓展 2

《劳动合同法》重点提示

（一）适用范围扩大

［**案例**］最近，毕业不久的幼儿教师小陈一直为工资的事烦恼。2019年年初，她应聘

到长沙市一家民办幼儿园工作。暑假到了，幼儿园还拖欠了她两个月的工资。她找到有关部门上诉，答复是会尽快通知该幼儿园发放工资。小陈将这件事告诉了她的辅导员肖老师。肖老师了解后告诉她，在十几年前，民办幼儿园属于民办非企业单位，不在《劳动法》调解范围内，很多人都要不到工资。

评析：民办学校、民营医院、民办幼儿园属于民办非企业单位，由于这些单位不在《劳动法》适用范围，以前这些单位的劳动者与用人单位发生劳动纠纷时只能对照相关的主体处理。2008年1月1日起实施的《劳动合同法》第一条新增了“个体经济组织、民办非企业单位”，今后，在民办非企业单位就业的劳动者与单位产生劳动纠纷时也可依照《劳动合同法》寻求法律帮助。

（二）工资拖欠可申请支付令

[**案例**]湖南某职业学院大学生李某已连续3个月未拿到工资。李某投诉至湖南当地的劳动行政部门，但劳动行政部门处理后，公司仍不肯支付李某工资。

评析：以前，劳动者遭遇欠薪后一般只能通过劳动争议仲裁或由劳动行政部门处理，处理程序较复杂，诉讼成本较高。《劳动合同法》第30条第2款规定：“用人单位拖欠或者未足额支付劳动报酬的，劳动者可以依法向当地人民法院申请支付令，人民法院应当依法发出支付令。”这既简化了讨薪程序，又对欠薪单位产生了强大的震慑力。

（三）跳槽赔偿金额有限

[**案例**]李某不久前从一家电子公司跳槽。公司认为李某是公司培养出来的业务骨干，跳槽后可能对公司不利，便向李某索赔10万元赔偿。

评析：《劳动合同法》对劳动者支付违约金的情况作了严格的限制，仅限于违反服务期协议以及竞业限制协议两种情况，其他对于劳动者解除劳动合同的违约金是一律不允许的。第22条规定：“劳动者违反服务期约定的，应当按照约定向用人单位支付违约金。违约金的数额不得超过用人单位提供的培训费用。用人单位要求劳动者支付的违约金不得超过服务期尚未履行部分所应分摊的培训费用。”第23条规定：“劳动者违反竞业限制约定的，应当按照约定向用人单位支付违约金。”因此，对于用人单位来说，要依靠违约金来约束劳动者跳槽的时代已经结束，未来要防止员工随意跳槽，用人单位应在管理方式和理念上作调整。

（三）档案、毕业证、担保金单位无权收取

[**案例**]某高校2018级毕业生沈同学到单位报到，人力资源部负责人告诉她，要把毕业证书给单位，双方才能签订劳动合同。小沈觉得放心不下，问过同事之后，发现大家的毕业证书原件都放在人力资源部，说这是单位的传统。

评析：《劳动合同法》第九条规定：“用人单位招用劳动者，不得扣押劳动者的居民身份证和其他证件，不得要求劳动者提供担保或以其他名义向劳动者收取财物。”第84条规定：“用人单位违反本法，以担保或者其他名义向劳动者收取财物的，由劳动行政部门责令限期退还劳动者本人，并以每人500元以上、20 000元以下的标准处以罚款；给劳动者造成损害的，应当承担赔偿责任。劳动者依法解除或者终止劳动合同，用人单位扣押劳动者档案或者其他物品的，依照规定处罚。”因此，遇到类似情况，毕业生可以根据《劳动合同法》的相关规定向用人单位说“不”，或向劳动仲裁部门求助，切不可盲目地将自己的有效证件交给用人单位。

（四）试用期时间有限定

[**案例**]某高校应届毕业生小刘找到工作后，单位和他签订了试用期合同，试用期为1年，并且需要试用期满后，才与他签订正式合同，给他办理进湘落户手续。

评析：该单位的做法违反了法律。《劳动合同法》第19条规定：“劳动合同期限3个月以上不满1年的，试用期不得超过1个月；劳动合同期限1年以上不满3年的，试用期不得超过2个月；3年以上固定期限和无固定期限的劳动合同，试用期不得超过6个月。”与正式合同期相比，试用期内的工资收入及福利待遇更低，而且有很多单位在试用期内不为毕业生交纳相关社会保险。因此，对应届毕业生来讲，试用期并非越长越好。而且，根据《劳动合同法》的规定，试用期只能在正式合同中才能约定，不能订立单独的试用期合同。该毕业生可持试用期合同到相关劳动仲裁部门提请仲裁。此外，进湘落户是符合条件的应届毕业生所享有的权利，用人单位无权决定毕业生何时办理落户。

（五）劳动中有择业自主权

[**案例**]黄某拥有法律专业本科学历，并考取了法律顾问资格证书，为某矿业公司员工，与公司签有5年期限的劳动合同，工作岗位为法律顾问。黄某非常喜爱法律事务工作。在劳动合同履行满3年时，公司以工作需要为由，未经黄某同意，即单方面变更了黄某的工作岗位，安排黄某从事统计员工作。黄某认为自己没有不能胜任法务工作的表现，且公司的法律顾问岗位并未撤销，公司强行变更其工作岗位是违法的，于是提起劳动争议仲裁，要求公司按劳动合同履行义务。

评析：公司的做法侵犯了黄某的择业自主权。劳动权包括就业权和择业权，劳动者有权根据自己的爱好、能力等自主选择职业、工种，该公司如变更黄某的工作岗位，应与黄某协商，未经协商同意即变更黄某的工作岗位是违法的，应承担相应的法律责任。公司没有正当理由，变更黄某的工作岗位是违法的、无效的，应按劳动合同规定继续履行。

（六）通常未毕业不能签订劳动合同

[**案例**]小何是一名全日制高校应届毕业生，明年6月即将从大学毕业。由于如今的就业市场竞争激烈，学校也支持应届生在最后一学年尽快确定好工作。今年11月，通过大型招聘会，小何得到了一家大型外企的青睐。可是公司的招聘负责人告诉小何，现在还不能签劳动合同，要等他明年6月毕业后才能签。小何常听说一些学长在求职时由于没有及时签订劳动合同权益受到侵害的事例，于是非常疑惑，如果公司不与自己签订劳动合同，那明年6月前的这段时间，公司是否会给自己买社会保险呢？

评析：我们毕业生现行的劳动用工制度和档案管理制度绝大多数是一一对应的模式。所以，除了一些特殊情况（见下一个案例），一人只能在一家单位工作或学习。小何今年还是全日制大学的在校学生。全日制学校学生入学时需要将档案转入学校，如果是外地学生，甚至连户籍都需要转入就读学校。通俗地说，小何的“坑”就在学校了，他不能在读书期间在校外又扎“坑”，与其他用人单位建立劳动关系。诸如医疗保险、工伤保险等社会保险是基于劳动关系的，缺乏这一基础，社会保险也无法缴纳。只有当小何从学校毕业之后，才可以与用人单位以就业协议书的方式来维持劳动关系。

（七）社会实践或实习中也可能存在劳动关系

[**案例**]原告小刘是某高校应届大学毕业生，2019年7月从该大学正式毕业。2018年12月，A公司到学校招聘。小刘于2019年1月8日被招聘进入该公司工作，职务为投资顾问，负责开发行业市场，吸纳客户入金。双方约定试用期为1个月，试用期底薪为3 800元，提成另计，第二个月转正，底薪提高至5 500元。2月10日，A公司以工资条形式发给小刘工资只有1 539元。3月11日，因为A公司拖欠工资，小刘离开了该公司。A公司认为，作为尚未毕业的小刘进入公司只能是实习，而非就业，因此无权索要工资。

评价：劳动者与单位建立劳动关系，付出劳动，应当从单位取得相应的劳动报酬。本案中，A公司承认小刘于2019年1月8日至3月11日在该公司工作，法院予以确认。对于双方是否存在劳动关系的问题，法院经审理认为：小刘在进入A公司工作时已年满16周岁，符合劳动法规定的就业年龄，其在校大学生的身份也非劳动法规定排除适用的对象，法律并没有禁止临毕业大学生就业的规定。被告明知小刘尚未正式毕业，小刘也并未隐瞒和欺诈，因此，法院有理由确认小刘为合格的劳动合同主体。A公司虽称小刘在该单位属于实习，但鉴于该公司向小刘明确了在单位的具体岗位和职责，并向其发放了1月份的工资，以上事实充分表明，小刘在该公司并非实习，而应属于就业，属于《劳动合同法》管辖的范围，因此法院认定双方存在事实的劳动关系。A公司提出的无业绩量就无底薪的说明，违反了《劳动合同法》的规定，法院不予支持。现小刘要求支付拖欠工资，理由正当，应予以支持。所以，在特殊情况下大学生亦可就业，属于劳动合同法管辖的范围。

（八）就业协议书与劳动合同内容不一致

[**案例**]小何是杭州某理工科院校的应届毕业生，2020年4月份进入杭州一家外贸公司，因表现优秀，5月份公司出资派他到省外进行了1个月的外语培训，然后与他签订了就业协议书，并在就业协议书的备注栏内约定：“经公司出资培训后，要为公司服务3年（服务期）。如违约，须承担2万元的违约金。”7月份，小何正式到公司上班，双方开始签订劳动合同。在正式的劳动合同里，他发现约定的合同期只有1年，这和就业协议书中的3年服务期不同。小何产生了疑惑：“一年合同期满后，我可以离开公司吗？还是必须要服务期满3年才能离开？”

评析：工作初期，就业协议书与劳动合同内容不一致的问题很多毕业生都会遇到，也容易因此与单位产生纠纷。就业协议书主要是作为转递毕业生人事关系的依据，同时对毕业生和用人单位具有一定的约束力。在毕业生正式到单位报到并签订劳动合同后，就业协议书的效力就终止了。因此，一旦签订劳动合同，就业协议书上约定的内容就失效了。但是，当在就业协议书上约定的内容具有法律效力时，如约定了关于服务期、保守商业秘密等内容，即使后来签订了劳动合同，协议中约定的效力依然存在，毕业生必须遵循约定，否则须承担相关违约责任。此外，《劳动合同法实施条例》第十七条也规定："劳动合同期满，但是用人单位与劳动者依照《劳动合同法》第二十二条的规定约定的服务期尚未到期的，劳动合同应当续延至服务期满；双方另有约定的，从其约定。"因此，公司与小何在就业协议书上约定的服务期是具有法律效力的，只不过将该服务期约定放在了就业协议书这一载体上，在以后的工作中小何仍须继续履行，协议完成3年的服务期，除非与其公司另有约定。

第二节　签约与报到

学习目标

（1）了解什么是签约。

（2）掌握签约的基本流程。

一、签约的表现形式——签订就业协议

签约即签订就业协议，签约与报到是毕业生在离校前择业的最后两个环节。当毕业生与用人单位经过双向选择，在相互有一定了解和友好协商的基础上决定互相接纳，达成工作意愿之后，便以就业协议的形式将这种关系确定下来，此即为签约。

协议是指当事人之间确立、变更、终止民事权利、义务关系的法律行为。就业协议是明确毕业生、用人单位、学校在毕业生就业过程中权利和义务的书面表现形式，是高校毕业生和用人单位确立劳动关系的法律依据，是双方确立劳动关系的标志。

我国目前高校毕业生通用的就业协议，是由教育部制订，省、自治区、直辖市就业主管部门以及教育部直属高校自行印制的《全国普通高等学校毕业生就业协议书》。目前多数就业协议书主要包括以下内容：

（1）毕业生基本情况及应聘意见，包括姓名、性别、年龄、民族、政治面貌、培养方式、健康情况、专业、学制、学历、家庭住址、联系电话、应聘意见等信息。

（2）用人单位情况及聘用意见，包括单位名称、单位隶属、联系人、联系电话、邮政编码、通信地址、所有制性质、单位性质、档案转寄地址、用人单位意见、用人单位上级主管部门意见等信息。

（3）学校意见及备注栏，包括学校联系人、联系电话、邮政编码、学校通信地址、院系意见、学校毕业生就业部门意见等信息。备注栏用来添加各方均认可的附加条款。

随着毕业生就业制度改革的深化，毕业生就业协议的内容也在进一步规范化、法律化。目前，一些用人单位或学校在就业协议书上已经附加了有关劳动合同的内容，以保证毕业生的权益，进一步明确用人单位与毕业生之间的权利和义务。这些内容包括服务期、工作岗位和工作内容、劳动保护、工资报酬、福利待遇、劳动纪律、协议终止的条件和违反协议的责任等。

签订就业协议是一种法律行为，协议书一经签订，便视为生效合同，具有法律效力。签订就业协议，是确认签约双方权利和义务的最低必要程序，又是处理就业纠纷的主要依据，毕业生应该正确认识和严肃对待就业协议书，慎重签订就业协议。

二、签约的基本原则

（一）主体合法原则

主体是否合法，是一个法律行为是否有效的首要条件。签订就业协议是合同行为的一种，当事人必须具备合法的主体资格。对毕业生而言，就是必须要取得毕业资格，如果学生在报到时未取得毕业资格，用人单位可以不予接收而无须承担违约责任；对用人单位而言，必须具有从事经营或管理活动的资格和能力，并能够为毕业生提供工作岗位的实体，否则毕业生可解除协议而无须承担违约责任；对高校而言，应根据用人单位的要求如实介绍毕业生的在校表现，也应如实将所掌握的用人单位的信息发布给毕业生，高校在毕业生签订就业协议书过程中进行鉴证、审核、监督、管理、指导和争议调解等。

（二）平等协商原则

就业协议的当事人在签订就业协议时的法律地位是平等的，一方不得将自己的意志强加给另一方。学校不得采用行政手段要求毕业生到指定单位就业（不包括有特殊情况的毕业生），用人单位亦不应在签订协议时要求学生缴纳高数额的风险金、保证金。当事人的权利义务应是一致的。除协议书规定的内容外，当事人如有其他约定事项可在协议书“备注”内容中加以补充确定。

三、签约的基本程序

签约是在毕业生和用人单位供需见面、双向选择之后达成一致意见的结果。实际工作中毕业生就业协议的签订具体操作一般须经过以下的程序：

（1）由毕业生本人在协议书上以文字的形式，明确表达自己同意到选定单位应聘工作的意愿，同时签署本人姓名。

（2）由用人单位人事部门负责人代表单位签署同意接收该毕业生的文字意见，并签字盖章。如果该单位没有人事录用权，则还需要报送其上级主管部门签字盖章，予以批准认可。

（3）毕业生所在院（系）签署意见。

（4）学校毕业生就业主管部门审核并签字盖章，纳入就业方案并将就业协议书反馈到各方手中。

在完成上述程序之后，协议就正式生效，并列入国家就业方案，下达学校和有关部门、地区执行。

随着大学毕业生就业制度改革的不断深入，国家和高校的审批权力已日益弱化。目前，一些地区和高校已经在此方面迈出重要一步，学校在就业协议上签字，基本不具有审批的意义，而是起鉴证的作用。可以相信，在不久的将来，在签订毕业生就业协议中，毕业生和用人单位将拥有完全的自主选择权，学校和政府主管部门不再需要直接审批就业协议，而只需要掌握毕业生就业情况即可。

现行的高校毕业生就业协议书一式四份，协议签订以后，其中一份由毕业生 本人收存，一份交至所在学院备案，一份交至学校主管部门，作为列入学校就业建议方案的依据，一份交至用人单位，作为接收毕业生就业的凭证，并以此做好相应的人事及其他安排。

四、毕业生签约时应注意的问题

大学毕业生就业协议明确三方的权利和义务，具有法律约束力，也涉及毕业生的切身利益，因而毕业生在就业签约时应注意以下几个问题，以切实维护自身在就业过程中的合法利益。

（一）了解用人单位的主体资格、客观实际，结合自身现实慎重签约

签订就业协议的当事人必须具备合法的主体资格，一般而言用人单位必须具有从事各项经营或管理活动的能力。毕业生要明确单位有无录用指标和录用自主权，对无用人自主权的单位，要进一步明确人事关系代理的其他事宜，如委托什么单位管理，是自己办理还是单位统一办理，代理费用问题，等等。毕业生就业协议书人手一份，只能和一家用人单位签约，学校也会采取各种措施避免“一女二嫁”现象的发生。由于就业市场招聘单位类型多样，不乏鱼目混珠的情况发生，因此毕业生在与用人单位签约时应慎重，在择业前要正确地进行自我分析，要了解自己到底适合从事什么样的工作，要结合自身，充分考虑单位的一些客观现实，如所在地、可提供薪资、单位性质以及所属行业等，并仔细通过各种途径了解即将与其签约的用人单位的基本情况。在条件允许的前提下，必要时到单位进行实地考察，同时，要事先征求父母和其他有关亲人朋友的意见，再做出决定，以避免浪费其他的就业机会和造成一些不必要的损失。

（二）按照规定的程序签约

大学毕业生就业协议书的签订程序一般是毕业生和用人单位双方签好后，再由学校签署意见。之所以这样进行，是因为多数学校在整个协议的签订过程中既是签约方又是鉴证方，有利于保护毕业生和用人单位，尤其是毕业生的合法权益。

（三）明确有关条款的内容

现行毕业生就业协议一般为教育部或各省市毕业生就业主管部门规定的统一格式，

但考虑到单位不尽相同，协议书又有备注一栏，为双方添加一些附加条款提供便利。毕业生和用人单位要实事求是地填写就业协议书上所列的统一条款，字迹要工整。值得提醒的是，要彼此填写清楚联系方式，以便今后联系。同时双方可以将经过协商都能接受的一些约定条款，如薪资福利、毕业生就业单位的具体工作部门和岗位、毕业生是否考研或公务员以及录取后的处理，以及违约责任等在备注栏注明。值得特别注意的是，当前毕业生中报考研究生或公务员的比较多，由于存在一定的时间差，有时可能会和就业发生冲突，因此，对于准备尤其是已经参加过研究生入学考试的毕业生，应该事先和用人单位就此进行沟通，若考取研究生双方如何处理，达成一致意见之后再签订就业协议（最好在协议中对此做出明确约定），以免考取研究生后和已签协议的单位发生纠纷。

（四）就业协议的时间有效性和与劳动合同的衔接

就业协议是我国现行毕业生就业制度下，毕业生从学校走上工作岗位的一种过渡凭证。一般情况下，在毕业生和用人单位签订劳动合同后，就业协议自动终止。由于毕业生就业协议签订在先，为避免在日后签订劳动合同时产生纠纷，应尽可能将劳动合同的主要内容体现在就业协议的约定条款中，并明确表示在今后订立劳动合同时应予确认。否则，双方日后就劳动合同有关内容达不成一致意见，且实现无约定时，若毕业生表示不愿在该单位工作，用人单位反过来要毕业生承担违反就业协议责任。因而毕业生在就业过程中应就劳动报酬、试用期、住房、服务期限等劳动合同的主要条款与用人单位事先协商，体现在就业协议中，并将协议结果书面化，而不应只作口头约定，避免今后发生纠纷，无证可查。

因此，毕业生与用人单位签订了就业协议不能等同于签订了劳动合同，毕业生与用人单位在签订就业协议之后，还必须签订劳动合同，以保护自己的合法权益。目前的实际情况是毕业生到单位工作后，双方才签订劳动合同。

（五）就业协议书与劳动合同的区别

就业协议与劳动合同的差异之处，主要体现在两者的性质不同、订立的时间段不同、约定的内容不同、订立的法律依据不同等方面。

（1）适用的法律依据不同。劳动合同的适用依据是《劳动合同法》，而就业协议适用依据为教育部颁发的《普通高等学校毕业生就业工作暂行规定》和民事合同法律，二者法律效力差异明显。

（2）签订的时间不同。就业协议是毕业生在就业求职过程中，与用人单位双向选择达成就业意向后签订的，一般情况下是在毕业离校前签订。如果毕业生与用人单位在工资待遇、住房等方面有事先约定，可在就业协议的备注条款中约定注明。劳动合同通常情况下是毕业生到用人单位报到后订立的。《劳动合同法》中也允许用人单位在招用劳动者进入工作岗位之前，先与劳动者订立劳动合同。对于这种情况，其劳动关系从用工之日起建立，其劳动合同期限、劳动报酬、试用期、经济补偿金等，均从用工之日起计算。

（3）适用的主体不同。劳动合同是劳动者与用人单位之间确立劳动关系的协议，只要双方当事人协商一致，符合国家的法律、行政法规，无欺诈、胁迫等手段，经双方签字盖章，合同即生效。学校不是劳动合同的主体，也不是劳动合同的鉴证方。而目前的就业协议除毕业生与用人单位双方签字、盖章外，尚需学校一方介入。

（4）签订目的不同。就业协议主要明确毕业生、用人单位、学校三方在毕业生就业工作中的权利和义务，是毕业生按照就业协议的内容，毕业后在规定的时间内到用人单位报到，用人单位确认毕业生相关信息真实可靠的重要依据。用人单位在毕业生毕业后，做好各项接收工作，安排毕业生就业；学校按照协议书内容，审核并建议就业方案，报国家教育行政主管部门备案，并根据就业协议内容，办理就业手续和户口、档案迁移手续。劳动合同的内容比较详细，劳动权利和义务也更为明确、具体，一般应载明劳动合同期限、工作内容和工作地点、工作时间和休息休假、劳动报酬和劳动保险、劳动保护、劳动条件和职业危害防护等条款。劳动合同一旦签订，对双方当事人均具有法律约束力。

（5）内容条款不同。就业协议一般包括以下条款：毕业生基本情况，包括姓名、性别、民族、政治面貌、身份证号、专业、学制、毕业时间、学历、联系方式等；用人单位基本情况，包括单位名称、组织机构代码、单位性质、联系人及联系方式、档案接收单位及联系方式、户口迁移地址等；学校基本情况，包括学校名称、联系部门和联系人、通信地址等；毕业生意见、用人单位（用人单位上级主管部门）意见、学校（院系、学校毕业生就业主管部门）意见；毕业生和用人单位约定的有关内容，可包括工作地点及工作岗位、违约责任、协议自动失效条款（如可约定毕业生被录取为研究生，协议自动失效）、协议终止条款（如可约定毕业生无法正常毕业，协议终止）和其他事宜。

依据《劳动合同法》有关规定，劳动合同应当具备以下条款：用人单位的名称、住所和法定代表人或者主要负责人；劳动者的姓名、住址和居民身份证或者其他有效身份证件号码；劳动合同期限；工作内容和工作地点；工作时间和休息休假；劳动报酬；社会保险；劳动保护、劳动条件和职业危害防护；法律、法规规定应当纳入劳动合同的其他事项。除前款规定的必备条款外，用人单位与劳动者还可以约定试用期、培训、保守秘密、补充保险和福利待遇等其他事项。

因此，毕业生与用人单位签订劳动合同前，也不可忽略就业协议书的签订。

（六）对合同的解除条件做事先约定

大学毕业生就业协议一经签订，对当事人具有约束力，一方不得随意解除，否则应承担违约责任。违约责任应公平、合理、明确。毕业生应事先进一步学习关于合同的一些法律常识，学会充分保护自己，以免签订“不平等协议”。同时，对一些可能造成解约的客观事项，如毕业生考取研究生或公务员以及出国等，应事先在就业协议中作为解约条件注明。约定条件一旦成立，毕业生可依约解除协议，无须承担违约责任，避免产生经济损失或其他争议。

（七）档案转寄、户口迁移等具体问题

绝大多数毕业生毕业时涉及人事关系从学校转出的问题，加上当前毕业生就业形式

的多元化程度越来越高，因此，毕业生在与用人单位签订就业协议，尤其是与本身没有人事权需要实行人事代理的单位签约时，要了解清楚日后自己人事关系的去向，并将档案转寄地址（户口迁移地址）在协议书相关条款填写清楚，以方便毕业派遣。

五、签约后应注意的问题

（1）要认真对待学业，结合自己即将从事的工作，“查漏补缺”，有针对性地强化学习。

少数大学毕业生在和用人单位签订就业协议之后，以为自己的“婆家”已定，便主观上放松要求，不认真上课，毕业设计不认真做，到头来考试不及格、毕业答辩通不过，最终因达不到单位的要求甚至不能正常毕业，被无可奈何地“抛弃”。

（2）要和签约单位保持适当的联系。一方面要实时了解单位的发展情况，一方面要向单位反馈自己的现状。

（3）要注意与院系老师和学校就业主管部门保持联系。不要以为自己已经签订就业协议，落实了单位就“万事大吉”了。其实签约后，要做的事情还很多，尤其是派遣前，学校一般都会请毕业生自己核对就业方案，院系老师也会和毕业生进一步确认档案、组织关系等转接问题，届时要注意学校和院系的相关通知。

六、报到

毕业生在顺利完成学业并与用人单位签订就业协议之后，应在规定的时间内前往接收单位报到上班。

（一）报到需要的材料

（1）报到证。大学毕业生前往用人单位报到，本、专科毕业生须持《全国普通高等学校本专科毕业生就业报到证》，毕业研究生须持《全国普通高等学校毕业研究生就业报到证》。用人单位凭《报到证》办理接收手续和档案、户口关系的迁移接转手续。《报到证》由教育部统一印制，各省市就业主管部门依据就业方案签发，《报到证》上、下两联，上联由毕业生携带到单位报到，下联（白联）由学校负责放入个人档案。《报到证》的主要作用：① 毕业生到接收单位报到的凭证。② 证明持证的毕业生是纳入国家统一招生方案的学生。③ 办理人事档案、户口迁移等手续的凭证。④ 毕业生具有毕业资格。

（2）毕业证和学位证。自主择业的毕业生由毕业生本人携带毕业证和学位证。委培、定向毕业生的毕业证和学位证由学校主管部门在毕业生档案中寄送委培、定向单位人事主管部门。

（3）户口关系。自主择业毕业生的户口关系，由毕业生学校所在地公安户籍部门依据学校就业主管部门提供的派遣方案统一办理迁移手续，由毕业生自己携带户口迁移证，到接收单位办理转入关系的手续。委培、定向生的户口关系（已转到学校者）由学校主管部门随毕业生档案寄送委培、定向单位人事部门。

(4)档案关系。所有档案原则上均不得由毕业生自己携带,而是由毕业生档案具体管理部门(所在院系或学生处)认真进行整理、审核后,在毕业生离校后两周内,按照机要文件的要求,统一寄送到毕业生工作单位所属的人事档案管理部门。

(5)组织关系。党、团员等组织关系,在离校前到学校党委组织部、团委等相关部门办理迁移手续,在到单位报到时按照单位要求到相关部门办理转接手续。

(二)报到时间

按照教育部的规定,原则上高校毕业生的报到期限为派遣后的1个月,具体报到时间要以各单位规定的时间为准。毕业生应即时和单位联系,明确报到时间,按时报到。

(三)可能遇到的问题及处理方法情况应及时在当地省级报纸登报挂失

(1)报到证遗失或损毁。如果发生了报到证遗失的情况,应及时在当地省级报纸登报挂失,再以刊有遗失声明的报纸向学校主管部门提出书面申请,然后由学校主管部门上报上级主管部门予以补发。

(2)报到时接收单位拒收。毕业生与用人单位签约具有法律效力,双方均有义务遵守。但是,如果由于用人单位发生严重变故,如企业破产、消减编制、转产等原因,而无法继续接受毕业生时,则单位必须向学校出具退函,详细说明缘由,毕业生重新联系单位就业,必要时单位应适当赔偿毕业生损失。

(3)毕业生未能按期报到。毕业生应在规定的时间内报到,如果由于不可抗拒的原因,如生病、外出遇灾未归等情况确实无法按期报到,应采取信件、电话、电子邮件、传真等方式向接收单位说明和请假。如果逾期不报到,又未向接收单位说明、请假的,可能发生接收单位拒绝接收的后果。

(4)毕业生因表现不好被接收单位退回。在报到以后,由于工作表现不好而被用人单位退回,学校将把其档案、户口等关系转回家庭所在地,按社会待业人员处理。

(四)关于档案、户口

(1)重视对档案的管理。档案记载着毕业生从中学到大学的学习成绩、政治表现、奖惩等主要内容,是个人成长的历史见证。在我国,档案是组织人事部门考察了解干部的必要依据之一。目前档案的社会功能也并未消失,许多方面都还需要档案管理部门出具相应证明,如职称评审、办理社会保险等,办理退休也需要档案证明材料,档案也是工龄证明的重要依据。总之,如今档案对毕业生今后继续深造、职位升迁、个人发展等方面仍发挥着重要作用。由于种种原因,工作变动较大,毕业生往往会忽视对自己档案的管理。然而,对档案管理的忽视最终会给毕业生自己带来很多麻烦。毕业生在到单位报到正式上班之后,要到单位人事部门询问一下,自己的档案是否已经收到,若经过一段时间还未收到,要及时和学校取得联系,追问自己档案的下落。对于自身没有人事权的单位要及时办理人事代理手续，切实保护自己的合法权益，以免需要时费尽周折到处找自己的档案。

（2）按规定及时办理落户手续。在人才流动性日益加剧的今天，人们似乎对户口看得越来越淡了。但对于应届毕业生来说，多数涉及户口从学校迁到单位（或其他专门代理机构）的问题，如果不及时办理落户手续势必会给自己今后的生活带来诸多麻烦，甚至出现部分毕业生几年后找不到户口，无法办理身份证、结婚证等情况。因此，毕业生在报到后要及时督促单位为自己办理落户手续（或通过人事代理办理）。

实践项目

案例分析

报到时被拒，就业协议书对用人单位咋没约束力？

某高校中文系2017届毕业研究生小叶经过层层笔试、面试，被某省一家博物馆录用，签订了高校毕业生就业协议书。然而，日前她兴冲冲前去报到时，用人单位却发出了解聘通知。一纸并没有约束力的就业协议书，引发了人们对于如何保护毕业生就业权益的诸多思考。

1. 被拒因残疾还是诚信？

该博物馆拒收小叶的理由有二：一是其残疾不符合行业规定。根据《博物馆群众教育工作》的有关规定，群众教育工作者要求身体健康，身高、身材、视力、声音等均有一定的标准；二是小叶隐瞒残疾的事实，违背诚信原则。该馆马科长告诉记者，“来馆报到后，多次找她谈话，询问其腿的情况时，都说是一般性骨折，而刻意隐瞒了小儿麻痹症的事实。”

博物馆根据《就业协议书》中“报到时未取得毕业资格或经体检未达到国家规定的行业从业人员健康标准”和“《毕业生双向选择推荐表》的内容严重失实”发出了解聘通知。

小叶对此的解释是，她曾患小儿麻痹症，左腿微跛，面试前在学校摔了一跤，加重了病情，导致走姿有问题。她说：“我从小到大都没有被认定为残疾，从来不认为腿跛就不能参加博物馆工作。博物馆不应该以残疾这样的理由辞退我，这显然存在隐性歧视。”

2. 就业协议没约束作用？

小叶是否刻意隐瞒，双方说法不一。但是，小叶认为当初签订协议过程中，很多需要明确的内容，比如合同期限、福利、违约金等都没有明确写明。其实，在如今就业市场，唯一约束毕业生和用人单位的就业协议书，用人单位却经常含糊其词，这已成为公开的秘密，毕业生因为害怕不被聘用，即使有疑问也不敢询问。

某高校大学就业指导中心主任王老师承认，如今的就业市场用人单位处于强势地位。湖南省高校毕业生就业指导中心专家告诉记者：“签订就业协议又被用人单位辞退的案例以往也曾发生，理由各种各样，这在法律上存在盲点，因为就业协议书不是劳动合同,约束力难以界定。"

3. 如何更好地关爱毕业生?

小叶先后找残联、法律援助部门、人大信访办、教育厅、文化厅、劳动厅反映情况。王老师说,学校将会帮助协调小叶和用人单位之间的矛盾,也会帮助学生推荐新的工作岗位。

小叶的几位同学都告诉记者,面对日益严峻的就业形势,毕业生常常感觉孤立无援,他们认为小叶没必要主动去讲明自己腿的病情。湖南大学顾骏教授认为,如果用人单位没有询问,毕业生可以不主动讲明,如用人单位询问,毕业生应该如实回答。因此,学校在对毕业生进行就业指导时,相关的法律咨询要到位,在签订毕业协议时帮助毕业生明确权责,从而更好地维护毕业生的权益。

(资料来源:《文汇报》)

讨论与分享

【想一想】 如果你是小叶,你会怎么做?

第三节 违约与重新派遣

 **学习目标**

(1)了解如何界定违约。

(2)掌握如何重新派遣。

一、违约的界定

就业协议书经毕业生、用人单位签署、学校审查同意即具有法律效力,各方应严格履行协议内容,任何一方不得擅自解除,否则就是违约。违约方应向守约方承担违约责任(外在表现形式多数为交付违约金)。从实际情况来看,就业违约多为毕业生违约。毕业生违约,除本人应承担违约责任支付违约金外,往往还会造成其他不良的后果,主要表现如下。

(1)就用人单位而言,用人单位每年对招收大学毕业生都有一定的计划,而且往往为录用一名毕业生,前期做了大量的工作,有时甚至对毕业生将要从事的具体工作也已有所安排。同时,毕业生就业工作时间相对比较集中,一旦毕业生因某种原因违约,势必使用人单位之前的录用工作付之东流。用人单位若另起炉灶,选择其他毕业生,在时间上有时也不允许,工作变得被动。

（2）就学校而言，用人单位往往将毕业生违约行为认为是学校的管理不严、教育不当，从而影响学校和用人单位的长期合作关系。用人单位由于毕业生存在违约现象，而对学校的推荐工作产生怀疑。从历年情况来看，一旦毕业生违约尤其是违约现象较为严重的，该用人单位在几年之内不愿到学校来挑选毕业生。面对激烈的就业竞争，用人单位需求就是毕业生择业成功的前提，如此下去，必定影响到今后学校的毕业生就业工作。

（3）就其他毕业生而言，用人单位一旦与某毕业生签订就业协议，就不可能再录用其他毕业生。若日后该毕业生违约，有些当初希望到该用人单位工作的其他毕业生由于录用时间等原因，也无法补缺，造成就业信息的浪费，影响其他毕业生就业。

因此，毕业生在就业过程中应慎重选择，认真履约。诚信守约是中华民族的传统美德，《就业协议书》是教育部统一制定的、规范的、专门用于应届毕业生就业的书面协议。毕业生确定用人单位后，即可与用人单位签订协议书。协议书经签订，便视为生效合同，签约各方要守信用，没有特殊情况不得违约。一般说来，多数学校为了维护学校声誉，为了维护用人单位和绝大多数同学的利益，原则上不允许毕业生违约，而从实际工作中看，首先提出违约的绝大多数为毕业生。如果确有特殊原因需要违约，毕业生必须按以下程序办理：

（1）单位同意改派的公函（简称“解约函”），它体现了对原接收毕业生单位知情权的尊重。

（2）新单位同意接收的公函（简称“接收函”），如新单位无人事管理权，接收公函必须加盖上级主管部门或单位所在地人事局的公章。

（3）本人的改派申请（写明申请事由，是否愿意承担违约责任等）连同解约函、接收函一并报所在学校审批。

（4）学校同意改派的，由学校就业工作部门办理相关违约手续和报批手续。

另外，也有极少数用人单位首先提出违约的情况，如遇到这种情况，毕业生可持已签订的《就业协议书》和其他证明材料向学校毕业生就业主管部门反映，学校会根据实际情况出面与单位交涉，必要时还可以通过适当途径依法向有关部门提起申诉。

二、重新派遣

重新派遣是指毕业生毕业离校后两年择业期内，因故需要变更报到证所列报到单位的行为。审批和办理毕业生重新派遣手续是一项严肃的工作，根据教育部和各省、自治区、直辖市高校毕业生就业主管部门的相关文件规定，一般按照如下程序办理：

（1）填写《高校毕业生重新派遣申请表》（一般情况下各省市均有统一的样表）。

（2）毕业生本人书面提出重新派遣申请，申诉重新派遣理由，并附相应的证明材料。

（3）原派单位（《报到证》上所派单位）书面同意解除协议的意见（须加盖公章），并详细阐述解约缘由。

（4）新单位接收意见（无用人权的单位须其上级主管部门签署意见，北京、湖南、天津等需要经过毕业生就业主管部门审批的要有相关接收证明)。

(5)违约方须承担相应的违约责任。

(6)到学校就业主管部门签署意见后再到各省、自治区、直辖市高校毕业生就业主管部门重新签发《就业报到证》。

(7)凭借新签发的《就业报到证》到相关公安机关办理户口转迁手续。

(8)携带相关材料到新单位报到上班。

实践项目

案例分析

大学生毁约问题已经逐渐演变成一种社会现象。向阳生涯职业咨询机构对800位刚刚毕业的大学生进行了抽样调查。结果显示:有27.8%的人都曾有过毁约“案底”。其中,部分人甚至有过数次毁约的记录。

小A是一所上海高校的毕业生,自从上了大四便开始在人才市场寻找机会。终在她临近毕业的时候,有家不大的公司决定聘用她。尽管这家公司的规模不大,但小A还是签了就业协议,一来是怕“过了这个村就没了这个店”,二来也响应学校的“先就业再择业”的号召。但是,签了协议后的小A并没有停止自己的求职之路,她依然是各种招聘会的常客。半个月后,另一家颇有名气的大型企业相中了小A,待遇比上一家企业高出很多。于是,小A便义无反顾地毁约,选择了这家大型企业。在这家外资企业工作了一个多月,高强度的工作压力让小A很难适应,公司苛刻地对待新人的潜规则也令小A很难接受,此时的她决定借助好友的推荐,换到一家轻松一些的公司,同时她也希望这是最后一次毁约。像小A这样频繁毁约的大学生不在小数,然而结果往往都达不到他们的预期。向阳生涯丰富的职业咨询经验来看,几乎有近80%的人对毁约的效果并不满意,甚至会陷入不停毁约的恶性循环。从企业的角度来讲,大学生的这种做法,使许多公司对大学生的整体印象大打折扣,毁约也毁掉了他们母校的声誉,甚至对他们的学弟、学妹的就业造成影响。向阳生涯CCDM职业规划师表示,这些影响如同毁约的后遗症,很可能影响着他们未来的职业生涯的发展。

讨论与分享

[想一想]

(1)什么样的情况是违约行为?毕业生为什么要认真履约?

(2)违约有哪些危害性?

(3)毕业生如何办理重新派遣手续(改派)?

课外拓展

毕业生就业，这些法律常识你必须知道！

毕业季，不只属于热闹与狂欢，还夹杂着对过去的留恋和对未来的向往。更重要的是，这一时刻面临着人生的一大抉择——找工作。你将褪去学生的身份，走上工作岗位，投身到社会主义建设的大浪潮中……

然而，在当前毕业生就业形势依然严峻的情况下，由于法律知识匮乏、法律意识淡薄、社会经验尚浅，导致毕业生在就业过程中的合法权益被侵犯的事件屡有发生。如何保护毕业生就业中的合法权益已经成为一个重要而紧迫的问题。以下是毕业生应该知道的一些法律常识。

（一）三方协议是什么？它具有什么法律效应？

三方协议书是明确毕业生、用人单位、学校三方在毕业生就业工作中的权利和义务的书面表现形式，以便于解决应届毕业生户籍、档案、保险、公积金等一系列相关问题，在毕业生到单位报到、用人单位正式接收后自行终止。在三方协议涉及的三方中，真正履行权利和义务的是用人单位和毕业生，学校只是作为一个见证单位，不承担任何责任。

（二）试用期限是随意约定的吗？

根据《劳动合同法》第十九条的规定，劳动合同期限三个月以上不满一年的，试用期不得超过一个月；劳动合同期限一年以上不满三年的，试用期不得超过二个月；三年以上固定期限和无固定期限的劳动合同，试用期不得超过六个月。同一用人单位与同一劳动者只能约定一次试用期。以完成一定工作任务为期限的劳动合同或者劳动合同期限不满三个月的，不得约定试用期。

（三）试用期期限是否包含在劳动合同期限内？

试用期期限包含在劳动合同期限内。劳动合同仅约定试用期的，试用期不成立，该期限为劳动合同期限。即使在试用期内不签订劳动合同，试用期的期限仍然计入劳动合同期限内。

（四）劳动者在试用期内想辞职，需要履行什么程序？

根据《劳动合同法》第三十七条的规定，劳动者在试用期内提前三日通知用人单位，即可解除劳动合同。有些用人单位在劳动合同中约定劳动者在试用期解除合同须承担违约责任，这实际上限制了劳动者的解除权，侵害了劳动者的合法权利，对于这种约定条款，一般应确认为无效。

（五）用人单位在试用期内可以随意辞退劳动者吗？

根据《劳动法》第二十五条的规定，劳动者在试用期间被证明不符合录用条件的，用人单位可以解除劳动合同。法律规定得很清楚，用人单位解除劳动合同的条件是其必须举证证明劳动者在试用期间不符合录用条件。举证责任无疑限制了用人单位解除劳动合同的随意性，用人单位如果没有证据证明劳动者在试用期间不符合录用条件，就不能解除劳动合同，否则，用人单位须承担因违法解除劳动合同所带来的一切法律后果。

（六）我国法律对试用期工资是怎么规定的?

试用期间的劳动者绝对不能等同于廉价劳动力。《劳动合同法》第二十条对此提出明确规定，“劳动者在试用期的工资不得低于本单位相同岗位最低档工资或者劳动合同约定工资的百分之八十，并且不得低于用人单位所在地的最低工资标准”。这意味着用人单位不能让应届毕业生做廉价劳动力，遇到类似情况，毕业生可以通过法律途径捍卫自己的权益。

（七）什么是劳动关系？劳动合同应该何时签订?

劳动关系是指用人单位与劳动者之间依法所确立的劳动过程中的权利义务关系。《劳动合同法》第十条规定：建立劳动关系，应当订立书面劳动合同。已建立劳动关系、未同时订立书面劳动合同的，应当自用工之日起一个月内订立书面劳动合同。用人单位与劳动者在用工前订立劳动合同的，劳动关系自用工之日起建立。

（八）劳动合同有哪几种类型?

劳动合同分为固定期限劳动合同、无固定期限劳动合同和以完成一定工作任务为期限的劳动合同。

固定期限劳动合同：指用人单位与劳动者约定合同终止时间的劳动合同。

无固定期限劳动合同：指用人单位与劳动者约定无确定终止时间的劳动合同。

以完成一定工作任务为期限的劳动合同：指用人单位与劳动者约定以某项工作的完成为合同期限的劳动。

（九）劳动合同应当具备哪些条款?

劳动合同中应当具备的主要条款：用人单位的名称、住所和法定代表人或者主要负责人；劳动者的姓名、住址和居民身份证或者其他有效身份证件号码；劳动合同期限；工作内容和工作地点；工作时间和休息休假；劳动报酬；劳动保护、劳动条件和职业危害防护；法律、法规规定应当纳入劳动合同的其他事项。

（十）用人单位未与劳动者签订书面劳动合同，将承担什么法律责任?

《劳动合同法》第八十二条规定：用人单位自用工之日起超过一个月不满一年未与劳动者订立书面劳动合同的，应当向劳动者每月支付两倍的工资。

主要参考文献

[1] 窦立雯，黄晨晨，李军海．基于需求层次理论下的大学生就业状况分析[J]．中国商论，2021(10)：174–177.

[2] 陈鹏．2021年考研报考人数377万，创历史新高“考研热”从何而来[J]．现代青年，2021(03)：39–40.

[3] 杜泽钟，王涛．新时代大学生的就业现状、机遇和挑战初探[J]．绿色科技，2021，23(09)：226–229.

[4] 陈咏梅．高职学生报考专升本热潮背后的思考[J]．决策探索(中)，2021(06)：92–93.

[5] 武玲婷，李阳，彭戈．新冠肺炎疫情下湖南省高职毕业生就业调查与对策研究：以湖南工业职业技术学院为例[J]．中国大学生就业，2020(12)：36–42.

[6] 戴宏纾．试论中国学生“留学热”[J]．湖北开放职业学院学报，2019，32(13)：59–60.

[7] 陈飞鹏．“公考热”背后的冷思考[N]．台州日报，2019–10–28(003).

[8] 张桥．从大学生职业生涯规划教育视角破解我国大学生报考公务员热[J]．黑龙江教育(理论与实践)，2018(03)：91–92.

[9] 尹援平．中国优秀企业文化的新特点[J]．企业管理，2017(8)：8–9.

[10] 唐旭天．企业管理的新概念：企业文化[D]．辽宁：辽宁工程技术大学，1999.

[11] 全国高等学校毕业生就业指导中心组．大学生就业指导(第二版)[M]．北京：高等教育出版社，1998.

[12] 徐子良．当代大学生创业就业理论与实践[M]．苏州大学出版社，2008.

[13] 王晋．大学生就业指导[M]．北京：清华大学出版社，2006.

[14] 张苏宁．高光简历让你胜出[M]．北京：中国经济出版社，2004.

[15] 周雪锋．性格定位人生[M]．北京：中国长安出版社，2006.

[16] 高天，王永庆．创业之道[M]．北京：北京燕山出版社，1997.

[17] 林钧敏．知识创业[M]．北京：高等教育出版社，2001.

[18] 汪熙，爱德华．赖特，等．成功面试的技巧[M]．上海：上海人民出版社，2001.

[19] 张古．成功求职[M]．北京：机械工业出版社，2005.

[20] 龚敏.组织行为学[M].上海：上海财经大学出版社，2002.
[21] 时蓉华.现代社会心理学[M].上海：华东师范大学出版社，2001.
[22] 吴薇.就业指导[M].上海：华东师范大学出版社，2006.
[23] 张必涛.大学生生涯发展规划[M].成都：四川大学出版社，2008.
[24] 宋建新.大学生就业指导与实务[M].武汉：武汉理工大学出版社，2005.
[25] 陶德胜，张正炎.大学生职业规划与就业指导教程[M].上海：上海交通大学出版社，2011.
[26] 黄莉萍，王震.大学生就业指导：指引人生，导航职场[M].上海：同济大学出版社，2009.
[27] 中国.劳动法律网（http://www.zgldf.com/）.
[28] 中华英才网（http://www.chinahr.com/）.
[29] e职独秀网（http://www.ejobshow.com）.
[30] 中国高校毕业生就业信息服务网（http://www.myjob.edu.cn）.
[31] 应届毕业生网（https://www.yjbys.com/file/gerenjianlizhuyaoneirong.html）.
[32] 人力资源网（http://www.wjhr.net/Information/Read.aspx?id=3399）.
[33] 口才学习网（https://www.qinxue365.com/kczx/679713.html）.
[34] 百度文库（https://wenku.baidu.com）
[35] 优文网（https://www.unjs.com）